高等院校应用型本科系列教材

基础会计

（会计学原理）

宋廷山　李视友　刘承伟　主编

上海财经大学出版社

图书在版编目(CIP)数据

基础会计(会计学原理)/宋廷山,李视友,刘承伟主编. —上海：上海财经大学出版社,2011.6
(高等院校应用型本科系列教材)
ISBN 978-7-5642-1055-7/F・1055

Ⅰ.①基… Ⅱ.①宋… ②李… ③刘 Ⅲ.①会计学-高等学校-教材 Ⅳ.①F230

中国版本图书馆 CIP 数据核字(2011)第 071357 号

□ 责任编辑　刘光本
□ 封面设计　张克瑶
□ 版式设计　钱宇辰

JICHU KUAIJI

基础会计

(会计学原理)

宋廷山　李视友　刘承伟　主编

上海财经大学出版社出版发行
(上海市武东路 321 号乙　邮编 200434)
网　　址:http://www.sufep.com
电子邮箱:webmaster @ sufep.com
全国新华书店经销
启东市人民印刷有限公司印刷装订
2011 年 6 月第 1 版　2012 年 7 月第 2 次印刷

787mm×960mm　1/16　16.75 印张　346 千字
印数:5 001—10 000　定价:29.00 元

前言

高等院校经济类核心课程和工商管理类核心课程是在高等教育面向21世纪教学内容和课程体系改革计划"经济类专业课程结构、共同核心课程及主要教学内容改革研究与实践"和"工商管理类专业课程结构、共同核心课程及主要教学内容改革研究与实践"两个项目调研基础上提出、由经济学教学指导委员会和工商管理类教学指导委员会讨论通过、教育部批准的必修课程。其中,经济类各专业的核心课程共8门:政治经济学、西方经济学、计量经济学、国际经济学、货币银行学、财政学、会计学、统计学;工商管理类各专业的核心课程共9门:微观经济学、宏观经济学、管理学、管理信息系统、会计学、统计学、财务管理、市场营销学、经济法。

马克思在《资本论》第二卷第一篇第六章"簿记"一节中写道:"过程越是按社会的规模进行,越是失去纯粹个人的性质,作为对过程的控制和观念总结的簿记就越必要。"马克思的这段论述告诉我们:搞经济管理离不开具有核算和监督职能的会计,经济越发展,会计越重要。

会计是在社会生产实践中产生的,并随着社会经济的发展而发展和完善。在原始社会初期,生产力水平低下,会计只是作为生产的一个附带部分;随着生产力水平的提高,出现了剩余产品,会计就作为一种独立职能而存在了,就有了会计职业。

从新中国的会计历史看,1949~1992年的计划经济体制时代,我们借用了苏联的会计核算理论和办法,同一行业、不同所有制之间的会计科目不同,记账方法也不同。为适应市场经济的发展,1992年颁布了《企业会计准则——基本准则》、《企业财务通则》,1993年开始了会计改革。2001年颁布了统一的《企业会计制度》,会计规范体系得到逐步完善。2006年2月财政部正式对外发布了包括1项基本准则和38项具体准则的中国企业会计准则,至此适应我国社会主义市场经济发展进程的、能够独立实施和执行的、与国际会计标准趋同的中国企业会计准则体系正式建立。自2007年1月1日起,上市公司不再执行2001年颁布的《企业会计制度》,而是执行2006年2月财政部正式对外发布的包括1项基本准则和38项具体准则的中国企业会计准则。

目前一般企业执行2001年的会计制度,上市公司执行的是2006年的会计准则,但两者有较大差异。为了满足在校学生教学和会计实务工作者的需要,我们本着理论够用、重在应用的原则,组织编写了这本以2006年财政部颁布的会计准则为标准、理论与实用兼顾的《基础会计》。

众所周知,会计核算有七大核算方法:设置会计科目和账户、复式记账、填制审核会计凭证、登记账簿、成本计算、财产清查和编制会计报表。本书以会计核算七大方法为主线,以2006年财政部颁布的会计准则为标准,介绍会计核算的基本理论、基本方法和基本操作规范。其主要内容包括会计要素及等式、会计科目和账户、复式记账法及借贷记账法的应用、会计凭证、会计账簿、成本计算、财产清查、会计报表与分析、会计的账务处理程序和会计工作组织等。

本书具有下列特点:

一是重点突出,体系完整。七大会计核算方法是本书的重点,每一方法安排一章(从第二章到第九章),其中复式记账法我们安排了两章(第三章、第四章)。第一章为总论,第二章至第九章为七大会计核算方法,第十章为账务处理程序,第十一章为会计工作组织。每章均配有适量的思考题和练习题。

二是理论够用,重在应用。以2006年财政部颁布的会计准则为标准,本着理论够用重在应用、理论与实用兼顾的原则设置内容。

三是强化基础,兼顾提高。作为本、专科的教科书,本教材无法做到面面俱到,但包括基础会计学的全部内容。为满足专科生等普通读者对基础会计学的基本需要,本教材的重点放在了基础会计学的基础部分:会计要素和会计核算的七大方法;为满足本科、研究生等较高层次读者的需要,适当增加了基础会计学的理论和方法部分:会计假设、会计报表分析、账务处理程序等。

本书由齐鲁师范学院宋廷山教授、青岛农业大学李视友副教授、济南大学刘承伟副教授担任主编;山东财经大学李美亭副教授、齐鲁师范学院郭思亮经济师、山东协和学院李西杰会计师担任副主编。编写提纲由宋廷山教授提出初稿,经主编、副主编讨论形成。参加编写的有:齐鲁师范学院宋廷山教授(第一章、第十一章);山东财经大学李美亭副教授(第二章);青岛农业大学李视友副教授(第三章);青岛农业大学龚丽讲师(第四章);青岛农业大学王健讲师(第五章);青岛农业大学刘录敬讲师(第六章);济南大学刘承伟副教授(第七章);山东协和学院李西杰会计师(第八章);齐鲁师范学院郭思亮经济师(第九章);济南大学于海燕讲师(第十章)。初稿形成后,由主编、副主编进行了修改,由宋廷山教授总纂。对于本教材可能存在的章节安排等结构性的问题,由主编负责;对于各章具体内容可能存在的问题,由编写者本人负责。

本书的编写者大多有20年在高等学校从事本学科教学研究工作的经验,在会计学的某些方面都有较深的研究,都有自己的见解。由于本书系教科书,所列内容均为目前会计学界认可的观点,力求使本书的观点前后保持一致,但不影响本书作者在其他场合阐述自己的学术观点。

本书参考了国内外出版的大量有关本学科的教材和专著,我们将其主要的著作敬列于参考文献中。对编写这些教材和著作的学界前辈、专家和同行,我们表示崇高的敬意和衷心的感谢!

在此要提及的是宋廷山教授的三名研究生:孙涛(中国农业大学)、王珊珊(天津中级人民法院)、郭思亮(齐鲁师范学院)。他们在2006年初就完成了《基础会计》的第一稿,正是由于他们的汗水和积累,才有了今天读者手中的书。在此一并感谢。

由于水平与时间所限,教材中可能存在我们还没有发现的问题,衷心希望使用本教材的老师、同学和其他读者批评指正,有问题或建议可发电子邮件至 sdeusts@163.com。对于特殊性的问题我们将给予个别答复,对于具有普遍性的问题将在再版时进行更正和说明。在此我们一并表示感谢!

主　编

2011年5月于泉城济南

目录

前言 1

第一章 基础会计绪论 1
  第一节 会计的含义 1
  第二节 会计对象和会计要素 6
  第三节 会计假设和会计基础 16
  第四节 会计信息 18
  第五节 会计方法 22
    思考题 30
    练习题 31

第二章 设置会计科目与账户 34
  第一节 会计恒等式 34
  第二节 会计科目 37
  第三节 会计账户 42
    思考题 48
    练习题 49

第三章 复式记账法 54
  第一节 复式记账原理 54
  第二节 借贷记账法 56
  第三节 总分类账户与明细分类账户 68
    思考题 72

练习题 ………………………………………………………………………………… 72

第四章 借贷记账法的应用 …………………………………………………… 76
第一节　资金筹集业务核算 ………………………………………………… 76
第二节　生产准备业务核算 ………………………………………………… 80
第三节　生产过程业务核算 ………………………………………………… 86
第四节　销售过程业务核算 ………………………………………………… 91
第五节　利润的形成及其分配核算 ………………………………………… 94
思考题 ………………………………………………………………………… 100
练习题 ………………………………………………………………………… 101

第五章 填制审核会计凭证 …………………………………………………… 105
第一节　会计凭证概述 ……………………………………………………… 105
第二节　原始凭证的填制和审核 …………………………………………… 111
第三节　记账凭证的填制和审核 …………………………………………… 114
第四节　会计凭证的传递和保管 …………………………………………… 115
思考题 ………………………………………………………………………… 116
练习题 ………………………………………………………………………… 117

第六章 登记会计账簿 ………………………………………………………… 119
第一节　会计账簿概述 ……………………………………………………… 119
第二节　会计账簿的设置与登记 …………………………………………… 123
第三节　错账的更正及对账 ………………………………………………… 132
第四节　期末账项调整和结账 ……………………………………………… 135
思考题 ………………………………………………………………………… 144
练习题 ………………………………………………………………………… 144

第七章 成本计算 ……………………………………………………………… 146
第一节　成本计算概述 ……………………………………………………… 146
第二节　生产成本的计算 …………………………………………………… 150
第三节　采购成本和销售成本的计算 ……………………………………… 153

思考题 ·· 156
　　练习题 ·· 156

第八章　财产清查 ·· 160
　第一节　财产清查概述 ·· 160
　第二节　财产清查的方法 ······································ 163
　第三节　财产清查结果的账务处理 ······························ 168
　　思考题 ·· 172
　　练习题 ·· 172

第九章　编制会计报表 ······································ 174
　第一节　财务会计报告概述 ···································· 174
　第二节　资产负债表 ·· 179
　第三节　利润表 ·· 184
　第四节　现金流量表 ·· 187
　第五节　所有者权益变动表和附注 ······························ 195
　第六节　财务报表分析 ·· 198
　　思考题 ·· 204
　　练习题 ·· 205

第十章　会计核算形式 ······································ 208
　第一节　会计核算形式概述 ···································· 208
　第二节　记账凭证会计核算形式 ································ 210
　第三节　科目汇总表会计核算形式 ······························ 224
　第四节　汇总记账凭证会计核算形式 ···························· 228
　第五节　其他会计核算形式 ···································· 233
　　思考题 ·· 236
　　练习题 ·· 236

第十一章　会计工作组织 ···································· 239
　第一节　会计工作组织概述 ···································· 239

第二节	会计机构	241
第三节	会计人员	243
第四节	会计法规	246
第五节	会计档案	248
第六节	会计工作交接	252
	思考题	254

参考文献 ·· 255

后记 ·· 256

第一章

基础会计绪论

第一节 会计的含义

一、会计的产生与发展

会计是在社会生产实践中产生的,并随着社会经济的发展而发展和完善。

在原始社会,生产力水平十分低下,会计活动是与生产活动结合在一起进行的,只是生产职能的附带部分。生产力发展到一定水平、出现剩余产品之后,会计从生产职能中分离出来成为独立职能。

1494年意大利数学家卢卡斯·帕乔利(Luca Pacioli)著《算术、几何与比例概要》一书,其中包括著名的"簿记论",比较系统地介绍了"威尼斯簿记法",并结合数学原理从理论上加以概括,被公认为复式簿记最早形成文字的记载,也是会计发展史上的一个重要里程碑,标志着近代会计的最终形成。1581年威尼斯"会计学院"建立,表明会计已作为一门学科在学校里传授。随后借贷复式记账法相继传至世界各国,并在实践中不断发展和完善,直至今日仍为世界绝大多数国家所采用。

从会计产生到19世纪中期,对会计的要求一直是记账、算账,反映过去的账务收支事项。长期以来,人们往往把会计单纯看作是一种经济管理的工具,会计的作用仅限于对企业资产记录和保管、防止贪污盗窃等,会计处于"簿记"阶段。

19世纪下半期至20世纪初期,各主要资本主义国家的经济迅速发展,生产规模随着市场的开拓不断扩大,由卖方市场向买方市场转化,企业面临竞争,经销稍有考虑不周就有被淘汰的危险。在这种情况下,为了提高经济效益、加强对经济活动的控制,企业管理当局对会计提出了更高的要求,不仅要求会计事后记账、算账,更重要的是利用簿记提供的会计信息,按照产品归集费用、计算每种产品的成本和盈亏,并利用经过加工的会计信息进行成本分析和控制,进而对经营活动进行事前预测、决策。会计的作用不单纯是保护财产安全,而是经营管理工作的重要方面,"簿记"转化为真正的会计。

从英国产业革命完成到第二次世界大战前,随着自由资本主义向垄断资本主义的过渡,社会化大生产和劳动分工、专业化的发展导致企业组织的大联合,资本趋向集中,已超过独资或合资的范围,股份公司代替了原来独资、合伙等组织形式,成为社会化大生产最具代表性的经营组织。股份公司的出现使企业经营权和所有权发生了分离。公司的股东一般不直接参与或控制企业的生产经营活动,而是推选董事作为代表,由董事会聘请经理人员来管理企业。这样,企业的经营者就有责任向股东、债权人、股权交易机构、潜在的投资人提供真实、准确的财务报告,反映公司情况,公开说明其自身的经济实力。为了使公司外界人士能看懂财务报表,报表的编制原则、所应用的会计术语和会计方法必须是社会通行的、为一般人所接受的,传统会计中那种各行其是的做法已无法适应需要了。为此,会计界逐渐形成了一套有关财务报表的规范和准则,称为"公认会计原则"。此外,要使报表阅读人能够信任企业的财务报表,则要求由与管理当局没有利益关系的第三方来验证企业的财务报表是否确实遵循了公认会计原则。为了迎合这种需要,1854 年在英国的爱丁堡首创了职业会计师制度,这使会计工作从只服务于某一会计主体扩展到可以为所有的会计主体和所有的报表阅读人服务。"公认会计原则"和"职业会计师制度"是现代会计的最基本的特征,奠定了现代会计的理论基础。

20 世纪 30 年代以来,世界进入一个新的发展时期,人类的管理思想由过去按经验进行的定性管理,发展到运用现代计量、记录手段进行的定量管理,实行定性与定量管理相结合,并迅速朝着系统化、信息化和科学化的方向发展。与此相适应,现代化的管理方法和技术渗透到会计领域,丰富并发展了会计的内容、职能和技术方法,把会计理论和会计方法推进到了一个崭新的阶段,加快了近代会计向现代会计转变的速度。一般认为,20 世纪中期成本会计和管理会计从财务会计中分离出来独立成科,标志着现代会计诞生了。

20 世纪 50 年代以来,公司进一步朝着跨国公司方向发展,使社会经济由国家经济向世界经济转化,由单一型经济向综合型、多元型经济转化。跨国公司出现后,遇到了许多新的会计问题,如:如何比较、协调各国会计规范与方法,如何消除各国会计的差异,如何提高会计信息的国际可比性,如何满足跨国公司面向国际范围的经营决策需要。所有这些,对仅在一国范围内开展经营活动的企业会计是无能为力的。于是,服务于跨国公司、开展国际经济业务的跨国公司会计应运而生。1973 年,国际会计准则委员会成立后随即发布了一系列国际会计准则,这在会计发展史上具有划时代的意义,使会计走向了国际化。

20世纪末,人类已经由电子时代进入知识经济时代,现代信息技术融入会计系统,如计算机网络在企业的使用缩短了传统时间和空间的概念,EDI(电子数据内部交换技术)和Internet的应用使信息采集的成本大大降低。每笔经济业务的发生,会计信息系统都能及时收集并加工成有用的会计信息。信息使用者可以随时通过访问该企业网站的方式获取企业最新会计信息。这给传统的会计理论带来重大冲击,把会计工作推入一个崭新的时期。

在我国,唐、宋两代是会计全面发展的时期。官厅会计有了比较健全的组织机构,如宋代的"会计司"有比较严格的财会制度,如记账制度、审计制度、财务保管出纳制度,会计账簿和会计报表的设置也日益完备。流水账(日记账)和誊清账(总清账)组成的账簿体系已初步形成,特别重要的是创建和运用了"四柱结算法"。所谓四柱,即"旧管"、"新收"、"开除"、"实在",其含义分别相当于近代会计中的"期初结存"、"本期收入"、"本期支出"、"期末结存"。四柱之间的结算关系可用会计方程式表示为"旧管+新收=开除+实在"。在四柱中,每一柱反映经济活动的一个方面,各柱之间相互衔接,形成了平衡公式,既可检查日常记账的正确性,又可系统、全面和综合地反映经济活动的全貌。这时期我国宋朝官府办理钱粮报销或移交手续时,一般运用"四柱结算法",编制会计报表称为"四柱清册"。这是我国古代会计的一个杰出成就,它为我国通行多年的收付记账法奠定了理论基础。

明、清两代,会计工作者在"四柱结算法"原理的启发下,设计了"龙门"的会计核算方法,把全部的经济业务划分为"进"、"缴"、"存"、"该"四大类。"进"指全部的收入;"缴"指全部的支出;"存"指全部的资产;"该"指全部的负债。四者之间的关系可以用会计方程式表示为"进-缴=存-该"。年终结算时,一方面可以根据有关"进"与"缴"两类账目的记账编制"进缴表",计算差额,决定盈亏。另一方面可以根据"存"与"该"两类账目的记账编制"存该表",计算差额,决定盈亏。两方面决定的盈亏数额应该相等。这种双轨计算盈亏并核对账目的方法,人们叫它"合龙门"。"龙门账"因此而得名。"龙门账"中的"进缴表"相当于近代会计中的"损益表","存该表"相当于近代会计中的"资产负债表"。随后,商品经济又有了进一步的发展,资本主义经济关系开始萌芽,在商界出现了"四脚账",又称"天地和"。这种账要求对日常发生的一切账项,既要登记它的来账方面,又要登记它的去账方面,借以全面反映同一账项的来龙去脉,这表明中国的会计已由单式记账法向复式记账法过渡。

我国从封建社会步入半殖民地半封建社会后,北洋政府制定了中国历史上第一部会计法和审计法。到国民政府,四政(路政、电政、邮政、船政)会计得到发展。以徐永祚为代表的改良中式簿记运动,引入了西式簿记。在此期间,会计师事业有所发展,谢霖是我国第一位会计师,当时有名的会计师事务所有正则(谢霖创办)、正信(徐永祚创办)、立信(潘序伦创办)和公信(悉玉书创办)。1925年3月成立了第一个会计师公会,即上海会计师公会。

中华人民共和国成立后,在计划经济体制下,参照苏联会计模式建立了高度统一的企业会计制度和预算会计制度。在"大跃进"和"文化大革命"时期,会计事业停滞甚至倒退。改革开放后,国家工作重心转向经济建设,1985 年颁布了《中华人民共和国会计法》。为适应市场经济的发展,1992 年颁布了《企业会计准则——基本准则》《企业财务通则》,开始了会计改革。1995~2004年底颁布了 16 个具体会计准则,2001 年颁布了统一的《企业会计制度》,会计规范体系得到逐步完善。2005 年我国发布了《企业会计准则——基本准则》和 20 多项新的具体准则的征求意见稿,并对已经实行的 16 项具体会计准则进行了修订。2006 年 2 月财政部正式对外发布了包括 1 项基本准则和 38 项具体准则的中国企业会计准则,至此适应我国社会主义市场经济发展进程的、能够独立实施和执行的、与国际会计标准趋同的中国企业会计准则体系正式建立。此外,我国注册会计师事业以及会计教育事业都得到了很大的发展。

二、会计的职能

会计的职能是指会计作为经济管理活动的重要组成部分,在经济管理活动中所具有的功能或能够发挥的作用,即人们在经济管理活动中运用会计做些什么。

(一)会计的基本职能

马克思曾把会计的职能概述为:"会计是对生产过程的控制和观念的总结。"这是对会计职能的一般解释。这里所谓的"过程"是指社会再生产的全过程、经济活动的全过程;所谓"控制"就是"监督",是督促人们遵纪守法;所谓"观念的总结"就是"反映"或"核算"。《中华人民共和国会计法》也将会计的基本职能定义为会计核算和会计监督两个方面。

1. 会计核算职能

会计核算主要是以货币为计量单位,运用专门的会计方法,对生产经营活动或者预算执行过程及其结果进行连续、系统、全面的确认、计量、记录,定期编制并提供财务报告和其他一系列内部管理所需的内部资料,为作出经营决策和宏观经济管理提供依据的一项会计活动。需要指出的是,传统会计核算是对已经发生或完成的经济活动的事后核算,而现代会计核算不仅包括对经济活动的事后核算,还包括对经济活动的事前、事中的全过程核算。

2. 会计监督职能

会计监督是指在会计核算的同时,依据国家有关方针、政策、法规和会计制度以及单位的计划、预算等,对经济活动的合法性、合理性和效益性进行的检查、指导和督促。与会计核算一样,会计监督也是对经济活动进行的事前、事中和事后相结合的全面经济监督。需要指出的是,会计监督主要是指利用货币度量进行价值监督,但也需要进行实物监督。

会计核算和会计监督这两项基本职能是相辅相成、不可分割的。会计核算是会计监督的基础,没有会计核算提供的会计信息就无法进行会计监督;会计监督是会计核算的保证,只有进行严格有效的会计监督才能为经济管理提供真实、可靠的会计核算信息，否则会计信息就不真实，就不能发挥其应有的作用。因此，可以说会计监督是会计核算的延伸与发展。

(二)会计职能的发展

随着生产力的发展、科学技术的进步和经济管理水平的提高，会计的职能在不断扩大。现代会计职能除了核算和监督外，还具有预测、决策、预算、控制、分析和考核等职能。

三、会计的特点

会计作为一种经济管理活动，与其他管理活动(如劳动管理、统计管理等)相比，具有十分显著的特点。其特点主要体现在以下三个方面：

1. 以货币作为主要计量单位

会计是从数量方面来综合反映经济活动的。虽然从数量方面反映经济活动可使用三种计量单位，即劳动计量单位(如工时、工日等)、实物计量单位(如吨、千米、件等)和货币计量单位，但劳动计量单位和实物计量单位表示出的经济业务内容无法进行综合反映，而只有能够充当一般等价物的货币才能把经济业务内容数量化，转换为统一的价值指标来进行综合反映。因此，会计在从数量上反映经济活动时，可以用多种不同的计量单位，但最终必须以货币为计量单位来进行综合反映。

2. 对经济活动的反映具有完整性、连续性、系统性和综合性

完整性是指要反映出经济活动的全貌，不能遗漏；连续性是指要按时间的先后顺序依次对经济活动进行反映，不得中断；系统性是指对各项经济活动要进行科学的分类、加工整理，从而保证会计资料成为一个有序的相互关联的整体；综合性是指会计能够提供经济活动各项总括的价值指标。

3. 有一套完善的专门方法

为了适应社会经济发展与经济管理的需要，人们在长期的会计实践活动中，经过不断的积累经验以及不断改革与创新，逐步形成了一套严密、系统、科学、完备的专门方法。这些专门方法在会计管理中既有各自独立的作用，又相互联系、相互配合，从而保证了会计管理目标的实现。

四、会计的概念

从广义上来讲，会计是指会计学、会计工作和会计人员的总称。本书所讲的会计除特别指出会计学和会计人员外，一般是指会计工作。本书所说明的会计概念，是指狭义上的

会计概念,即会计工作的概念。

对于会计概念的释义,会计界历来存在多种不同的观点,其中具有代表性的观点是"信息系统论"和"管理活动论"。"信息系统论"的观点是把会计的本质理解为一个经济信息系统。具体地讲,会计信息系统是指在企业或其他组织范围内,旨在反映和控制企业或组织的各项经济活动,由若干具有内在联系的程序、方法和技术所组成,由会计人员加以管理,用于处理经济数据、提供财务信息和其他有关经济信息的有机整体。"管理活动论"的观点认为会计是以货币为主要计量形式,通过一系列专门的方法对企事业、机关单位或者其他经济组织的经济活动进行连续、系统、全面、综合的核算和监督,并参与预测、决策、分析和考核的一种管理活动。无论是"信息系统论"还是"管理活动论",它们在本质上是相同的,只是从不同的角度来说明会计的含义。

通过上述对会计发展历史以及会计职能和特点的概括,我们对现代会计做如下的界定:会计是以货币为主要计量单位,运用科学的方法体系,对企业、事业、机关和团体等单位的经济活动过程及其结果进行连续、完整、系统和综合的核算,为其管理提供信息资料,并同时运用决策、计划、控制与监督等管理职能直接或间接地参与经营管理,是经济管理活动的重要组成部分。

第二节 会计对象和会计要素

一、会计对象

会计对象是指会计核算和监督的内容,又称会计的内容。概括地讲,会计核算和监督的内容是社会再生产过程的资金运动,即企业、行政、事业等单位用货币表示的经济活动。具体来讲,会计核算和监督的内容是会计要素。明确会计的对象对于研究会计的方法具有重要的意义。因为只有明确了会计核算和监督的内容,才能有针对性地采用适当的方法加以核算和监督,从而充分发挥会计在经济管理中的作用。

(一)会计对象的一般描述

马克思关于会计是"对过程的控制和观念的总结"的论述,明确了"过程"就是会计核算和监督的内容,这是对会计对象最一般、最概括的描述。这里的过程是指社会再生产的全过程,它由生产、分配、交换和消费四个环节组成。作为社会再生产基层单位的企业、行政和事业单位,虽然它们的工作性质和任务不同,但它们的活动都不同程度地与社会产品的生产、分配、交换和消费有关,因而都是社会再生产过程的组成部分。需要说明的是,会计并不是对社会再生产过程的各个方面或者全部进行核算和监督,会计所核算和监督的主要部分是其中可以用货币表现的经济活动。

在市场经济条件下,每一企业单位要进行生产经营和业务活动都必须首先取得一定的财产物资作为保证,而这些财产物资的货币表现就是资金。可见,企业、事业单位进行生产经营或者业务活动都是从取得一定数量的资金开始。随着企事业单位的生产经营或者业务活动的进行,所取得的资金必然不断地改变形态并发生数量上的变化,同时也体现一定的经济关系,这个过程就是资金运动。由此可见,会计的对象可概括为社会再生产过程中的资金及其运动。该资金运动既指个别企事业单位的资金运动,也包括整个社会的总资金运动。前者是微观会计所核算和监督的内容,后者则是宏观会计所核算和监督的内容。

(二)会计对象的具体内容

社会再生产的四个环节的经济业务事项在再生产过程中涉及一系列的行业,如工业企业、商品流通企业、行政事业单位等。由于各行业的地位不同,经济业务事项的内容有很大差异,导致会计反映和监督的内容也不完全一致。

1. 工业企业的会计对象

工业企业亦称制造企业,主要生产和销售工业产品,其再生产过程是以生产过程为中心的供应、生产和销售的统一。在供应过程中,企业购买原材料,支付货款和采购费用,购买生产所必需的机器设备等,这时企业的一部分货币资金开始转化为储备资金。在生产过程中对原材料等进行加工,这时企业的一部分储备资金开始转化为生产资金,同时一部分货币资金由于支付职工工资和其他生产费用也转化为生产资金;机器设备、房屋建筑物的磨损价值同样转化为生产资金。所以说,生产资金是由原材料、工资和其他生产费用所构成的产品成本。当产品制造完工时,随着产成品的入库,生产资金开始转化为成品资金,成品资金表示完工产品的成本。在销售过程中,企业成品资金占用减少,货币资金随着货款的收回而增加,这时一部分成品资金转化为货币资金。从货币资金开始,依次经过储备资金、生产资金、成品资金,最后又回到货币资金,称为资金循环。周而复始的资金循环称为资金周转。工业企业的资金周转标志着企业再生产过程的延续,使千变万化的经济业务呈现规律性变化。因此,工业企业的会计对象就是工业企业的资金运动。工业企业的主要经济业务活动及资金循环与周转过程见图1—1。

2. 商品流通企业的会计对象

商品流通企业的主要经营过程就是商品的流通过程。商品流通是指生产企业生产出来的产品通过买卖从生产领域向消费领域转移的过程。整个商品流通过程包括批发和零售两个主要经营环节,是由批发企业和零售企业分别组织进行的。

批发商品流通是指商品在批发环节的流转活动,体现为批发企业向生产企业购进商品然后转卖给零售企业和其他生产企业的一种商品交易活动。它是整个商品流通的起点,也是联系生产企业和零售企业、生产企业和生产企业的中间环节。

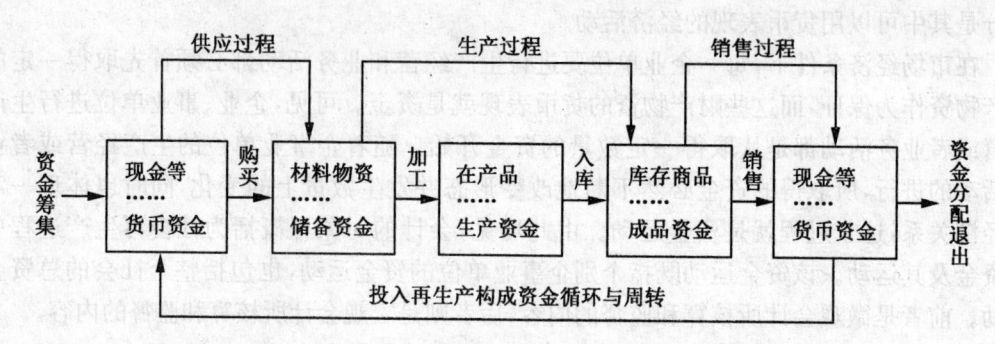

```
供应过程          生产过程           销售过程
资                                                              资
金    现金等   购买  材料物资  加工  在产品   入库  库存商品  销售  现金等    金
筹    ……   →    ……   →    ……   →    ……   →    ……     分
集    货币资金      储备资金      生产资金      成品资金      货币资金    配
                                                                退
           投入再生产构成资金循环与周转                              出
```

图1—1　工业企业资金循环与周转

零售商品流通是指商品在零售环节的流转活动，体现为零售企业向批发企业或生产企业购进商品，然后将商品供应给个人消费者和集团消费者的一种商品交易活动。它是整个商品流通的最终环节。批发企业和零售企业分别从事商品批发和零售业务，但在实践中，有些批发企业兼营零售业务，也有零售企业兼营批发业务。这是社会主义市场经济发展的需要，也是搞活商品流通的需要。

商品流通企业在组织商品流通过程中，其主要经济活动是从事商品购进、销售和储存活动。

商品购进是指商品流通企业通过货币结算买进商品的交易行为。在商品购进过程中，通过支付货款购买商品使资金由货币形态转化为商品形态。

商品销售是指商品流通企业通过货币结算出售商品的交易行为。在商品销售过程中，通过出售商品使购买商品时所垫付的货款得以收回，使资金由商品形态又转化为货币形态。

商品储存是指商品流通企业为了保证市场供应以满足人民群众的需要所经常保持的合理储备。在商品储存过程中会发生商品涨价、削价和盘溢、盘缺等情况。商品储存是整个商品流通过程中购进和销售之间的一个重要环节，也是商品流通得以顺利进行的一个条件。没有一定的商品储存，就难以保证商品流通的正常进行。

在整个商品流通过程中还会发生各种费用开支以及按国家税法规定应缴纳的销售税金等。商品售价与进价的差额就是毛利。商品销售收入扣除成本、费用和销售税金后的差额即是商品流通企业的营业利润。企业实现利润后，还要按规定缴纳所得税，进行利润分配等。

上述各项内容构成了商品流通企业的主要经济业务，也构成其核算的主要内容。

总之，商品流通企业处于商品流通领域，担负着社会商品交换的任务，一般包括购进商品和销售商品两个过程。企业购进商品，由货币资金转变为商品资金形态；商品销售收回货款,又使商品资金形态转变为货币资金形态。商品流通企业主要的经济业务活动及资金循环与周转的过程见图1—2。

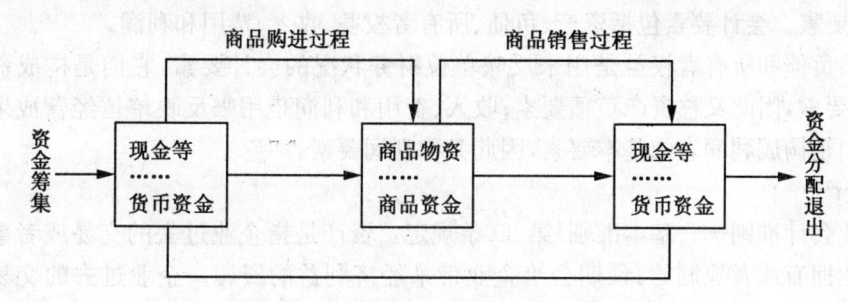

图1—2 商品流通企业资金循环与周转

3. 行政事业单位的会计对象

行政事业单位包括国家行政机关、司法机关、各党派团体组织机构和科研、教育、文化、医疗卫生等单位,这些单位不直接从事物质资料的生产和销售,但它们是生产、分配、交换、消费活动的组织者和服务单位,离开它们,社会再生产也无法进行。行政事业单位为完成行政事业任务,同样需要一定的资源,需要进行货币交换。一般来说,行政事业单位的资金有国家投入的,有自身业务收入的,还会发生工资等费用支付,所以经费收入和经费支出构成行政事业单位的主要经济业务。行政事业单位的主要经济活动过程见图1—3。

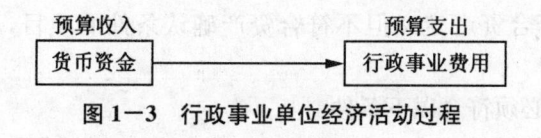

图1—3 行政事业单位经济活动过程

综上所述,凡是特定会计主体发生的能够以货币计量的经济业务都是会计核算与监督的内容,即企事业单位发生的各项经济业务就是会计(核算与监督)的对象。

二、会计要素

(一)会计要素的概念和意义

会计要素,又称会计对象要素或会计报表要素,是对会计对象按其经济特性作出的基本分类,是会计对象的具体化,是构成会计报表的基本要素。

以能用货币表示的经济活动作为会计对象只是会计对象的一般描述,而且比较抽象。为了便于确认、记录、计量和报告,以满足会计信息使用者对会计信息的理解和利用,还要利用会计要素的形式,使会计对象更加具体化。

(二)会计要素的构成

《企业会计准则——基本准则》第10条规定:"企业应当按照交易或者事项的经济特征确定会计要素。会计要素包括资产、负债、所有者权益、收入、费用和利润。"

资产、负债和所有者权益是用来反映单位财务状况的会计要素,它们是构成资产负债表的基本要素,因此又称资产负债要素;收入、费用和利润是用来反映单位经营成果的会计要素,它们是构成利润表的基本要素,因此又称利润要素。

1. 资产

《企业会计准则——基本准则》第20条规定:"资产是指企业过去的交易或者事项形成的、由企业拥有或者控制的、预期会给企业带来经济利益的资源。企业过去的交易或者事项包括购买、生产、建造行为或其他交易或者事项。预期在未来发生的交易或者事项不形成资产。由企业拥有或者控制,是指企业享有某项资源的所有权,或者虽然不享有某项资源的所有权,但该资源能被企业所控制。预期会给企业带来经济利益,是指直接或者间接导致现金和现金等价物流入企业的潜力。"

《企业会计准则——基本准则》第21条规定:"符合本准则第二十条规定的资产定义的资源,在同时满足以下条件时,确认为资产:

(1)与该资源有关的经济利益很可能流入企业;

(2)该资源的成本或者价值能够可靠地计量。"

《企业会计准则——基本准则》第22条规定:"符合资产定义和资产确认条件的项目,应当列入资产负债表;符合资产定义但不符合资产确认条件的项目,不应当列入资产负债表。"

因此,企业的资产必须符合以下条件:

(1)资产是由过去的交易或事项形成的。所谓交易,是指以货币为媒介的商品或劳务的交换,如购买、接受投资、自行建造等;所谓的事项,是指没有实际发生货币交换的经济业务,如企业接受捐赠的物资等。

企业过去的交易或者事项包括购买、生产、建造行为或其他交易或者事项。预期在未来发生的交易或者事项不形成资产。如企业预期购买的材料、设备等,因其交易尚未发生,所以不能作为企业的资产。

(2)资产是由企业拥有或控制的。所谓拥有,是指该项资产的所有权属于企业;所谓控制,是指企业虽然对某种资产不具有所有权,但它能够支配、控制,如融资租入的固定资产等。

(3)资产预期会给企业带来经济利益。作为一项经济资源,资产应该具有直接或者间接导致现金和现金等价物流入企业的潜力。如果一项资源不能给企业带来经济利益,就不能被确认为企业的资产,如腐烂变质的材料。

(4)资产是能够用货币计量的经济资源。以货币为主要计量单位是会计的主要特点。因此,企业的各项资产必须能用货币加以计量,否则会计信息系统就无法予以反映。如人力资源、环境资源等,这些资源虽然也能给企业带来经济利益,但由于它们不能用货币计量,所以不能被确认为企业的资产。

通常我们按照资产的流动性(即变换为现金或被消耗的速度)将资产分为流动资产和非流动资产。

(1)流动资产,是指可以在一年或者超过一年的一个营业周期内变现或者被耗用的资产,主要包括库存现金、银行存款、交易性金融资产、应收及预付款项、存货等。

库存现金,是指存放在企业会计部门,由出纳人员保管的货币。

银行存款,是指企业存放在银行里的货币资金。

交易性金融资产,是指企业为了出售而持有的金融资产,如企业以赚取差价为目的从市场上购入的股票、债券、基金等。

应收及预付款项,是指企业在日常生产经营过程中发生的各项债权,包括应收款项和预付款项。

存货,是指企业在日常活动中持有的以备出售的产成品或商品,处在生产过程中的在产品、在生产过程或提供劳务过程中耗用的物料等,包括各种材料、商品、在产品、产成品、包装物、低值易耗品等。

(2)非流动资产,是指流动资产以外的资产,主要包括持有至到期投资、长期股权投资、固定资产、无形资产等。

持有至到期投资,是指到期日固定、回收金额固定或可确定,其企业有明确意图和能力持有到期的非衍生金融资产,如企业购入的国债、公司债券等。

长期股权投资,是指企业投出的期限在1年以上的各种股权性质的投资,包括购入的股票和其他股权投资等。

固定资产,是指企业为生产商品、提供劳务、出租或经营管理而持有的、使用寿命超过一个会计年度的有形资产,如企业拥有或控制的不准备出售而持有的房屋、建筑物、机器设备、运输设备等。

无形资产,是指企业拥有或控制的没有实物形态的可辨认的非货币性资产,包括专利权、商标权、著作权、非专利技术、土地使用权等。

2. 负债

《企业会计准则——基本准则》第23条规定:"负债是指企业过去的交易或者事项形成的、预期会导致经济利益流出企业的现时义务。现时义务是指企业在现行条件下已承担的义务。未来发生的交易或者事项形成的义务,不属于现时义务,不应当确认为负债。"

可见,负债具有如下特征:

(1)负债是企业承担的现时义务。现时义务是指企业在现行条件下已承担的义务。未来发生的交易或者事项形成的义务,不属于现时义务,不应当确认为负债。如短期借款是指企业目前应该承担偿还银行贷款的义务,而不是以后准备拖欠银行的款项。

(2)负债是由过去的交易或事项形成的。导致负债的交易或事项必须已经发生,凡未来交易或事项可能给企业形成的义务,不能确认为企业的负债。如企业与某单位签订一份合同,准备于下月购入一批材料,款项50 000元暂欠,该款项就不应确认为负债。

(3)负债清偿预期会导致经济利益流出企业。负债通常是在未来某一时日通过资产或劳务来偿还。如企业购入一批材料,款项未付,需要企业在未来用资产或劳务来偿还,从而导致经济利益流出。

《企业会计准则——基本准则》第24条规定:"符合本准则第23条规定的负债定义的义务,在同时满足以下条件时,确认为负债:

(1)与该义务有关的经济利益很可能流出企业;

(2)未来流出的经济利益的金额能够可靠地计量。"

《企业会计准则——基本准则》第25条规定:"符合负债定义和负债确认条件的项目,应当列入资产负债表;符合负债定义但不符合负债确认条件的项目,不应当列入资产负债表。"

为了便于分析企业的财务状况和偿债能力,企业的负债应当按其流动性(即偿还期的长短),划分为流动负债和长期负债两部分。

(1)流动负债,是指将在1年或者超过1年的一个营业周期内偿还的债务,包括短期借款、应付票据、应付账款、预收账款、应付职工薪酬、应交税费等。

短期借款,是指借款期限在1年内偿还的银行借款。

应付票据,是指企业因购买材料、商品或接受劳务等而开出并承兑的票据。

应付账款,是指应付给供应单位的购买材料物资的款项。

预收账款,是指按照购销双方协议约定,企业向购货单位预收的款项。

应付职工薪酬,是指应支付给员工的劳动报酬及福利费用等。

应付股利,是指应支付给投资者的股利或利润。

应交税费,是指应向国家缴纳的各项税费。

其他应付款,是指除上述负债以外的其他各项应付、暂收的款项。

(2)非流动负债,是指除流动负债以外的负债,包括长期借款、应付债券、长期应付款等。

长期借款,是指借款期限在1年以上的银行借款。

应付债券,是指企业发行的1年以上的债券。

3. 所有者权益

《企业会计准则——基本准则》第26条规定:"所有者权益是指企业资产扣除负债后由所有者享有的剩余权益。公司的所有者权益又称为股东权益。"

所有者权益具有如下特征:

(1)它是一种剩余权益。其公式为:

资产－负债＝所有者权益

(2)除非发生减资、清算等事项,企业不需要偿还所有者权益。

(3)所有者有权参与企业的利润分配,并承担企业的经营风险。

(4)企业在清算时,只在清偿所有的负债后,所有者权益才可以给所有者。

《企业会计准则——基本准则》第27条规定:"所有者权益的来源包括所有者投入的资本、直接计入所有者权益的利得和损失、留存收益等。"

直接计入所有者权益的利得和损失,是指不应计入当期损益、会导致所有者权益发生增减变动的、与所有者投入资本或者向所有者分配利润无关的利得或者损失。

利得是指由企业非日常活动所形成的、会导致所有者权益增加的、与所有者投入资本无关的经济利益的流入。

损失是指由企业非日常活动所发生的、会导致所有者权益减少的、与向所有者分配利润无关的经济利益的流出。

所有者权益的构成内容有:

(1)实收资本,是指投资者按照企业章程或合同、协议的约定,实际投入企业的资本。

(2)资本公积,是指投资者或者他人投入到企业的,所有权属于投资者并且金额超过法定资本部分的资本或者资产,包括资本(或股本)溢价、外币资本折算差额和其他资本公积等。

(3)盈余公积,是指企业按规定从净利润中提取的积累资金。

(4)未分配利润,是指企业留待以后年度分配的利润或本年度待分配的利润。

4. 收入

《企业会计准则——基本准则》第30条规定:"收入是指企业在日常活动中形成的、会导致所有者权益增加的、与所有者投入资本无关的经济利益的总流入。"

《企业会计准则——基本准则》第31条规定:"收入只有在经济利益很可能流入从而导致企业资产增加或者负债减少且经济利益的流入额能够可靠计量时才予以确认。收入包括销售商品收入、提供劳务收入和让渡资产使用权收入(利息收入、使用费收入和现金股利收入)等,不包括为第三方代收或者客户代收的款项。"

可见,收入具有如下特征:

(1)收入是在企业的日常活动中形成的。日常活动是指企业为完成其经营目标而从事的经常性活动及与之相关的活动,如企业销售产品、提供劳务等。

(2)收入的取得会导致经济利益流入企业。它可能表现为资产的增加,如增加银行存款、应收账款等;也可能表现为负债的减少,如以商品抵偿债务;还可能是两者兼而有之,如商品销售货款中的一部分抵偿债务,另一部分收取现金。

(3)收入只包括本企业经济利益的流入,不包括为第三方或客户代垫的款项,如增值税、代收利息等。

(4)收入能引起所有者权益的增加。

(5)收入与所有者的投入资本无关。

收入按日常活动在企业中所处的地位,分为主营业务收入和其他业务收入。

主营业务收入,是指企业销售商品、提供劳务等主营业务所实现的收入,如企业销售产品所取得的收入、企业加工费收入等。

其他业务收入,是指企业除主营业务收入以外的其他业务活动所取得的收入,如企业销售材料、出租固定资产、无形资产等实现的收入。

广义的收入包括主营业务收入、其他业务收入、营业外收入、投资收益、公允价值变动损益等。

5. 费用

《企业会计准则——基本准则》第33条规定:"费用是指企业在日常活动中发生的、会导致所有者权益减少的、与向所有者分配利润无关的经济利益的总流出。"

可见,费用具有如下特征:

(1)费用是企业日常活动中发生的经济利益的流出。日常活动是指企业为完成其经营目标而从事的经常性活动及与之相关的活动,如企业为生产产品而消耗的材料、支付的职工薪酬、承担的利息等。

(2)费用会导致所有者权益的减少。费用可能表现为资产的减少,如减少银行存款、库存商品等;也可能表现为负债的增加,如增加应付职工薪酬、应交税费等。

(3)费用与向所有者分配利润无关。向所有者分配利润或鼓励属于企业利润分配的内容,不构成企业的费用。

《企业会计准则——基本准则》第34条规定:"费用只有在经济利益很可能流出从而导致企业资产减少或者负债增加且经济利益的流出额能够可靠计量时才能予以确认。"

《企业会计准则——基本准则》第35条规定:"企业为生产产品、提供劳务等发生的可归属于产品成本、劳务成本等的费用,应当在确认产品销售收入、劳务收入等时,将已销售产品、已提供劳务的成本等计入当期损益。企业发生的支出不产生经济利益的,或者即使能够产生经济利益但不符合或者不再符合资产确认条件的,应当在发生时确认为费用,计入当期损益。企业发生的交易或者事项导致其承担了一项负债而又不确认为一项资产的,应当在发生时确认为费用,计入当期损益。"

按归属的不同，费用可以分为直接费用、间接费用和期间费用。

(1)直接费用，是指企业为生产商品和提供劳务而发生的各项费用，如工业企业的直接材料、直接人工等，商业企业的商品进价等。这些费用发生时直接计入营业成本。

(2)间接费用，是指企业为组织和管理生产经营活动而发生的共同费用和不能直接计入营业成本的各项费用，如企业的间接材料、间接人工等。这些费用发生后，应通过一定的标准分配计入营业成本。

营业成本，是指销售商品或提供劳务的成本，其内容包括主营业务成本和其他业务成本。

主营业务成本，是指企业销售商品、提供劳务等经常性活动所发生的成本。

其他业务成本，是指除主营业务活动以外的其他经营活动所发生的成本。

(3)期间费用，是指企业在日常活动中发生的，应当直接计入当期损益的费用。其内容包括销售费用、管理费用和财务费用。

销售费用，是指企业在销售商品、提供劳务过程中发生的各项费用。

管理费用，是指企业行政管理部门为组织和管理生产经营活动而发生的费用。

财务费用，是指企业为筹集资金而发生的费用。

广义的费用包括主营业务成本、其他业务支出、营业税金及附加、销售费用、管理费用、财务费用、资产减值损失、营业外支出、所得税费用等。

6. 利润

《企业会计准则——基本准则》第37条规定："利润是指企业在一定会计期间的经营成果，利润包括收入减去费用后的净额、直接计入当期利润的利得和损失等。"

《企业会计准则——基本准则》第38条规定："直接计入当期利润的利得和损失，是指应当计入当期损益、会导致所有者权益发生增减变动的、与所有者投入资本或者向所有者分配利润无关的利得或者损失。"

利润有以下三个层次：

(1)营业利润，是指企业日常经营活动及相关活动所形成的经营成果。其计算公式为：

营业利润＝营业收入－营业成本－营业税金及附加－销售费用－管理费用－财务费用－资产减值损失＋公允价值变动收益(－公允价值变动损失)＋投资收益(－投资损失)

(2)利润总额，是指企业一定时期内全部经营活动获得的经营成果。其计算公式为：

利润总额＝营业利润＋营业外收入－营业外支出

(3)净利润，是指企业利润总额扣除所得税费用的余额，也称为税后利润或净利。其计算公式为：

净利润＝利润总额－所得税费用

《企业会计制度(2001)》第106条规定："利润，是指企业在一定会计期间的经营成果，包括营业利润、利润总额和净利润。

(1)营业利润,是指主营业务收入减去主营业务成本和主营业务税金及附加,加上其他业务利润,减去营业费用、管理费用和财务费用后的金额。

(2)利润总额,是指营业利润加上投资收益、补贴收入、营业外收入,减去营业外支出后的金额。

(3)投资收益,是指企业对外投资所取得的收益,减去发生的投资损失和计提的投资减值准备后的净额。

(4)补贴收入,是指企业按规定实际收到退还的增值税,或按销量或工作量等依据国家规定的补助定额计算并按期给予的定额补贴,以及属于国家财政扶持的领域而给予的其他形式的补贴。

(5)营业外收入和营业外支出,是指企业发生的与其生产经营活动无直接关系的各项收入和各项支出。营业外收入包括固定资产盘盈、处置固定资产净收益、处置无形资产净收益、罚款净收入等。营业外支出包括固定资产盘亏、处置固定资产净损失、处置无形资产净损失、债务重组损失、计提的无形资产减值准备、计提的固定资产减值准备、计提的在建工程减值准备、罚款支出、捐赠支出、非常损失等。营业外收入和营业外支出应当分别核算,并在利润表中分列项目反映。营业外收入和营业外支出还应当按照具体收入和支出设置明细项目,进行明细核算。

(6)所得税,是指企业应计入当期损益的所得税费用。

(7)净利润,是指利润总额减去所得税后的金额。

第三节 会计假设和会计基础

一、会计假设

会计是为一定目标服务的,要实现会计目标必须具备一定的核算前提条件,即对会计事务中产生的一些尚未确知的事物,根据客观的正常情况或发展趋势作出合乎情况的判断和假定。这种判断和假定就是会计核算的前提条件,被称为会计核算的基本前提,又称会计假设。

会计核算的基本前提是指为了保证会计工作的正常进行和会计信息的质量,对会计核算工作的空间和时间范围、内容、基本程序和方法所做的限定,并在此基础上建立会计原则。会计核算的基本前提有:会计主体、持续经营、会计分期、货币计量与币值稳定。

(一)会计主体

《企业会计准则——基本准则》第5条规定:"企业应当对其本身发生的交易或者事项进行会计确认、计量和报告。"此即会计主体假设。

会计主体是指会计所服务的特定单位。会计主体的前提是指会计所反映的是一个特定单位的经济活动。企业会计核算应当以企业发生的各项交易或事项为对象,记录和反映企业本身的各项生产经营活动,从而明确了企业会计工作的空间范围。提出会计主体概念,是为了把会计主体的经济业务与其他会计主体以及投资者的经济业务分开。会计主体确定以后,会计人员只是站在特定会计主体的立场,核算特定主体的经济活动。

(二)持续经营

《企业会计准则——基本准则》第6条规定:"企业会计确认、计量和报告应当以持续经营为前提。"此即持续经营假设。

持续经营是指企业会计核算应以持续、正常的生产经营活动为前提,而不考虑其是否将破产清算。它明确了会计主体工作的时间范围。会计主体确定后,只有假定这个作为会计主体的企业是持续、正常经营的,会计原则和会计程序才有可能建立在非清算的基础上,不采用合并、破产、清算的处理方法,这样才能保持会计信息处理的一致性和稳定性。

(三)会计分期

《企业会计准则——基本准则》第7条规定:"企业应当划分会计期间,分期结算账目和编制财务会计报告。会计期间分为年度和中期。中期是指短于一个完整的会计年度的报告期间。"此即会计分期假设。

会计分期是指把企业持续不断的生产经营过程划分为较短的等距会计期间,以便分期结算账目,按期编制会计报表。它是对会计工作时间范围的具体划分。会计期间是指在会计工作中,为核算生产经营活动或预算执行情况所规定的起讫日期。会计期间分为年度、半年度、季度和月度。半年度、季度和月度均称为会计中期。有了会计期间这个前提,才产生了本期与非本期的区别,才产生了收付实现制和权责发生制,才能正确贯彻配比原则。只有正确地划分会计期间,才能准确地提供经营成果和财务状况的资料,才能进行会计信息的对比。

(四)货币计量与币值稳定

《企业会计准则——基本准则》第8条规定:"企业会计应当以货币计量。"

货币计量是指对所有会计对象采用同一种货币作为统一尺度来进行计量,并把企业经营活动和财务状况的数据转化为按统一货币单位反映的会计信息。我国规定企业会计核算以人民币为记账本位币;有外币收支的企业,也可以选定某种外币作为记账本位币,但编制的会计报表应当折算为人民币反映。

以货币作为统一计量单位,包含着币值稳定的假设,但实际上货币本身的价值是有可能变动的。按照国际会计惯例,当货币本身的价值波动不大或前后波动能够被抵消时,会计核算可以不考虑这些波动因素,即仍认为币值是稳定的;但在发生恶性通货膨胀时,就需要采用特殊的会计准则(物价变动会计准则)来处理有关的会计事项。

二、会计基础

《企业会计准则——基本准则》第9条规定:"企业应当以权责发生制为基础进行会计确认、计量和报告。"

权责发生制是以权利和责任是否发生为标准来确认收入和费用归属期的一种确认、计量、报告制度。由于会计核算是分期进行的,有些收入和费用在相邻的会计期间是相互交错的,对于这些收入和费用的归属期的确认在会计处理上有两种不同的方法:权责发生制和收入实现制。按照权责发生制的要求,凡是当期实现的收入和已经发生或者应当负担的费用,不论款项是否收付,都应当作为本期的收入和费用入账;凡不属于当期的收入和费用,即使款项已在当期收付,也不应作为当期的收入和费用处理。权责发生制可以合理地确定企业在一定会计期间的财务成果,可以将经济业务引起的权利和责任在会计资料中反映出来。企业应当以权责发生制为基础进行会计确认、计量和报告。

收付实现制是以收入和支出的实际发生为标准来确认收入和费用归属期的一种确认、计量、报告制度。收付实现制强调财务成果的真实性,行政事业单位应当以收付实现制为基础进行会计确认、计量和报告。

第四节 会计信息

一、会计信息使用者

在市场经济条件下,会计信息使用者主要包括:投资人、内部管理者、债权人、社会管理和监督部门(如财政、税务、计划、统计、海关、工商、审计、证监、会计师事务所、律师事务所等)、客户、内部职工、社会公众等。企业会计准则规定的财务会计报告使用者包括投资者、债权人、政府及其有关部门和社会公众等。

二、会计信息的内容

《企业会计准则》规定的会计目标是:向财务报告的使用者提供与企业财务状况、经营成果和现金流量等有关的会计信息,反映企业管理层受托责任的履行情况,有助于财务会计报告的使用者做出经济决策。

第一类:财务状况信息,主要有:(1)资产总量及分布;(2)债务总额及构成;(3)投资人的权益及内容。

第二类:经营成果信息,主要有:(1)收入、费用和成本;(2)利润或亏损;(3)利润分配或弥补亏损。

第三类:现金流量信息,主要有:(1)现金流入量及来源;(2)现金流出量及来源;(3)净现金流量。

第四类:所有者权益变动信息,主要有:(1)直接计入所有者权益的利得或损失;(2)资本交易引起的所有者权益的变动;(3)期末所有者权益。

三、会计信息质量要求

1. 真实性

《企业会计准则——基本准则》第12条规定:"企业应当以实际发生的交易或者事项为依据进行会计确认、计量和报告,如实反映符合确认和计量要求的各项会计要素及其他相关信息,保证会计信息真实可靠、内容完整。"

真实性,是指企业应当以实际发生的交易或者事项为依据进行会计确认、计量和报告,如实反映符合确认和计量要求的各项会计要素及其他相关信息。

2. 相关性

《企业会计准则——基本准则》第13条规定:"企业提供的会计信息应当与财务会计报告使用者的经济决策需要相关,有助于财务会计报告使用者对企业过去、现在或者未来的情况作出评价或者预测。"

相关性,是指企业提供的会计信息应当与财务会计报告使用者的经济决策需要相关,有助于财务会计报告使用者对企业过去、现在或者未来的情况作出评价或者预测。

衡量会计信息相关性有三个标准:

首先,利用会计信息可以预测经济活动将来的发展趋势;

其次,利用会计信息可以修正原来的决策和管理;

再次,利用会计信息可以保证会计信息使用者及时进行决策和管理。

3. 明晰性

《企业会计准则——基本准则》第14条规定:"企业提供的会计信息应当清晰明了,便于财务会计报告使用者理解和使用。"

明晰性,是指企业提供的会计信息应当清晰明了,便于财务报告使用者理解和使用。

明晰性要求会计记录准确、清晰；填制会计凭证、登记会计账簿做到依据合法、账户对应关系清楚、文字摘要完整；在编制会计报表时，项目勾稽关系清楚，项目完整，数字准确。

4. 可比性

《企业会计准则——基本准则》第15条规定："企业提供的会计信息应当具有可比性。"

同一企业不同时期发生的相同或者相似的交易或者事项，应当采用一致的会计政策，不得随意变更；确需变更的，应当在附注中说明。不同企业发生的相同或者相似的交易或者事项，应当采用规定的会计政策，确保会计信息口径一致、相互可比。

可比性是指会计信息在一定范围、一定时间和一定内容上可以进行纵向和横向比较。

5. 实质重于形式

《企业会计准则——基本准则》第16条规定："企业应当按照交易或者事项的经济实质进行会计确认、计量和报告，不应仅以交易或者事项的法律形式为依据。"

由于交易或事项的法律形式并不能完全、真实地反映其实质内容，所以会计信息要想真实地反映其所要反映的交易或事项，就必须依据交易或事项的实质（经济现实）来判断，而不能仅仅根据它们的法律形式。

例如，融资租入的固定资产，虽然从法律形式来看，企业并不拥有其所有权，但从其经济实质来看，企业能够控制其所创造的未来经济利益，所以应当将其作为企业的资产加以确认、计量、记录和报告。再如，我们不能按照销售合同确认其销售收入，应该按照实际销售情况（看商品所有权上的主要风险和报酬是否转移给了购货方）来确认其销售收入。

6. 重要性

《企业会计准则——基本准则》第17条规定："企业提供的会计信息应当反映与企业财务状况、经营成果和现金流量等有关的所有重要交易或者事项。"

若企业会计信息的省略或者错报会影响使用者据此作出经济决策，该信息就具有重要性。实践中，企业往往根据其所处的环境和实际情况，从项目的性质和金额的大小两个方面去判断其重要性。

重要的项目要单独列示，不太重要的项目可以合并反映。

7. 谨慎性

《企业会计准则——基本准则》第18条规定："企业对交易或者事项进行会计确认、计量和报告应当保持应有的谨慎，不应高估资产或者收益、低估负债或者费用。"

谨慎性又称稳健性，是指在处理不确定性经济业务时，应持谨慎态度。如果一项业务有多种处理方法可供选择，应尽可能选择不高估资产或者收益、低估负债或者费用的方法。如固定资产采用加速折旧法、存货计价在通货膨胀情况下采用后进先出法、应收账款计提坏账准备、存货跌价准备等都是基于谨慎考虑的。

当然，不允许企业滥用谨慎原则，任意计提各种秘密准备。如前一年度大量计提减值准备,待下一年度再予以转回。

8. 及时性

《企业会计准则——基本准则》第19条规定:"企业对于已经发生的交易或者事项,应当及时进行会计确认、计量和报告,不得提前或者延后。"

及时性即时效性,与可靠性和相关性相联系,需要在两者之间找到平衡。

四、会计的确认、计量、报告

(一)会计确认

会计确认,是指会计人员按照一定的标准,对应输入会计信息系统的内容、输入时间及对输入经济业务的内容应归属的会计要素进行识别、选择,并在此基础上对账户中记录的会计信息是否全部列入会计报表及如何列入会计报表所进行的识别确定。

会计的初次确认是指确定有关经济数据能否进入会计信息系统的工作,其确认对象为原始凭证本身及其所记载的反映会计主体的会计事项,包括原始凭证的手续是否齐全、所载内容是否输入会计信息系统、何时输入及其内容的属性。会计的再确认是指对于反映到账户的信息是否列入会计报表、列入哪种会计报表及以何种口径列入会计报表的工作。

(二)会计计量

《企业会计准则——基本准则》第41条规定:"企业在将符合确认条件的会计要素登记入账并列报于会计报表及其附注(又称财务报表,下同)时,应当按照规定的会计计量属性进行计量,确定其金额。"

《企业会计准则——基本准则》第43条规定:"企业在对会计要素进行计量时,一般应当采用历史成本,采用重置成本、可变现净值、现值、公允价值计量的,应当保证所确定的会计要素金额能够取得并可靠计量。"

1. 历史成本

在历史成本计量下,资产按照购置时支付的现金或者现金等价物的金额,或者按照购置资产时所付出的对价的公允价值计量。负债按照因承担现时义务而实际收到的款项或者资产的金额,或者承担现时义务的合同金额,或者按照日常活动中为偿还负债预期需要支付的现金或者现金等价物的金额计量。

2. 重置成本

在重置成本计量下,资产按照现在购买相同或者相似资产所需支付的现金或者现金等价物的金额计量。负债按照现在偿付该项债务所需支付的现金或者现金等价物的金额计量。

3. 可变现净值

在可变现净值计量下,资产按照其正常对外销售所能收到现金或者现金等价物的金额扣减该资产至完工时估计将要发生的成本、估计的销售费用以及相关税费后的金额计量。

4. 现值

在现值计量下,资产按照预计从其持续使用和最终处置中所产生的未来净现金流入量的折现金额计量。负债按照预计期限内需要偿还的未来净现金流出量的折现金额计量。

5. 公允价值

在公允价值计量下,资产和负债按照在公平交易中熟悉情况的交易双方自愿进行资产交换或者债务清偿的金额计量。

(三)财务会计报告

《企业会计准则——基本准则》第 44 条规定:"财务会计报告是指企业对外提供的反映企业某一特定日期的财务状况和某一会计期间的经营成果、现金流量等会计信息的文件。财务会计报告包括会计报表及其附注和其他应当在财务会计报告中披露的相关信息和资料。会计报表至少应当包括资产负债表、利润表、现金流量表等。小企业编制的会计报表可以不包括现金流量表。"

《企业会计准则——基本准则》第 45 条规定:"资产负债表是指反映企业在某一特定日期的财务状况的会计报表。"

《企业会计准则——基本准则》第 46 条规定:"利润表是指反映企业在一定会计期间的经营成果的会计报表。"

《企业会计准则——基本准则》第 47 条规定:"现金流量表是指反映企业在一定会计期间的现金和现金等价物流入和流出的会计报表。"

《企业会计准则——基本准则》第 48 条规定:"附注是指对在会计报表中列示项目所做的进一步说明,以及对未能在这些报表中列示项目的说明等。"

第五节　会计方法

会计方法是用来反映监督会计对象、完成会计任务的手段。研究和运用会计方法,是为了更好地完成会计任务。目前,我国的会计方法由三部分内容组成:一是会计核算方法,二是会计分析方法,三是会计检查方法。

一、会计核算方法

会计核算方法是指对会计要素进行全面、连续、系统的记录、计算、反映和监督所应用的方法,即会计在进行记账、算账、报账时所采用的方法,包括设置账户、复式记账、填制和审核凭证、登记账簿、成本计算、财产清查、编制会计报表七种方法。

(一)设置账户

设置账户是对会计对象的具体内容进行归类、反映和监督的一种专门方法。它可以对会计对象的复杂多样的具体内容进行科学的分类和记录,以取得各种核算指标,并随时加以分析、检查和监督。

(二)复式记账

复式记账是对发生的每一项经济业务在两个或两个以上账户中相互联系起来登记的一种专门方法。采用这种方法记账,使每项经济业务涉及的两个或两个以上的账户发生对应关系。同时,在对应账户上所记金额相等,即保持平衡关系。通过账户的对应关系,可以了解有关经济业务的内容;通过平衡关系,可以检查有关经济业务的记录是否真实、正确。

(三)填制和审核凭证

记账必须有依据,这种依据就是会计凭证,它是记录经济业务、明确经济责任的书面证明,是登记账簿的重要依据。对于每一项经济业务都要按照实际完成情况填制凭证,并由经办人员或有关单位签名盖章,而且会计部门和有关部门要对凭证进行认真审核。只有经过审核无误的凭证,才能作为登记账簿的依据。因此,填制和审核凭证可以提供真实、可靠的数据资料,它是保证会计核算质量的必要手段,也是实行会计监督的重要方面。

(四)登记账簿

登记账簿是指所有的经济业务按其发生的顺序,分门别类地记入有关账簿,以便为经济管理提供完整、系统的数据资料。登记账簿必须以审核无误的凭证为依据。同时按照会计科目在账簿中分设账簿,并定期进行结账、对账,使账簿记录同实际情况一致。账簿所提供的各项资料是编制会计报表的重要依据。

(五)成本计算

成本计算是按照一定的对象,归集和分配生产经营过程的各项生产费用,确定该种成本对象的总成本和单位成本的一种专门方法。准确计算成本可以掌握成本的构成情况,考核成本计划的完成情况,对于挖掘潜力、降低成本具有重要作用。

(六)财产清查

财产清查是对各项财产物资进行实物盘点、账面核对以及对各项往来款项进行查询、核对,以保证账账、账实相符的一种专门方法。通过财产清查,可以查明各种财产物资、债权债务、所有者权益情况,加强物资管理,监督财产的完整,并为编制会计报表提供正确的资料。

(七)编制会计报表

会计报表是以一定表格形式,对一定时期的经济活动和财务收支情况的总括反映。编制会计报表是对日常核算的总结,它是根据账簿的记录,定期分类整理和汇总,提供经济管理所需要的综合指标,用以考核企业单位财务计划和预算执行情况,并作为编制下期财务计划和预算的重要依据,同时也是进行国民经济综合平衡的重要参考资料。

上述会计核算的各种方法是相互联系、密切配合的,构成完整的方法体系。在会计核算工作中,必须正确运用这些方法,对日常发生的各项经济业务填制和审核会计凭证,按照规定的会计科目,运用复式记账法在有关账簿中进行登记。对于经营过程中发生的各种费用进行成本计算,对于账簿记录要通过财产清查加以核实,在保证账实相符的基础上,根据账簿记录,定期编制会计报表。

二、会计分析方法

(一)会计分析的意义

会计分析是企业经济活动分析的组成部分,是会计核算的继续和发展。

会计分析以会计核算资料为主要依据,结合统计核算、业务核算和其他有关资料,采用专门的方法,从相互联系的各项经济指标中进行分析对比,查明各单位经济活动和财务收支的执行情况和结果,客观地评价计划和预算完成或未完成的原因,肯定成绩,找出差距,总结经验教训,提出改进措施,借以改善经营管理,提高经济效益。

一般而言,会计核算只能回答"是什么"而不能回答"为什么"的问题。如果说会计核算就是记账、算账和报账,那么会计分析则是用账。所以,在会计核算的基础上,进一步利用会计核算资料进行分析,对于更好地发挥会计的作用、提高企业的经营管理水平具有重要的意义。

1. 通过会计分析,督促企业遵纪守法

企业的一切经营活动都必须遵守国家的政策法律,执行国家的规章制度,以保证企业经营活动在国家的指导和群众的监督下健康地进行。分析企业的财务成本状况,必须对企业经营活动的合理性、合法性、效益性做出正确的评估。因此,通过经常性的会计分析,能够对企业遵守国家政策法令和规章制度起到一定的监督作用,增强企业遵纪守法的观念。

2. 通过会计分析,促进企业提高经济效益

会计分析是会计管理的重要内容。通过会计分析,可以促进企业内部经济责任制和经济核算制的健全,可以查明企业资金的管理和使用是节约还是浪费以及造成节约或浪费的原因;可以查明成本、费用和盈利水平的高低以及原因,从而肯定成绩,发现问题,找出差距,提出改进措施,促使企业改善经营管理,以达到提高经济效益的目的。

(二)会计分析的原则

1. 以党和国家的方针政策、法律为评价企业工作的依据

贯彻执行党和国家有关的方针、政策和财经制度,是每个企业必须坚持的基本准则。

进行会计分析,必须以党和国家的方针、政策和财经制度为依据,来评价企业的全部工作。

2. 坚持实事求是的原则

实事求是是党的思想路线,也是会计分析的一个重要原则。只有一切从实际出发,实事求是地进行分析,才能得出正确的结论。在占有会计核算资料的基础上,还要进行深入细致的调查研究,掌握大量的第一手资料,将会计核算的数据资料同调查的实际资料结合起来,才能使会计分析具有实用价值。

3. 坚持唯物辩证的观点

在会计分析中,要运用唯物辩证法的观点,对具体问题进行具体分析。在会计分析中,既不能肯定一切,也不能否定一切;既要看到成绩,也要看到问题,不能报喜不报忧,切忌主观片面性。只有这样,才能通过会计分析解决工作中的实际问题。

(三)会计分析的种类

1. 按分析时间分类

会计分析按其分析时间的不同,可分为定期分析和不定期分析两种。

定期分析,是指在生产经营的一定阶段(旬、月、季、年)结束时,对企业的资金、成本、利润所进行的分析,其特点是在时间上比较固定。

不定期分析又称日常分析,是指对生产经营活动中出现的问题随时进行的分析,以保证生产经营活动的顺利进行。其特点是没有固定时间,根据实际需要进行分析。

2. 按分析范围分类

会计分析按其分析范围的不同,可分为全面分析、专题分析和典型分析三种。

全面分析也称综合分析,是指对资金、成本、利润计划和预算收支情况及其结果进行全面、系统的分析,借以全面考核计划和预算的执行情况,总结经验,改进工作,同时也为编制下期计划和预算提供依据。全面分析一般适用于年终决算的分析。

专题分析是指根据生产经营管理的需要,对某一重要问题或专门问题所进行的重点和深入的分析。这种分析适用于总结某一方面的经验或揭露某一方面的问题,以便采取措施加以改进及时推广。它可以为定期的全面分析提供必要的资料。因此,专题分析是全面分析的继续和深化。

典型分析是指对单位内部某一部门或上级机关将某一先进或后进的单位作为典型所进行的深入细致分析,以便从中总结经验和教训,推动全面工作。

3. 按分析形式分类

会计分析按其分析形式的不同,可分为书面分析、图表分析和现场分析三种。

通过多种多样的会计分析形式,更能清楚地说明情况,有利于调动单位内部的积极性,充分发挥会计的作用。例如,召开有关人员参加的现场会议,用形象化图表配以扼要的数字说明等。

上述会计分析的种类既有区别又有联系,在实际工作中是相互结合、相互补充的。例如,定期分析可以是全面分析,也可以是专题分析,不定期分析也是如此;典型分析同样可以采用全面分析和专题分析相结合的办法。总之,会计分析应根据生产经营的实际需要,确定其重点,然后决定采用何种会计分析形式,从而充分发挥会计分析的作用。

(四)会计分析的程序

会计分析的一般程序是:会计分析前的准备;进行基本数量对比;分析后的评价与处理。

1. 分析前的准备

分析前的准备是拟订会计分析工作计划,熟悉和了解有关政策法令、规章制度和计划定额,占有详细的核算资料和有关经济信息。

收集掌握分析对象的各种会计核算资料,全面了解各种情况,这是进行会计分析的基础。这里要求占有的主要资料包括:各种核算资料,各种计划资料,历史资料及行业或国外的有关资料等。

只有熟悉有关政策法律、规章制度,会计分析才有准绳;只有详细地占有核算资料,会计分析才有正确的评价标准。

2. 进行基本数量对比

在占有大量资料的基础上,运用会计分析的专门方法,对经济指标进行数量分析,从中寻找差距、揭露矛盾,评价发生差异的原因。同时结合调查研究,收集典型事例,以便为进一步深入分析提供数据。诚然,这种方法只能从数量上一般地评价企业的财务状况,要查明其原因,还要做进一步的具体分析。

3. 分析后的评价与处理

分析后的评价与处理包含核实情况、编写分析报告等内容。

通过会计分析,检查出有关指标增减变动的差异,然后与掌握的情况进行对比核实,查明真相,以保证数字资料的真实、准确并符合客观实际。在此基础上写出总结分析报告,提出措施,指导以后的工作。

财会部门进行会计分析以后,要做好处理工作。对于分析的情况,应写成书面报告或采用口头形式向领导或群众汇报,使领导和群众齐心协力,重视并积极参与会计分析。在编写分析报告时,应突出重点,用唯物辩证法的观点,把观点同材料统一起来。分析报告的内容要视分析的项目和分析的目的而定,力求简明扼要,情况说明要真实、准确,措施要具体,文字、图表要清晰。

(五)会计分析的方法

进行会计分析,必须采用一定的技术方法。可利用的统计和数学的方法是多种多样的。在进行会计分析时需要采用哪种方法,要依据分析的目的、企业的特点以及所掌握资料的性质和内容来决定。进行会计分析的方法主要有：对比（包括结构、动态）分析法、因素分析法、趋势分析法、平衡分析法、预测分析法、相关分析法、线性规划法、量本利分析法、决策分析法等。会计分析的各种具体方法将在其他课程中专门讲授。因此，此处只简单地介绍几种常用方法。

1. 对比分析法

该法通过两个相关指标相除得到一个比率，反映经济活动的结构、比例、速度、效益、计划完成程度等数量关系。通过经济指标间的对比，找出差距，分析形成差距的原因，从而说明差异的性质和程度。在实际工作中，对比分析法一般有以下几种对比形式：

(1) 实际数与计划数比较，借以检查计划的完成情况。

(2) 实际数与定额数比较，借以检查定额的执行情况。

(3) 本期实际数与上期实际数或上年同期实际数或历史最高水平比较，借以分析有关指标在不同时期的发展趋势和速度，从中探索其变化规律。

(4) 实际数与国内或国外同行业先进水平比较，找出差距，从而赶超国内外同行业先进水平。

(5) 同一指标中的一部分与总和比较，借以分析该事物的结构是否合理，如资产负债率。

(6) 同一指标中的一部分和另外一部分比较，借以分析该事物之间的比例关系，如负债和所有者权益比率。

(7) 性质不同但有联系的两个指标对比，借以分析事物的强度或效益等问题，如资产报酬率。

对相关经济指标进行对比分析，各经济指标本身应具有可比性，也就是用来进行对比分析的经济指标计算口径要一致，指标的计价基础要一致，指标的计算时间单位要一致。例如，资产利润率指标的分子（利润）是一个时期指标，而分母（资产）是一个时点指标，为了保持其可比性，分母必须使用平均指标。只有具备可比性的经济指标，才能进行对比分析。

2. 因素分析法

通过对比分析确定量的差异后，还要进一步研究形成这种差异的原因。在实际工作中，由于经济活动错综复杂，影响经济指标完成的因素是多种多样的，往往是若干因素共同发生影响的结果。为了测定有关因素对某项经济指标的完成情况所发生的影响和影响程度，就要采用因素分析法。

因素分析法按计算方法的不同，分为连锁替代法和差额计算法两种。

连锁替代法是因素分析法常用的一种方法，它是在几个相互联系的因素中，以数值来测定各个因素对计划指标完成结果的影响程度的方法。其结果可以衡量各影响因素的主次，为评价企业工作、进一步挖掘潜力指明方向。

差额计算法是在连锁替代法的基础上,以绝对数的形式,解释、分析总量的变动是由哪些因素变动影响的及影响的数量,其差额具有一定的平衡关系,即总量变动量等于各因素变动量之和。

三、会计检查方法

(一)会计检查的意义

会计检查是会计部门在企业内部实施会计监督的职能,是指由会计人员对会计资料的合法性、合理性、真实性和准确性进行的审查和稽核。会计检查是对经济活动和财务收支所进行的事后监督,是会计核算和会计分析的必要补充,是会计工作的重要组成部分。加强会计检查,对于更好地完成会计的任务、发挥会计的作用具有重要意义。

1. 查错防弊

这是会计检查的首要目的。影响会计信息失真的最大问题是会计核算工作中的各种弊端,如计算错误、书写错误、贪污挪用以及各种违法乱纪行为。尽管造成这种弊端的主观原因有过失、故意之分,但对会计资料的影响却是一样的。要保证会计核算质量,必须毫无遗漏地将这些错误揭露出来并加以更正,以达到防患于未然的效果。

2. 防护财产

通过会计检查可以防护财产不受损失。如果发现账实不符,应详细追查账实不符的原因,分别情况予以处理。

3. 强化监督

会计工作中的日常核查作为一种会计检查工作,是会计监督职能发挥实际作用的具体表现。通过会计检查,强化监督,提出建议或措施,可以达到改进和总结工作、提高会计工作水平的目的。

(二)会计检查的种类

1. 按检查单位分为内部检查和外部检查

内部检查是指由单位领导组织专人或查账组织,对本单位的会计核算资料、财产物资和各项经济业务所进行的检查。

外部检查是指由单位上级主管部门或财政、税务、审计、银行等部门,根据工作需要,对单位会计资料、财产物资和各项经济业务所进行的检查。

2. 按检查范围分为全面检查和局部检查

全面检查是指对单位有关经济活动、财务收支和经营成果等方面的会计凭证、账簿记录和会计报表进行全面的检查。

局部检查是指对单位一部分财产物资和会计资料进行检查。

3. 按检查时期分为定期检查和不定期检查

定期检查是指按照规定的时期,由检查单位对被检查单位在被查期间的会计核算资料进行的检查。

不定期检查也称抽查,是指根据某种特定需要或被检查单位发生特殊问题时所进行的专门检查。

(三)会计检查的程序

会计检查的工作程序一般分为以下三个阶段:

1. 准备阶段

这个阶段要求了解检查对象的大体情况以及有关背景材料,确定检查的重点并选择适当的检查方法,取得价差所需要的各种直接与间接材料,备好检查所需要的各种用品用具,熟悉与检查有关的各种政策、法律、制度与规章,做好进行检查的思想准备工作,配备合适的检查人员。

2. 审查阶段

这个阶段是利用适当的检查方法,对被检查对象从合法性、合理性、真实性与准确性等方面进行的全面审查。它要求寻找存在的问题及其相关的证据,并作出详细的检查记录。一般的检查记录包括检查内容、检查范围、检查目的、检查程序、检查重点、检查时间、检查中发现的问题以及出处、检查人员等。会计检查主要是对会计资料进行检查,因而审查阶段包括凭证审查、账簿审查和报表审查。

3. 报告阶段

这个阶段主要是对审查阶段发现的问题进行总结,归纳出带有普遍性的现象,然后进行客观公正的评价,并针对问题提出解决办法或改进工作的建议。在会计检查中,常常需要编制查账报告,一般包括三方面的内容:检查工作概况、检查结果详细情况、处理方法与建议。

(四)会计检查的内容

会计检查的主要内容是指基本的检查事项,一般来说包括会计的各种资料,也包括会计核算形式、会计行为、会计组织等。就会计检查的实质性内容而言,应是通过资金运动所表现的经济活动。

1. 检查法律法规执行情况

会计工作的政策性很强,每一项业务的处理都可能涉及有关法律法规的遵守与否。会计检查的任务之一是督促会计部门严守法纪,保证经济业务的合法性。如果发现违规行为,监察人员可以责成有关人员予以纠正;会计部门内部的检查人员应敢于坚持原则、不讲情面,敢于同一切违法乱纪的行为作斗争。

2. 检查计划执行情况

这里主要指检查财务成本计划。在我国各企业单位的经济管理工作中,企业单位经营情况如何,可以通过会计检查为财务成本计划的执行情况做一分析研究,并加以客观评价,用于强化财务管理。

3. 检查财务保管状况

虽然会计部门并不是各种财务的直接负责或者保管者,但客观上要求会计人员监督各种财务价值的变动及结存情况,定期检查各种财产物资的保管状况。

(五)会计检查的方法

会计检查的技巧性体现在它采用科学、简洁、实用、有效的方法。会计检查的方法是完成检查任务、达到检查目的的重要手段。会计检查的方法就是查账的方法,也就是检查会计凭证、会计账簿和会计报表等核算资料的方法。

1. 顺查法和逆查法

顺查法又称正查法,是指按账务处理程序的顺序,依次对原始凭证、记账凭证、日记账、总账以及会计报表进行的检查。这种方法的优点是全面、系统;缺点是工作量较大、费时,抓不住问题的重点。

逆查法又称倒查法,是指按照会计账务处理程序的反顺序进行的检查,也就是对会计报表进行的扼要分析,从中发现问题,进而检查会计账簿和会计凭证。这种方法的优点是能抓住重点,进行深入细致的检查,节约人力和查账时间;缺点是容易疏忽、遗漏一些问题。

2. 全查法和抽查法

全查法又称详查法,是指对被检查单位在被检查期间所有的会计核算资料进行系统、全面的检查,对账目进行周密和精细的检查。这种方法的优点是不易发生遗漏和错误;缺点是费时费事,需要投入较多的人力。全查法一般适用于经济问题严重的单位或经济业务较简单的单位。

抽查法是指有选择地抽取某一段时期内某部分账目进行重点检查。如果抽查的结果没有发现问题,就可以推断其全部会计记录是基本正确的;否则就要扩大抽查面,或对某一问题进行详细的检查。

除以上检查方法外,还有比较法、分析法、综合法、询证法、审阅法、核对法等。随着科学技术的进步以及检查对象的扩展,检查方法将更加多样化。

思考题

1. 简述会计的含义。
2. 简述会计的基本职能。
3. 简述会计信息的质量要求。
4. 简述会计核算的四个基本前提的含义。
5. 简述会计六大要素的含义。

6. 会计信息使用者有哪些？
7. 简述会计确认、计量、报告的两种制度。
8. 会计核算方法主要有哪几种？它们之间的关系如何？
9. 会计分析方法有哪几种？简述其含义。
10. 简述会计检查的程序和内容。

练习题
【练习一】
（一）目的：熟悉会计要素的具体内容。
（二）资料：某工业企业某年 6 月份有关项目（部分）及金额如下：
1. 由出纳员保管现金 980 元；
2. 对外投资净收益 50 000 元；
3. 半年期银行贷款 100 000 元；
4. 投资人投入资本 4 000 000 元；
5. 库存产成品 400 000 元；
6. 出售产品实现收入 1 200 000 元；
7. 应付购料款 250 000 元；
8. 行政管理部门发生费用 24 000 元；
9. 从净利润中提取盈余公积 14 000 元；
10. 应收客户销货款 58 000 元；
11. 开户银行存款 180 000 元；
12. 资本溢价 4 800 元；
13. 在产品 63 000 元；
14. 3 年期银行贷款 200 000 元；
15. 产品专利权 120 000 元；
16. 库存原材料 230 000 元；
17. 应付投资人的利润 56 000 元；
18. 预收客户购货款 70 000 元；
19. 购买 A 公司股票 300 000 元，拟 5 年后出售；
20. 生产车间发生间接费用 82 000 元；
21. 银行借款利息支出 14 000 元；
22. 营业外收入 5 000 元；
23. 向供应商预付购料款 27 000 元；

24. 生产产品直接耗用材料费250 000元；
25. 应付利息6 000元；
26. 购买B公司债券20 000元，拟半年后出售；
27. 工人工资及福利费56 000元；
28. 未分配利润40 000元；
29. 厂房900 000元；
30. 机器设备240 000元；
31. 租入设备改良支出60 000元，分2年等额摊销；
32. 产品广告费12 000元；
33. 房屋租金收入(不含税)8 500元；
34. 接受捐赠财产净价值8 000元；
35. 支付下半年财产保险费30 000元；
36. 应交所得税24 000元；
37. 营业外支出7 200元；
38. 出售不需用材料收入(不含税)12 000元；
39. 欠职工工资88 000元；
40. 汇款手续费800元。

(三)要求：指出上述项目分属哪一类会计要素？并将项目序号填入空白处。

资产项目：_____。
负债项目：_____。
所有者权益项目：_____。
收入项目：_____。
费用项目：_____。
利润项目：_____。

【练习二】

(一)目的：练习权责发生制和收付实现制下本期收入、费用的确认。

(二)资料：某企业某年6月份部分经济业务如下：

1. 出售产品800 000元(不含税)，其中500 000元已收到并存入开户银行；其余300 000元货款尚未收到。
2. 收到上月提供劳务收入款5 000元(不含税)。
3. 支付本月水电费9 000元。
4. 支付第二季度借款利息3 600元。

5. 本月提供劳务应计收入10 000元,尚未收到。
6. 预收客户购货款30 000元。
7. 以前月份已预收的货款本月实现产品销售收入200 000元。
8. 本月负担设备修理费15 000元,需下月支付。
(三)要求:分别按权责发生制和收付实现制列式计算6月份的收入、费用和利润。
权责发生制:(1)6月份收入＝
　　　　　(2)6月份费用＝
　　　　　(3)6月份利润＝收入－费用＝
收付实现制:(1)6月份收入＝
　　　　　(2)6月份费用＝
　　　　　(3)6月份利润＝收入－费用＝

第二章

设置会计科目与账户

第一节 会计恒等式

一、会计恒等式及其内涵

任何企业为了实现其经营目标,必须拥有一定数量的资金。一方面,企业从不同的渠道获得了资金,将资金运用于经营所需的各种经济资源上,这些资源在会计上表现为资产。另一方面,作为资金的提供者则拥有对这些经济资源的要求权(或索偿权),即权益。资产和权益分别从运用和来源两个角度描述了企业经营需用的资金,所以企业某日的资产总额一定等于权益总额,即:

$$资产=权益 \qquad (2-1)$$

企业的资金有两个来源:一是所有者投入的资金,二是企业向债权人举债所获得的资金。前者形成了所有者对企业资产的要求权,这种要求权称为所有者权益;后者形成了债权人对企业资产的要求权,这种要求权称为负债。所以,权益由负债(债权人权益)和所有者权益两部分构成。企业某日的资产总额等于负债总额与所有者权益总额之和。这是最常用、最基本的会计恒等式,即:

$$资产=负债+所有者权益 \qquad (2-2)$$

上述等式中,债权人权益总是优于所有者权益的。在分配投资报酬时,债权人首先取得相应的投资报酬(主要表现为利息),之后企业的所有者才有权取得投资报酬。在清算情况下分配剩余财产时,债权人首先获得清偿,之后企业的所有者才有权获得偿还全部负债后的剩余财产。因此,所有者权益也称为剩余权益,相当于所有者对企业全部资产扣除全部负债后的剩余资产——"净资产"的要求权。那么,会计恒等式可以改写为:

$$资产-负债=所有者权益 \qquad (2-3)$$

企业开业之初,尚未开展经营活动,所有资产全部由所有者投入或债权人处借入,此时资产等于负债加所有者权益。企业开始从事生产经营,就会取得收入,也会发生费用。收入和费用会导致资产和负债的变化,最终导致所有者权益的变化。收入会导致资产增加或负债减少,或者两者兼而有之,最终会使所有者权益增加;费用会导致资产减少或负债增加,或者两者兼而有之,最终会使所有者权益减少。假定期初除了收入和费用的原因外,不存在其他影响资产、负债和所有者权益的因素,由此以下公式成立:

$$期末资产=期初资产+收入导致的资产增加-费用导致的资产减少 \qquad (2-4)$$

$$期末负债=期初负债+费用导致的负债增加-收入导致的负债减少 \qquad (2-5)$$

$$期末所有者权益=期初所有者权益+收入-费用 \qquad (2-6)$$

由于期初时资产等于负债加所有者权益,结合上述三式,可推导出期末时资产等于负债加所有者权益。由此可见,收入和费用不会影响恒等式的成立。如把收入和费用考虑进去,则期末结账前,会计恒等式转化为下列等式:

$$资产+费用=负债+所有者权益+收入 \qquad (2-7)$$

二、经济业务发生对会计恒等式的影响

经济业务又称会计事项,是指企业在生产经营过程中发生的、能够用货币计量的、并能引起和影响会计要素发生增减变动的具体事项。

任何一项经济业务的发生必然引起会计恒等式中各项会计要素的增减变动,归纳起来,共有四种类型、九种具体业务形式:

类型一:资产和权益同增,增加的金额相等。

具体表现为:

(1)一项资产和一项负债同增,增加金额相等;

(2)一项资产和一项所有者权益同增,增加金额相等。

类型二:资产和权益同减,减少的金额相等。

具体表现为:

(1)一项资产和一项负债同减,减少的金额相等;

(2)一项资产和一项所有者权益同减,减少的金额相等。

类型三:资产内部有增有减,增减的金额相等。

具体表现为:

一项资产增加,一项资产减少,增减金额相等。

类型四:权益内部有增有减,增减的金额相等。

具体表现为:

(1)一项负债增加,一项负债减少,增减金额相等;

(2)一项所有者权益增加,一项所有者权益减少,增减金额相等;

(3)一项负债增加,一项所有者权益减少,增减金额相等;

(4)一项所有者权益增加,一项负债减少,增减金额相等。

【例2—1】某企业2010年1月1日的资产、负债和所有者权益状况如表2—1所示。

表2—1　　　　　　　　　　　资产负债表(简表)　　　　　　　　　　　单位:元

资　产	金　额	负债及所有者权益	金　额
库存现金	900	短期借款	6 100
银行存款	26 000	应付账款	42 000
应收账款	35 000	应交税费	8 000
原材料	42 000	长期借款	18 000
长期股权投资	40 000	实收资本	260 000
固定资产	200 000	资本公积	9 800
合　计	343 900	合　计	343 900

该企业1月份发生的经济业务如下:

(1)企业向银行借款,计200 000元,存入银行为企业开设的账户中。(类型一)

(2)企业以银行存款偿还所欠甲企业的购货款,计3 000元。(类型二)

(3)以银行存款100 000元购买机器设备。(类型三)

(4)经与债权人协商,企业将债务转作对企业的投资,计60 000元。(类型四)

上述四项经济业务对会计恒等式的影响如表2—2所示。

表2—2　　　　　　　　　四项经济业务对会计恒等式的影响　　　　　　　　　单位:元

	资产	=	负债	+	所有者权益
月初方程式	343 900	=	74 100	+	269 800
业务1的影响	+200 000		+200 000		
新方程式	543 900	=	274 100	+	269 800

续表

	资产	=	负债	+	所有者权益
业务2的影响	−3 000		−3 000		
新方程式	540 900	=	271 100	+	269 800
业务3的影响	+100 000				
	−100 000				
新方程式	540 900	=	271 100	+	269 800
业务4的影响			−60 000		+60 000
月末新方程式	540 900	=	211 100	+	329 800

从该例可以看出，经济业务的发生并不影响会计恒等式的成立。

第二节 会计科目

一、会计科目的概念和意义

会计科目是对会计要素的具体内容进一步分类的项目名称。设置会计科目是正确组织会计核算的一种专门方法。

会计要素只是对会计对象的基本分类，企业在生产经营过程中发生的经济业务多种多样，每一种经济业务都会引起会计要素发生不同的增减变化。例如，企业用银行存款20万元购入机器设备。这项经济业务发生后，涉及银行存款和机器设备，二者均属于资产。会计上要对这项经济业务加以记录，如果仅有六大会计要素，只能记资产增加20万元，资产减少20万元，其资产总额没有发生变化，这种记录并不能满足管理者的需要；反过来，如果会计上记录机器设备增加20万元和银行存款减少20万元，那么通过记录我们可以知道：此项经济业务的发生使货币资产减少了20万元，固定资产增加了20万元。为此，在会计要素的基础上，还要对会计要素的具体内容进一步分类。

通过设置会计科目，可以更加详细地分类反映不同经济业务的具体内容，将复杂的经济信息变成有规律、易识别的经济信息，并将其转换为会计信息准备了条件。可见，设置会计科目是会计核算工作中极为重要的一项工作，它是填制会计凭证和设置账户的依据，是编制会计报表的基础。

二、会计科目设置的原则和分类

(一)设置会计科目的原则

任何一个作为会计主体的单位都必须设置一套适合自身特点的会计科目体系。无论国家统一设置的会计科目还是企业单位自行设置的会计科目,均应按一定的原则进行。设置会计科目一般应遵循下列基本原则:

1. 设置会计科目应全面反映会计核算和监督的内容

会计科目是在对会计内容进行基本分类的基础上所做的进一步分类,因此,企业所设会计科目应能全面反映和监督资产、负债、所有者权益、收入、费用和利润等会计内容。同时,由于不同单位的性质、所处的行业、经营内容及业务种类不同,每个会计主体还应结合本单位的实际情况,设置能够反映本单位特点的会计科目。例如,工业企业是制造产品的生产性单位,需设置核算产品制造过程的会计科目;商业企业是组织商品流通的单位,需设置能够核算商品流通过程的会计科目。

2. 设置会计科目应符合经济管理的要求

会计科目的设置既要符合国家宏观经济管理的要求,又要满足会计主体内部经济管理的需要。国家制定统一的会计准则就是为了规范各会计主体的会计核算和按照统一要求提供会计信息,以满足国家宏观经济管理的要求。为此,企业必须按照国家统一会计准则的规定设置会计科目。与此同时,企业在不违反会计准则中确认、计量和报告规定的前提下,可以根据本单位的实际情况自行增设、分拆、合并会计科目。例如,企业可以根据材料品种、数量的多少和管理上的要求,设置一个会计科目反映多种材料,也可以设置多个会计科目进行反映。

3. 设置会计科目应内容明确、繁简适宜

会计科目的设置,内容上要清晰准确,级次上要讲求实用,繁简适宜。科目名称力求简明扼要、内容确切、含义清楚,不能混淆。一个科目原则上只能反映一个特定的内容,不重不漏,以保证核算指标的一致性。所设会计科目的级次既要防止过于简单又要避免过于繁杂,能够满足需要即可。

(二)会计科目的分类

会计科目之间并不是孤立的,它们之间相互联系、相互补充,构成了一个完整的会计科目体系。为了正确地掌握和运用会计科目,有必要对会计科目进行分类。会计科目的分类标准一般有两个:按其核算的经济内容分类和按其所提供核算指标的详细程度分类。

1. 会计科目按其核算的经济内容分类

由于各单位的经济内容不尽相同,所设置的会计科目按其核算的经济内容分类的结果也就不完全一样。企业单位的会计科目，按其核算的经济内容分为资产类、负债类、共同类、所有者权益类、成本类和损益类。

会计科目按其核算的经济内容分类，是对会计科目最直接、最基本的分类。通过会计科目按其核算的经济内容分类，便于了解和掌握会计科目所核算和监督的内容，继而有利于正确运用会计科目所提供的核算资料。

2. 会计科目按其所提供核算指标的详细程度分类

会计科目按其所提供核算指标的详细程度，可分为总分类科目和明细分类科目。

总分类科目是对会计要素的具体内容进行总括分类，用以提供总括核算指标的会计科目，又称一级科目。

明细分类科目是对总分类科目做进一步分类，用以提供明晰核算指标的会计科目，又称明细科目。

需要指出的是，当某一总分类科目下属的明细分类科目较多时，可在总分类科目与明细分类科目之间设置二级或多级科目，再在每个二级或多级科目下设置明细科目。

三、会计科目表

一个单位的会计科目，无论是根据国家规定由有关部门统一设置，还是单位自主设置，都需要事先编制一种目录，便于随时查看。这种会计科目的目录称为会计科目表。财政部2006年颁布的新准则会计科目表如表2-3所示。

表2-3　　　　　　　　　　会计科目表

顺序号	编号	名　称	顺序号	编号	名　称
		一、资产类	80	2202	应付账款
1	1001	库存现金	81	2203	预收账款
2	1002	银行存款	82	2211	应付职工薪酬
3	1003	存放中央银行款项	83	2221	应交税费
4	1011	存放同业	84	2231	应付利息
5	1009	其他货币资金	85	2232	应付股利
6	1021	结算备付金	86	2241	其他应付款
7	1031	存出保证金	87	2251	应付保单红利
8	1101	交易性金融资产	88	2261	应付分保账款
9	1111	买入返售金融资产	89	2311	代理买卖证券款

续表

顺序号	编号	名称	顺序号	编号	名称
10	1121	应收票据	90	2312	代理承销证券款
11	1122	应收账款	91	2313	代理对付证券款
12	1123	预付账款	92	2314	代理业务负债
13	1131	应收股利	93	2401	递延收益
14	1132	应收利息	94	2501	长期借款
15	1201	应收代位追偿款	95	2502	应付债券
16	1211	应收分保账款	96	2601	未到期责任准备金
17	1212	应收分保合同准备金	97	2602	保险责任准备金
18	1221	其他应收款	98	2611	保户储金
19	1231	坏账准备	99	2621	独立账户负债
20	1301	贴现资产	100	2701	长期应付款
21	1302	拆出资金	101	2702	未确认融资费用
22	1303	贷款	102	2711	专项应付款
23	1304	贷款损失准备	103	2801	预计负债
24	1311	代理兑付证券	104	2901	递延所得税负债
25	1321	代理业务资产			三、共同类
26	1401	材料采购	105	3001	清算资金往来
27	1402	在途物资	106	3002	货币兑换
28	1403	原材料	107	3101	衍生工具
29	1404	材料成本差异	108	3201	套期工具
30	1405	库存商品	109	3202	被套期项目
31	1406	发出商品			四、所有者权益类
32	1407	商品进销差价	110	4001	实收资本
33	1408	委托加工物资	111	4002	资本公积
34	1411	周转材料	112	4101	盈余公积
35	1421	消耗性生物资产	113	4102	一般风险准备
36	1431	贵金属	114	4103	本年利润

续表

顺序号	编号	名称	顺序号	编号	名称
37	1441	抵债资产	115	4104	利润分配
38	1451	损余物资	116	4201	库存股
39	1461	融资租赁资产			五、成本类
40	1471	存货跌价准备	117	5001	生产成本
41	1501	持有至到期投资	118	5101	制造费用
42	1502	持有至到期投资减值准备	119	5201	劳务成本
43	1511	可供出售金融资产	120	5301	研发支出
44	1511	长期股权投资	121	5401	工程施工
45	1512	长期股权投资减值准备	122	5402	工程结算
46	1521	投资性房地产	123	5403	机械作业
47	1531	长期应收款			六、损益类
48	1532	未实现融资收益	124	6001	主营业务收入
49	1541	存出资本保证金	125	6011	利息收入
50	1601	固定资产	126	6021	手续费及佣金收入
51	1602	累计折旧	127	6031	保费收入
52	1603	固定资产减值准备	128	6041	租赁收入
53	1604	在建工程	129	6051	其他业务收入
54	1605	工程物资	130	6061	汇兑损益
55	1606	固定资产清理	131	6101	公允价值变动损益
56	1611	未担保余值	132	6111	投资收益
57	1621	生产性生物资产	133	6201	摊回保险责任准备
58	1622	生产性生物资产累计折旧	134	6202	摊回赔付支出
59	1623	公益性生物资产	135	6203	摊回分保费用
60	1631	油气资产	136	6301	营业外收入
61	1632	累计折耗	137	6401	主营业务成本
62	1701	无形资产	138	6402	其他业务成本
63	1702	累计摊销	139	6403	营业税金及附加
64	1703	无形资产减值准备	140	6411	利息支出

续表

顺序号	编号	名 称	顺序号	编号	名 称
65	1711	商誉	141	6421	手续费及佣金支出
66	1801	长期待摊费用	142	6501	提取未到期责任准备
67	1811	递延所得税资产	143	6502	提取保险责任准备
68	1821	独立账户资产	144	6511	赔付支出
69	1901	待处理财产损益	145	6521	保单红利支出
		二、负债类	146	6531	退保金
70	2001	短期借款	147	6541	分出保费
71	2002	存入保证金	148	6542	分保费用
72	2003	拆入资金	149	6601	销售费用
73	2004	向中央银行借款	150	6602	管理费用
74	2011	吸收存款	151	6603	财务费用
75	2012	同业存放	152	6604	勘探费用
76	2021	贴现负债	153	6701	资产减值损失
77	2101	交易性金融负债	154	6711	营业外支出
78	2111	卖出回购金融资产款	155	6801	所得税费用
79	2201	应付票据	156	6901	以前年度损益调整

第三节 会计账户

一、账户的概念和意义

账户是根据会计科目设置的,具备一定的格式和结构,用以分类反映会计要素增减变动及其结果的一种载体。设置账户是会计核算的重要方法之一,是用货币度量对会计要素的具体内容进行日常归类、核算与监督的一种方法。

会计科目只是对会计要素的具体内容进行分类后所规定的项目,它不能把自身所包含的经济业务内容的增减变动情况及其结果记录下来,以取得有用的会计信息。为此,在设置会计科目以后,还必须根据所设置的会计科目开设具有一定格式和结构、能够记录经济业务内容增减变动情况及其结果的账户。

二、账户的结构

账户与会计科目的重要区别在于，账户不仅有标准的名称，还要有一定的结构。账户的一般结构(即每一账户所记载的内容)主要包括：

(1)账户的名称(即会计科目)；
(2)日期(经济业务发生的时间)；
(3)所依据的记账凭证号码(数据的来源)；
(4)摘要(经济业务的简要说明)；
(5)金额(分别设置表示增加、减少和结余的金额栏)。

账户的一般结构如表2-4所示。

表2-4　　　　　　　　　　　账户的一般结构

账户名称：

年		凭证编号	摘要	借方	贷方	借或贷	余　额
月	日						

在账户中记录的金额一共有四种：期初余额、本期增加额、本期减少额和期末余额。它们之间的关系如下式所示：

期初余额＋本期增加额－本期减少额＝期末余额

在借贷复式记账法下，用"借"和"贷"来区别账户中的不同部位，即区别增加额和减少额，并明确账户余额应在借方还是在贷方。

在实际工作中，上述账户的结构可以反映经济业务及其影响，但在教学和科研的场合下，没有必要列出完整的结构。我们可以从账户的一般结构中抽象出账户的基本结构。这一结构应包括账户的名称并能区别增加额和减少额，如图2-1所示。

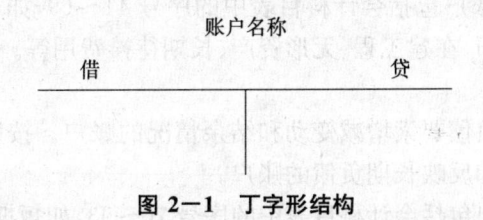

账户名称

借　　｜　　贷

图2-1　丁字形结构

这种结构称为丁字形或称为"T"形结构。在这一结构中，左方为借方，右方为贷方。至于哪方表示增加,哪方表示减少,取决于账户的性质和在会计恒等式中的位置。

三、账户与会计科目的关系

账户与会计科目既有共同点又有区别。其共同点表现在:账户是根据会计科目设置的,会计科目是账户的名称,会计科目所反映的经济内容就是账户所要核算的内容;账户是会计科目的具体运用。两者的区别在于:账户是各会计主体按照会计科目开设在账簿中,具有一定的结构,用以记录某一项经济业务增减变动及其结存情况的户头。会计科目只是包含一定经济业务内容的项目,不存在结构。在实际工作中,对会计科目和账户并不严格加以区分,而是互相通用。

四、账户的分类

(一)按经济内容分类

账户的经济内容是指账户所反映的会计对象的具体内容。企业会计对象的具体内容可以分为六大会计要素,即资产、负债、所有者权益、收入、费用和利润。与此相适应,账户按经济内容也可以分为资产类账户、负债类账户、所有者权益类账户、收入类账户、费用类账户和利润类账户六大类。

通过对账户按经济内容分类,可以明确每个账户的核算内容应该是什么,以便从账户中取得所需要的核算指标。这样才能正确运用账户,如实反映资金运动的增减变动情况。

1. 资产类账户

资产类账户是反映资产要素增减变动和结余情况的账户。按照资产的流动性,可以分为反映流动资产的账户和反映非流动资产的账户。

反映流动资产的账户包括会计科目表中的序号1~40,如库存现金、银行存款、交易性金融资产、应收票据、应收账款、坏账准备、预付账款、其他应收款、原材料、库存商品、存货跌价准备等。

反映非流动资产的账户包括会计科目表中的序号41~69,如长期股权投资、投资性房地产、固定资产、累计折旧、在建工程、无形资产、长期待摊费用等。

2. 负债类账户

负债类账户是反映负债要素增减变动和结余情况的账户。按照负债的流动性,可以分为反映流动负债的账户和反映长期负债的账户。

反映流动负债的账户包括会计科目表中的序号70~93,如短期借款、应付票据、应付账款、预收账款、其他应付款、应付职工薪酬、应交税费、应付利息、应付股利等账户。

反映长期负债的账户包括会计科目表中的序号 94~104，如长期借款、应付债券、长期应付款、预计负债、递延所得税负债等。

3. 所有者权益类账户

所有者权益类账户是反映所有者权益要素增减变动和结余情况的账户，包括实收资本、资本公积、盈余公积、一般风险准备、库存股等。

4. 收入类账户

收入类账户是用来反映企业在一定时期取得的各种收入和收益的账户，包括会计科目表中的序号 124~136，如主营业务收入、其他业务收入、营业外收入、投资收益等。

5. 费用类账户

费用类账户是用来反映企业在一定时期内所发生的应记入当期损益的各项费用支出的账户，包括会计科目表中的序号 117~123 和 137~156，如生产成本、制造费用、主营业务成本、营业税金及附加、其他业务支出、营业外支出、管理费用、财务费用、销售费用、所得税费用等。

6. 利润类账户

利润类账户是反映企业在一定期间的经营成果的账户，是企业生产经营过程中各项收入扣除各项费用后的盈余的账户，包括本年利润和利润分配账户。

（二）按用途和结构分类

账户按经济内容分类，对于在会计核算中正确区分账户的经济性质，科学设置账户，提供经济管理所需要的会计指标，具有重要的意义。但要进一步理解和掌握账户在提供会计指标方面的规律性，合理使用账户，还必须按账户的用途和结构分类。

账户的用途是指设置和运用账户的目的，即账户能够提供什么会计指标。账户的结构是指账户如何提供会计指标，在借贷记账法下是指账户的借方记录什么内容，贷方记录什么内容，期末余额在何方，表示什么内容。

账户的经济内容规定着账户的本质，它是账户分类的基础和出发点。账户的用途和结构直接或间接地依存于账户的经济内容。账户按用途和结构的分类是对账户按经济内容分类的必要补充。

账户按结构和用途一般可以分为盘存账户、结算账户、所有者权益账户、集合分配账户、成本计算账户、财务成果账户、调整账户、计价对比账户八类。

1. 盘存账户

盘存账户是用来核算和监督某些可以通过盘点的方法来确定各项货币资金和财产物资的增减变动及实有数的账户。在盘存账户中，借方登记各项货币资金和财产物资的增加数，贷方登记其减少数，余额在借方，表示期末各项货币资金和财产物资的实有数。

属于盘存账户的主要有"库存现金"、"银行存款"、"库存商品"、"原材料"、"固定资产"

等账户。

2. 结算账户

结算账户是用来核算和监督企业与其他单位和个人之间的债权（应收款项）、债务（应付款项）等结算业务的账户。由于结算业务的性质不同，决定了结算账户具有不同的用途和结构。

属于结算账户的主要有"应收账款"、"应收票据"、"预付账款"、"其他应收款"、"短期借款"、"应付账款"、"预收账款"、"其他应付款"、"应付工资"、"应交税费"等。

3. 所有者权益账户

所有者权益账户是用来核算和监督投资者的原始投入资本，以及生产经营过程中形成的归投资者享有的权益的增减变动及其实有数的账户。该类账户反映的内容都是企业所有者的权益，包括投资者的投入资本、形成的资本公积和从利润中提取的盈余公积金。在所有者权益账户中，贷方登记增加数，借方登记减少数，余额在贷方，表示所有者权益的实有数。

属于所有者权益账户的主要有"实收资本"、"资本公积"、"盈余公积"等账户。

4. 集合分配账户

集合分配账户是用来归集和分配企业生产经营过程中费用发生情况的账户。企业在生产经营过程中发生的应由各个成本计算对象共同负担的间接费用，首先通过集合分配账户进行归集，然后按照一定标准分配到各个成本计算对象。典型的集合分配账户为"制造费用"账户。集合分配账户的借方登记费用的发生数（即归集费用），贷方登记费用的转出数（即分配费用），一般情况下期末无余额。

5. 成本计算账户

成本计算账户是用来核算和监督生产经营过程中发生的除期间费用以外的全部费用，确定各成本计算对象实际成本的账户。这类账户的结构是：借方登记生产经营过程中发生的应计入成本的全部费用，包括可直接计入成本的直接费用和通过集合分配账户分配转来的间接费用，贷方登记转出的实际成本，期末如有余额一定在借方，表示尚未完成的成本计算对象的实际成本。

属于成本计算的账户有"物资采购"、"生产成本"、"在建工程"等账户。

6. 财务成果账户

财务成果账户是用来核算和监督企业在一定期间内生产经营活动的最终成果的账户。主要包括"本年利润"账户，贷方登记期末从收入类账户转入的各项收入（或收益）数，借方登记期末从费用类账户转入的各项费用支出数。期末如果为贷方余额，表示企业本年累计获得的利润净额；反之，期末如果为借方余额，表示企业本年累计发生的亏损总额。年末，应将全年实现的利润总额或发生的亏损总额自"本年利润"账户转入"利润分配"账户，结转后"本年利润"账户无余额。

7. 调整账户

调整账户是用来调整某些资产和权益账户账面余额的账户。调整账户调整的是某些资产或权益类账户,那些需要调整的账户称为被调整账户,又称为实账户。由于管理上的需要,在会计核算中,需要对同一项目设置两个账户,一个账户反映原始数字,另一个账户反映对原始数字的调整数字。将原始数字同调整数字相加或相减,即可求得被调整后的实际余额。

典型的资产调整账户是"累计折旧"账户,它的被调整账户就是"固定资产"账户。

8. 计价对比账户

计价对比账户是用来对某项经济业务按两种不同的计价进行核算对比,借以确定其业务成果的账户。其借方登记某项经济业务的一种计价,贷方登记该项业务的另一种计价,期末将两种计价进行对比,据以确定成果。

典型的计价对比账户有"本年利润"、"材料采购"(计划成本条件下)和"固定资产清理"账户。

(三)其他分类

1. 按账户与会计主体的关系分类

账户按照其与会计主体的关系,可分为表内账户与表外账户,用来核算一个会计主体的资产、负债和所有者权益,以及用来核算会计主体的收入、费用和财务成果的账户。它们本身如有余额,应当直接进入各该会计主体的资产负债表;它们本身如没有余额,其发生额经过转账,最后形成财务成果账户的余额,也会进入各该会计主体的资产负债表。

用来核算不属于会计主体的资产和权益的账户,如为其他企业加工的原材料、租入固定资产、代管物资、代安装设备等账户称为表外账户,因为按照会计主体假设,它们所反映的内容只是暂时留存本企业的资产或作为参考资料的权益等,其余额不应列入各该会计主体资产负债表之内。

2. 按账户与会计报表的关系分类

按账户与会计报表的关系分类,可以将账户分为资产负债表账户和利润表账户。由于资产、负债和所有者权益是构成资产负债表的基本要素,因此这三类账户可以称为资产负债表账户;同时,这三类账户都能随时表示各项资产或权益的实有数额,因此又可以称为实账户。

由于收入、费用、利润是构成利润表的基本要素,因此这三类账户又可以称为利润表账户,或者损益表账户;同时这三类账户只是为了集中反映企业某一会计期间的收入和费用以及收入和费用配比后的结果,期末需全部结清,不再代表什么实值,因此又可以称这些账户为虚账户或临时性账户。

3. 按账户期末有无余额分类

账户按期末有无余额可分为实账户和虚账户。实账户是反映企业资产、负债和所有者权益的账户,这些账户在期末结账后通常都有余额,表示企业实际拥有或者控制的经济资源和对这些资源的要求权,以后各期都要连续登记,所以又称为永久性账户。

虚账户是反映企业经营过程中发生的收入、费用的账户,这些账户在期末结账后一般无余额,下期期初另行开设,所以又称为临时性账户。实账户和虚账户的实质差别表现在期末是否有余额上。

将账户分为实账户和虚账户,可以进一步了解账户的经济内容和用途、结构,以便正确地运用各种账户,为期末进行结账、编制会计报表提供可靠的资料来源。

4. 按账户的记账形式分类

在借贷记账法下,记账的一个明显特征是从账户的两个方面来处理经济业务,把每项经济业务记录分为借贷记录,因此,账户也可按其记账形式分为借方账户和贷方账户。借方账户是指经济业务发生或增加时将其金额记入借方的账户,属于该类账户的有资产账户、费用账户等;贷方账户是指经济业务发生或增加时将其金额记入贷方的账户,属于该类账户的有负债账户、所有者权益账户和收入账户等。

5. 按账户所提供核算指标的详细程度分类

按账户所提供核算指标的详细程度,可以将账户分为总分类账户和明细分类账户。总分类账户所提供的是总括的核算资料,明细分类账户所提供的是详细的核算资料。总分类账户对所属的明细分类账户起统驭与控制的作用,明细分类账户对总分类账户起补充说明作用。若企业在管理上需要,还可以在总分类账户和明细分类账户之间设置二级账户,它对总账起补充说明的作用,而对明细账起控制作用。

6. 现行制度分类

现行制度将账户分为六大类:(1)资产类;(2)负债类;(3)共同类;(4)所有者权益类;(5)成本类;(6)损益类。

思考题

1. 什么是会计恒等式?会计等式有哪些形式?它有什么重大意义?
2. 经济业务对会计对象要素的影响分为哪几种类型?经济业务的发生是怎样影响会计要素的?经济业务的发生能够影响会计恒等式的成立吗?
3. 什么是会计科目?总分类科目和明细分类科目有何区别?
4. 什么是账户?设置账户的意义是什么?
5. 账户的一般结构和基本结构是什么?
6. 账户可从哪些方面进行分类?

练习题

【练习一】

（一）目的：熟悉资产、负债和所有者权益的内容及资产与权益之间存在的数量上的平衡关系。

（二）资料：某企业某年 6 月 30 日资产、负债、所有者权益资料如下：

序号	项目	金额	资产	权益	
				负债	所有者权益
1	仓库中存放的产品	160 000			
2	尚未缴纳的税金	46 000			
3	还在加工中的产品	380 000			
4	从银行取得的短期借款	540 000			
5	制造产品用的车间厂房	480 000			
6	运输用的汽车	260 000			
7	仓库中的原材料	340 000			
8	国家对工厂的投资	1 800 000			
9	财会部门用的电脑	130 000			
10	生产用的机器设备	1 000 000			
11	欠红星工厂的材料价款	220 000			
12	外单位对工厂的投资	800 000			
13	办公楼	420 000			
14	存入银行的资金	340 000			
15	本月实现的利润	242 000			
16	库存现金	1 600			
17	出租包装物收取的押金	5 600			
18	采购人员预借的差旅费	2 000			
19	尚未收回的外单位欠款	140 000			
	合 计				

（三）要求：将上述各项目的金额按所属会计要素类别填入相应栏内，并分别计算出合

计数；观察合计数，验证资产与权益之间数量上的平衡关系。

【练习二】

(一)目的：熟悉经济业务类型。

(二)资料：某企业某年4月份发生下列经济业务(部分)：

1. 用银行存款购买材料，价值60 000元；
2. 用银行存款归还长期借款100 000元；
3. 用银行存款偿付前欠某单位货款25 000元；
4. 收到投资人甲投入的设备40 000元；
5. 从某单位购进一批材料价值6 000元，款未付；
6. 向银行借入长期借款50 000元，存入银行存款户；
7. 将盈余公积14 000元转作实收资本；
8. 向银行借入短期借款12 000元，直接偿还欠某单位货款；
9. 企业投资人乙代企业归还短期借款30 000元，并将其转为投入资本；
10. 经研究，用盈余公积金18 000元给投资者分配利润，利润尚未实际发放；
11. 经批准，以银行存款6 500元，代投资人丙以资本金偿还其应付给其他单位的欠款；
12. 企业以固定资产18 000元对外投资。

(三)要求：分析上列各项经济业务的类型，填入下表：

类　型	经济业务序号
1. 一项资产增加，另一项资产减少	
2. 一项负债增加，另一项负债减少	
3. 一项所有者权益增加，另一项所有者权益减少	
4. 一项负债增加，一项所有者权益减少	
5. 一项负债减少，一项所有者权益增加	
6. 一项资产增加，一项负债增加	
7. 一项资产增加，一项所有者权益增加	
8. 一项资产减少，一项负债减少	
9. 一项资产减少，一项所有者权益减少	

【练习三】

(一)目的:练习经济业务的发生对会计基本等式的影响。

(二)资料:

1. 某企业某年 7 月 1 日的资产、负债、所有者权益及余额情况见下表:

单位:元

资　产	金　　额	负债及所有者权益	金　　额
库存现金	10 000	短期借款	150 000
银行存款	300 000	应付账款	50 000
应收账款	120 000	应付职工薪酬	50 000
其他应收款	10 000	长期借款	150 000
固定资产	560 000	实收资本	500 000
		盈余公积	100 000
合　　计	1 000 000	合　　计	1 000 000

2. 该企业 7 月份发生如下经济业务(部分):

(1)收回应收账款 80 000 元,存入开户银行;

(2)从开户银行提取现金 50 000 元,备发工资;

(3)用现金 50 000 元发放工资;

(4)从银行借入期限为 2 年的款项 100 000 元,存入开户行;

(5)收到投资者投资款 200 000 元,存入开户行;

(6)用盈余公积 50 000 元转增资本;

(7)用银行存款归还到期的短期借款 100 000 元;

(8)将长期借款 150 000 元转增资本;

(9)从银行借入 1 年期借款 40 000 元,直接偿付应付账款。

(三)要求:分析上述经济业务的发生引起资产、负债、所有者权益相关项目发生变化的情况及对会计基本等式的影响,并将有关数据填入下表:

单位:元

资产项目	期初余额	本期增加	本期减少	期末余额	负债及所有者权益项目	期初余额	本期增加	本期减少	期末余额
库存现金					短期借款				
银行存款					应付账款				
应收账款					应付职工薪酬				

续表

资产项目	期初余额	本期增加	本期减少	期末余额	负债及所有者权益项目	期初余额	本期增加	本期减少	期末余额
其他应收款					长期借款				
固定资产					实收资本				
					盈余公积				
合　计					合　计				

【练习四】

（一）目的：练习会计科目核算的经济内容及按经济内容的分类。

（二）资料：见第一章练习一资料(本题暂不考虑金额)。

（三）要求：找出各项目应用的会计科目(参照企业会计科目表)及会计科目按经济内容的所属类别，并填入下表：

序号	项　目	核算用会计科目				
		资产类	负债类	所有者权益类	成本类	损益类
1						
2						
3						
4						
5						
6						
7						
8						
9						
10						
11						
12						
13						
14						

续表

序号	项目	核算用会计科目				
^	^	资产类	负债类	所有者权益类	成本类	损益类
15						
16						
17						
18						
19						
20						
21						
22						
23						
24						
25						
26						
27						
28						
29						
30						
31						
32						
33						
34						
35						
36						
37						
38						
39						
40						

第三章

复式记账法

第一节 复式记账原理

一、复式记账法的来源

复式记账法的产生经历了很长时间,是为了解决商业问题而产生的。在西方,复式记账法的产生经历了300多年,在文艺复兴时期渐趋成熟,其标志是1494年意大利数学家卢卡·帕乔利撰写的《算术、几何及比例概要》的出版。这本书用专门的章节系统地论述了复式记账法,它代表着近代会计的开端。在我国,明末清初中式复式记账法随着经济的发展得以形成和发展,如三角账、山西人富山根据四柱清册原理创立的龙门账和清朝在民间工商业中流行的四角账。鸦片战争后,西式复式记账法开始传入我国。

复式记账法具有强劲的生命力,一直到现在,世界各地一直在使用该法,其基本原理未变。德国文豪歌德曾通过其文章中的人物称赞复式记账法:"商人从复式记账法中获得多大的好处,这是人类头脑中最绝妙的发明,每个好的持家人都应将其引入自己的经济之中。"

二、复式记账的原理和特点

为了全面、系统地反映企业的经济活动情况,在按会计科目设置账户的基础上,还必须采用一定的记账方法进行登记。在会计发展的历程中,记账方法先后经历了单式记账法和复式记账法两种。

(一)单式记账法

单式记账法是指对发生的经济业务一般只在一个账户中进行登记的方法。在这种方法下,每笔经济业务只记入一个账户,一般只记录现金、银行存款的收付业务和各种债权债务往来款项。例如,用现金购买办公用品,只记现金减少,不记费用增加。再如,购买原材料货款未付,只在应付账款账上登记负债的增加,不在原材料账上登记材料的增加。即使有时也在原材料账上登记,但各记各的,两个账户之间互不联系。因此,单式记账法是一种比较简单而不完整、不严密的记账方法,它不能全面、系统地反映经济业务的来龙去脉,无法了解各会计要素有关项目的增减变动情况,也不便于检查账户记录的正确性。

(二)复式记账法

复式记账法是指对每一项经济业务,都要以相等的金额同时在两个或两个以上相互联系的账户中进行登记的记账方法。在这种方法下,每笔经济业务都要以相等的金额同时在两个或两个以上相互联系的账户中进行双重登记。例如,企业将现金存入银行,一方面要登记银行存款的增加,另一方面还要登记现金的减少。再如,用银行存款购买原材料,既要登记原材料的增加,同时又要以相等的金额登记银行存款的减少。

复式记账法以会计恒等式为前提。经济业务的发生必然在会计恒等式中产生双重影响,这就是复式记账的原理。经济业务的发生必然引起会计要素数额发生变化:不是引起资产与权益数额的变化,就是引起资产内部或权益内部数额的变化。这些变化必然通过会计恒等式两边的资产和权益的增加或减少去表现,而且无论怎样变化,恒等式总是成立。这一平衡关系是对经济活动的内在规律最科学的总结与概括。任何一项经济活动的出现都脱离不了这一规律。因此,要如实、全面地反映这种规律性,客观上要求在记账时将经济业务发生所引起的会计要素项目变动数额相互联系地记录下来,并保持数额相等,即采用复式记账。复式记账法按其记账符号、记账规则、账户分类和试算方法的不同,可以分为借贷记账法、增减记账法和收付记账法。在我国,事业单位曾经使用过收付记账法,商业企业曾采用增减记账法。1992年颁布的企业会计准则明确规定,企业会计记账采用借贷记账法。目前,包括事业单位在内的所有单位的会计记账均采用借贷记账法,取消了增减记账法和收付记账法。借贷记账法是目前世界各国普遍采用的一种记账方法,也是世界通用的会计语言。

复式记账法是一种比较科学的记账方法。与单式记账法相比,它具有以下特点:

(1)账户设置完整且相互联系地形成一个系统的账户体系。通过设置完整的账户体系,满足对每项经济业务的全面反映和记录。

(2)对发生的每一项经济业务,都必须在两个或两个以上相互联系的账户中做双重记录。通过账户记录,可反映该项经济业务引起的会计要素变化过程及全貌。

(3)对发生的每一项经济业务,都要以相等的金额进行分类登记,并以双重记录为基础对账户记录及结果进行试算平衡,以验证账户记录的正确性和完整性。

第二节 借贷记账法

一、借贷记账法的含义

借贷记账法是以"借"、"贷"作为记账符号来记录经济业务,反映各项会计要素增减变动情况的一种复式记账法。

"借"、"贷"两字起源于中世纪的意大利,最初是从借贷资本家的角度来解释的,即用来表示债权(应收款)和债务(应付款)的增减变动。借贷资本家一方面从商人和官吏手中吸收货币资本,另一方面又将钱借给需要用钱的人,从中牟利。为了记录吸收的存款和贷出的款项,分别按人名设账户,账户分为两方:一方登记吸收的存款,成为贷主方,表示欠人;另一方登记贷出的款项,称为借主方,表示人欠。以后收回借出的钱或偿还投资人的资本时,则在账户中做相反的记录,可见最初的"借"、"贷"具有借主(债权)和贷主(债务)的含义,这是借贷记账法中"借"、"贷"两字的由来。随着商品经济的发展,经济活动的范围日益扩大,经济活动内容日益复杂,记账内容也随之扩大,在账簿中不仅要登记往来结算的债权、债务,还要登记财产物资、经营亏损的增减变化。这样,"借"、"贷"两字就逐渐失去了它原来的含义而转化为一种单纯的记账符号,变为一种专门的会计术语。现在讲的"借"(debit,简写为Dr)、"贷"(credit,简写为Cr)是沿用旧的会计术语,作为记账符号,已成为通用的国际会计语言,用以表示账户中两个对立的记账部位和方向。

二、借贷记账法的基本内容

(一)借贷记账法的记账符号

如上所述,借贷记账法以"借"和"贷"作为记账符号,用以指明记账的增减方向、账户之间的对应关系和账户余额的性质等。

(二)借贷记账法的账户结构

在借贷记账法下,为了分别记录增加和减少的金额,在账户中区别出两个不同的部分或方位,用"借"和"贷"来表示。每一账户的基本结构可以用"丁"字形来表示,账户的左方称为借方,右方称为贷方。至于用借方表示增加,还是用贷方表示增加,取决于账户本身的性质或在会计方程式中的位置。一般来说,资产类账户的借方登记增加数,贷方登记减少数,而权益类账户的借方登记减少数,贷方登记增加数。下面分别说明资产类、负债类、所有者权益类、成本类、费用类、收入类六类账户的基本结构。

1. 资产类账户

资产类账户的结构是:账户的借方记录资产的增加额,贷方记录资产的减少额,期初、期末余额一般在借方。在一个会计期间内,借方记录的合计数额称作借方发生额,贷方记录的合计数额称作贷方发生额。在每一会计期间的期末将借方、贷方发生额相比较,其差额称作期末余额,资产类账户的期末余额一般在借方。例如"库存商品"账户,本期增加的库存商品记入其借方,本期减少的库存商品记入其贷方,期末余额一般在借方,表示期末库存商品的结余额。借方期末余额转到下一期,就成为下一期的借方期初余额。

在借贷记账法下,一个账户涉及期初余额、借方本期发生额、贷方本期发生额和期末余额四个金额,也称账户的四个金额要素。资产类账户的四个金额要素之间的关系可以表示为:

资产类账户借方期末余额＝借方期初余额＋借方本期发生额－贷方本期发生额

资产类的"丁"字形账户的结构如图3－1所示。

借方		贷方	
期初余额	×××		
本期增加额	×××	本期减少额	×××
本期发生额	×××	本期发生额	×××
期末余额	×××		

图3－1　资产类账户

2. 负债类及所有者权益类账户

负债类及所有者权益类账户的结构是:账户贷方记录各项负债及所有者权益的增加额,账户借方记录各项负债及所有者权益的减少额,期初、期末余额一般在贷方。例如,"短期借款"是负债类账户,企业借入款项,表示负债增加,应记入"短期借款"账户的贷方;偿还借款,表示负债减少,应记入"短期借款"账户的借方。该账户期末如有余额必在贷方,表示尚未偿还的短期借款金额。负债类及所有者权益类账户的四个金额要素之间的关系可表示为:

负债类及所有者权益类账户贷方期末余额＝贷方期初余额＋贷方本期发生额－借方本期发生额

负债类及所有者权益类的"丁"字形账户的结构如图3－2所示。

借方		贷方	
		期初余额	×××
本期减少额	×××	本期增加额	×××
本期减少额	×××	本期增加额	×××
		期末余额	×××

图3—2 负债类及所有者权益类账户

3. 成本类账户

企业在生产经营过程中所发生的成本,没有形成产品之前,处于在产品状态,也属于企业的资产。所以,成本类账户的结构与资产类账户的结构基本相同,即借方记录成本的增加额,贷方记录成本的减少额或结转额,期初、期末如有余额,反映在借方。有些成本类账户没有余额,如"制造费用"账户;有些成本类账户有期末余额,如"生产成本"账户,表示尚未完工的在产品成本。

成本类账户的四个金额要素之间的关系及其"丁"字形账户的结构与资产类账户基本相同。

4. 费用类账户

费用类账户的结构与资产类账户的结构基本相同,即借方记录费用的增加额,贷方记录费用的减少额或结转额。由于与收入配比的这部分费用在期末要全额转出,以便与收入配比确定当期损益,因此,费用类账户期末应当没有余额。

费用类"丁"字形账户的结构如图3—3所示。

借方		贷方	
本期增加额	×××	本期减少额	×××
本期发生额	×××	本期发生额	×××

图3—3 费用类账户

5. 收入类账户

收入类账户的结构与负债类及所有者权益类账户的结构基本相同,即贷方记录收入的增加额,借方记录收入的减少额或结转额。由于本期实现的收入要在期末全额转出,以便与费用相抵后确定当期损益,因此,收入类账户也没有期末余额。

收入类"丁"字形账户的结构如图3—4所示。

借方		贷方	
本期减少额	×××	本期增加额	×××
本期发生额	×××	本期发生额	×××

图3—4 收入类账户

综上所述,"借""贷"两字作为记账符号所表示的经济含义是不同的:

"借"字表示:资产的增加,成本、费用的增加,负债及所有者权益的减少,收入的减少。

"贷"字表示:资产的减少,成本、费用的减少,负债及所有者权益的增加,收入的增加。

"借""贷"作为记账符号,指示着账户记录的方向是左边还是右边。一般来说,各类账户的期末余额与记录的增加额都在同一方向,即资产类账户的期末余额一般在借方,负债类及所有者权益类账户的期末余额一般在贷方。因此,根据账户余额所在方向,可以判定账户的性质,这是借贷记账法的一个特点。

所有账户结构都可用"丁"字形账户表示,如图3-5所示。

借方	账户名称(会计科目)	贷方
(1)资产增加 (2)成本、费用增加 (3)负债及所有者权益减少 (4)收入减少(转出)		(1)资产减少 (2)成本、费用减少(转出) (3)负债及所有者权益增加 (4)收入增加
期末余额:资产及成本类		期末余额:负债及所有者权益类

图3-5 各类账户结构说明

(三)借贷记账法的记账规则

借贷记账法的记账规则可以归纳为"有借必有贷,借贷必相等"。这一记账规则以资产总额等于负债及所有者权益总额的平衡关系作为理论依据,对发生的每一项经济业务都要以相等的金额、相反的方向,登记到相互联系的两个或两个以上的账户中去,即在记入一个或几个账户借方的同时,以相等的金额记入另一个或几个账户的贷方。

运用借贷记账法在登记企业的经济业务时,首先应根据经济业务的内容,确定所涉及的账户;其次应根据金额的增加或减少,结合账户的性质确定应记入有关账户的借方或贷方。

现举例说明借贷记账法的记账规则。

【例3-1】 企业购入一台机器设备,价值30 000元,已安装完毕,价款以银行支票付讫。这项经济业务的发生,一方面使企业的固定资产增加了30 000元,另一方面使企业的银行存款减少了30 000元,而"固定资产"账户和"银行存款"账户同属于资产类账户,固定资产增加应记入"固定资产"账户借方,银行存款减少应记入"银行存款"账户借方。这项经济业务在账户中记录的结果如图3-6所示。

【例3-2】 企业向银行借入50 000元短期借款以偿还应付账款。这项经济业务的发生,一方面使企业的短期借款增加了50 000元,另一方面使企业的应付账款减少了50 000元,而"短期借款"账户和"应付账款"账户同属于负债类账户,短期借款增加应记入"短期借款"账户贷方,应付账款的减少应记入"应付账款"账户的借方。这项经济业务在账户中记

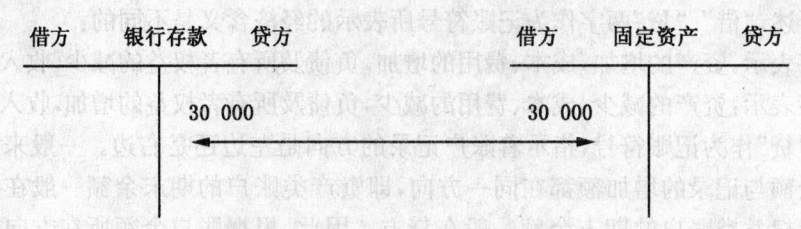

借方 银行存款 贷方		借方 固定资产 贷方
30 000	→	30 000

图 3—6 以银行存款购入固定资产

录的结果如图 3—7 所示。

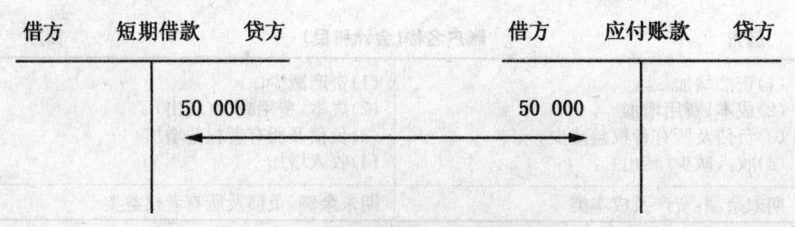

借方 短期借款 贷方		借方 应付账款 贷方
50 000	←	50 000

图 3—7 用短期借款偿还应付账款

【例 3—3】 企业收到投资者投入资本 100 000 元,款项存入银行。这项经济业务的发生,一方面使企业的银行存款增加了 100 000 元,另一方面使企业的投资者对企业的投资(即实收资本)增加了 100 000 元,而"实收资本"账户属于所有者权益类账户,增加应记入"实收资本"账户的贷方;"银行存款"账户属于资产类账户,减少应记入"银行存款"账户的借方。这项经济业务在账户中记录的结果如图 3—8 所示。

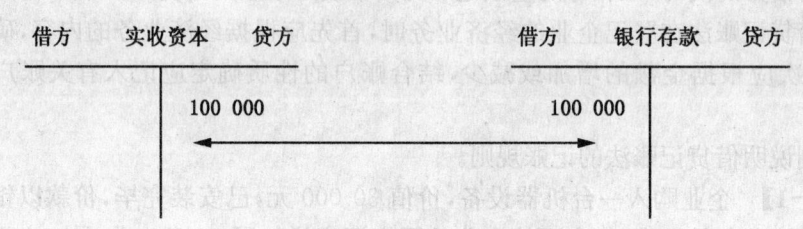

借方 实收资本 贷方		借方 银行存款 贷方
100 000	→	100 000

图 3—8 收到实收资本

【例 3—4】 企业以银行存款 40 000 元支付到期债券。这项经济业务的发生,一方面使企业的银行存款减少了 40 000 元,另一方面使企业的应付债券减少了 40 000 元,而"银行存款"账户属于资产类账户,减少应记入"银行存款"账户的贷方;"应付债券"账户属于负债类账户,减少应记入"应付债券"账户的借方。这项经济业务在账户中记录的结果如图 3—9 所示。

【例 3—5】 企业以现金支付办公费用 2 000 元。这项经济业务的发生,一方面使企业

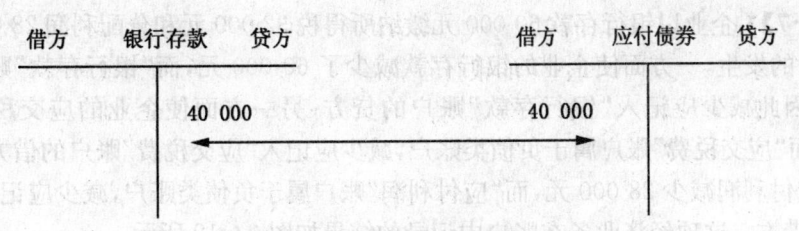

```
借方   银行存款   贷方              借方   应付债券   贷方
         40 000   ←————————————→   40 000
```

图 3—9 用银行存款支付到期债券

的库存现金减少了 2 000 元,另一方面使企业管理费用增加了 2 000 元,而"库存现金"账户属于资产类账户,减少应记入"库存现金"账户的贷方;"管理费用"账户属于费用类账户,增加应记入"管理费用"账户的借方。这项经济业务在账户中记录的结果如图 3—10 所示。

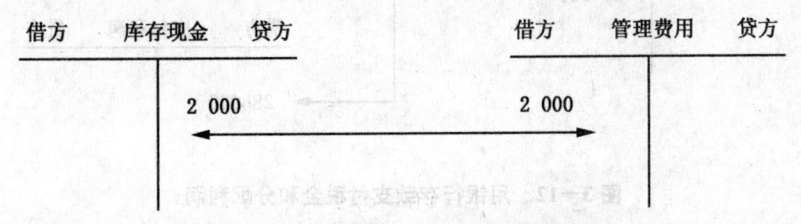

```
借方   库存现金   贷方              借方   管理费用   贷方
         2 000   ←————————————→   2 000
```

图 3—10 用现金支付办公费用

【例 3—6】 企业购买 80 000 元材料,其中 55 000 元已用银行存款支付,25 000 元尚未支付,材料已验收入库。这项经济业务的发生,一方面使企业的原材料增加了 80 000 元,而"原材料"账户属于资产类账户,因此应记入"原材料"账户的借方;另一方面使企业的银行存款减少了 55 000 元,而"银行存款"账户属于资产类账户,减少应记入"银行存款"账户的贷方,同时引起企业的应付账款增加 25 000 元,而"应付账款"账户属于负债类账户,增加应记入"应付账款"账户的贷方。这项经济业务在账户中记录的结果如图 3—11 所示。

```
借方   银行存款   贷方                       借方   原材料   贷方
         55 000  ←——————————→  80 000

借方   应付账款   贷方
         25 000  ←——————————→
```

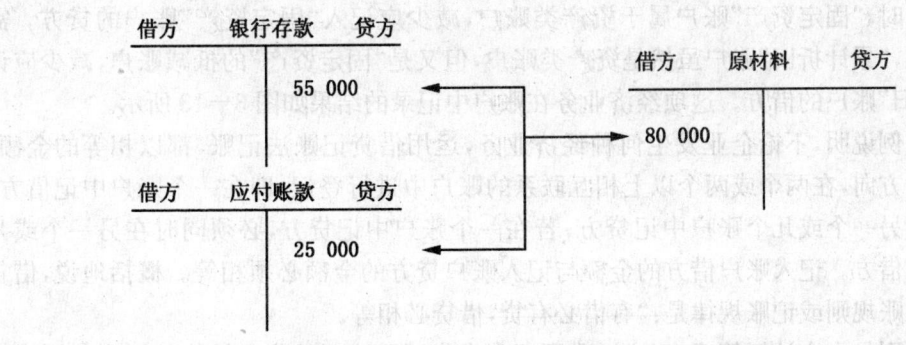

图 3—11 用银行存款支付部分原材料价款

【例 3—7】 企业以银行存款 60 000 元缴纳所得税 32 000 元和分配利润 28 000 元。这项经济业务的发生,一方面使企业的银行存款减少了 60 000 元,而"银行存款"账户属于资产类账户,因此减少应记入"银行存款"账户的贷方;另一方面使企业的应交税费减少了 32 000 元,而"应交税费"账户属于负债类账户,减少应记入"应交税费"账户的借方;同时,引起企业的应付利润减少 28 000 元,而"应付利润"账户属于负债类账户,减少应记入"应付利润"账户的借方。这项经济业务在账户中记录的结果如图 3—12 所示。

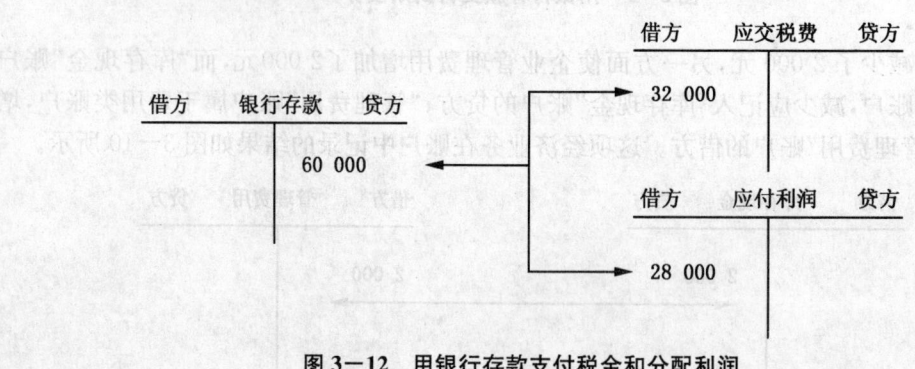

```
    借方   银行存款   贷方              借方   应交税费   贷方
                   60 000   ──────→  32 000

                              借方   应付利润   贷方
                                       ──────→  28 000
```

图 3—12 用银行存款支付税金和分配利润

【例 3—8】 企业处理一台旧设备,收到现金 1 000 元。这台设备在处理时账面上的记录是:原始价值(最初取得的成本)5 000 元,累计折旧 4 200 元。由此,该设备的账面净值为 800 元。这项经济业务的发生,一方面使企业的库存现金增加了 1 000 元,而"库存现金"账户属于资产类账户,因此,增加应记入"库存现金"账户的借方;另一方面由于处理设备不是企业经常发生的营业活动,该业务利得属于企业的营业外收入,"营业外收入"账户属于收入类账户,增加应记入其贷方,同时在"累计折旧"账户的贷方记录从固定资产取得之日至处理之间的累计额 4 200 元。该笔业务使设备价值减少,应冲减设备的账面记录。冲减原始价值记录时,"固定资产"账户属于资产类账户,减少应记入"固定资产"账户的贷方。需要注意的是,"累计折旧"账户虽然是资产类账户,但又是"固定资产"的抵减账户,减少应记入"累计折旧"账户的借方。这项经济业务在账户中记录的结果如图 3—13 所示。

上述举例说明,不论企业发生何种经济业务,运用借贷记账法记账,都以相等的金额、相反的借贷方向,在两个或两个以上相互联系的账户中进行登记,即在一个账户中记借方,必须同时在另一个或几个账户中记贷方;若在一个账户中记贷方,必须同时在另一个或几个账户中记借方。记入账户借方的金额与记入账户贷方的金额必须相等。概括地说,借贷记账法的记账规则或记账规律是:"有借必有贷,借贷必相等。"

上述规则是由会计恒等式、复式记账原理和借贷记账法下的账户结构等因素共同决定的。任何一项经济业务的发生,都要引起两个或两个以上会计要素项目的变动,根据复式

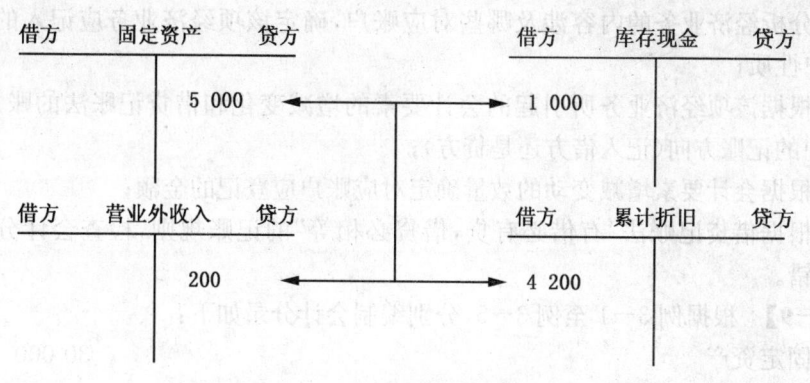

```
借方    固定资产    贷方              借方    库存现金    贷方
         5 000  ←————————————→  1 000

借方   营业外收入    贷方              借方     累计折旧    贷方
          200   ←————————————→  4 200
```

图 3—13　处置固定资产

记账原理,就要在相互联系的两个或两个以上的账户中进行双重等额记录。由于借贷记账法下账户结构中"借"、"贷"的增减含义的规定性,使得"有借必有贷,借贷必相等"成为一种必然。

(四)借贷记账法的会计分录

1. 账户的对应关系

采用借贷记账法时,在某项经济业务发生时,总会在有关账户之间形成应借、应贷的关系。在经济业务处理过程中所形成的有关账户之间的应借、应贷关系,称账户的对应关系。发生对应关系的账户称对应账户。例如,用银行存款购买固定资产这项业务,要分别在"银行存款"账户的贷方和"固定资产"账户的借方进行登记。"银行存款"和"固定资产"这两个账户之间就发生了相互对应关系,这两个账户就互为对应账户。

2. 会计分录

将经济业务数据在账簿中的有关账户登记以前,必须先将经济业务带来的双重财务影响完整地记录下来。如果直接将有关数据记入有关账户中,则无法完整地反映一项经济业务的全貌,也无法反映账户之间的对应关系,更无法检查和审核会计处理是否正确。因此,在将数据记入账户以前,应先编制会计分录。会计分录是指对某项经济业务标明其应借、应贷账户名称及其金额的一种记录,简称分录。会计分录是在登记账簿前,根据记账规则,通过对经济业务的分析而确定的应记入账户的名称、方向及其金额的一个简明的记账公式。

会计分录包括简单分录和复合分录两类。一借一贷的会计分录称为简单分录,而由两个以上对应账户组成的会计分录称为复合分录。

编制分录的格式规范是:(1)先借后贷,贷要错格;(2)金额最后,莫写单位;(3)多借多贷,分别对齐;(4)明细账户,划杠标明。

编制会计分录一般经过以下步骤:

首先,分析经济业务的内容涉及哪些对应账户,确定该项经济业务应记入的对应账户名称及账户性质;

其次,根据该项经济业务所引起的会计要素的增减变化和借贷记账法的账户结构,确定对应账户的记账方向(记入借方还是贷方);

再次,根据会计要素增减变动的数量确定对应账户应登记的金额;

最后,根据借贷记账法"有借必有贷,借贷必相等"的记账规则,检查会计分录是否平衡,有无差错。

【例3-9】 根据例3-1至例3-5,分别编制会计分录如下:

　　借:固定资产　　　　　　　　　　　　　　　　　　　　30 000
　　　　贷:银行存款　　　　　　　　　　　　　　　　　　　　30 000
　　借:应付账款　　　　　　　　　　　　　　　　　　　　50 000
　　　　贷:短期借款　　　　　　　　　　　　　　　　　　　　50 000
　　借:银行存款　　　　　　　　　　　　　　　　　　　　100 000
　　　　贷:实收资本　　　　　　　　　　　　　　　　　　　　100 000
　　借:应付债券　　　　　　　　　　　　　　　　　　　　40 000
　　　　贷:银行存款　　　　　　　　　　　　　　　　　　　　40 000
　　借:管理费用　　　　　　　　　　　　　　　　　　　　1 000
　　　　贷:库存现金　　　　　　　　　　　　　　　　　　　　1 000

若经济业务复杂,会影响到两个以上的账户,那么所编制的会计分录称为复合分录,分为一借多贷、一贷多借和多借多贷三种形式。

(1)一借多贷复合会计分录

【例3-10】 根据例3-6,编制会计分录如下:

　　借:原材料　　　　　　　　　　　　　　　　　　　　80 000
　　　　贷:银行存款　　　　　　　　　　　　　　　　　　　　55 000
　　　　　　应付账款　　　　　　　　　　　　　　　　　　　　25 000

(2)一贷多借复合会计分录

【例3-11】 根据例3-7,编制会计分录如下:

　　借:应交税费　　　　　　　　　　　　　　　　　　　　32 000
　　　　应付利润　　　　　　　　　　　　　　　　　　　　8 000
　　　　贷:银行存款　　　　　　　　　　　　　　　　　　　　40 000

(3)多借多贷复合会计分录

【例3-12】 根据例3-8,编制会计分录如下:

　　借:库存现金　　　　　　　　　　　　　　　　　　　　1 000

累计折旧　　　　　　　　　　　　　　　　　　　　　4 200
　　　贷：固定资产　　　　　　　　　　　　　　　　　　　5 000
　　　　营业外收入　　　　　　　　　　　　　　　　　　　　200

　　通过以上介绍可以看出，及时准确地编制会计分录，可以保证账户记录的准确性，便于日后查证。应该指出的是，在借贷记账法下，应尽量避免编制多借多贷的会计分录，因为这种会计分录不能体现账户之间的对应关系，但在经济业务确实需要时也可编制。

(五)借贷记账法的试算平衡

1. 过账

　　对经济业务逐笔分析并编制会计分录，即按照时间顺序对企业经济业务进行累积整理，但是企业的相关利益者不可能通过浏览几十甚至上千笔的会计分录，直接获取企业在某段时间的财务状况、经营成果和现金流量状况。包含在所有会计分录中的企业经济活动信息，需要在企业已建立的分类账户体系中对其进行系统的归集和整理。因此，分析经济业务并编制会计分录后，应该将会计分录中所列账户的发生额，按照会计分录中的记账方向记到相应的账户中，这一过程称为过账。在逐笔过账的情况下，一笔分录涉及几个账户，就过几笔账。对于经常发生的业务，可以汇总过账。记账完毕，应在记账凭证和账簿中设置专栏，登记过账线索或记账符号，以避免重复过账或漏账。

　　以例3－9中对例3－1所做的分录为例，其过账过程如图3－14所示。

借：固定资产　　　30 000
　　贷：银行存款　　　　　30 000

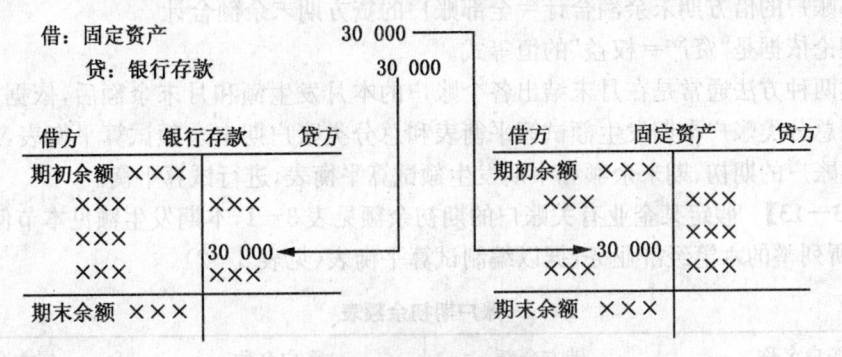

借方	银行存款	贷方		借方	固定资产	贷方
期初余额 ×××				期初余额 ×××		
×××		×××		×××		×××
×××		30 000		30 000		×××
×××		×××		×××		
期末余额 ×××				期末余额 ×××		

图3－14　过账示意图

2. 试算平衡

　　所谓试算平衡，就是根据资产、权益之间的平衡关系和记账规则，通过汇总计算和比较，以检查账户记录是否正确的一种验证方法。

　　在借贷记账法下，按照"有借必有贷，借贷必相等"的记账规则记账，使根据每一项经济业务所编制的会计分录的借贷双方的发生额必相等；在一定时期内，全部账户的借(贷)方本期发生额合计是每一项经济业务会计分录借(贷)方发生额的累积。因此，根据两个等量分别相加的和相等的道理,将一定时期内(如一个月)反映全部经济业务的所有会计分录全部记入有关账户后,所有账户的借方本期发生额合计与贷方本期发生额合计也必然是相等的。在借贷记账法下,根据账户结构可以看出,若账户余额在借方,表明是企业的资产;若账户余额在贷方,则表明是权益,因为"资产＝权益"。可以推出,所有账户的借方余额合计必然等于所有账户的贷方余额合计。

根据以上结论,如果在记账或过账过程中发生差错,就可能使借贷金额出现不平衡。如果借贷不平衡,则不仅账户记录出现错误,还会导致以账户记录为依据而编制的会计报表出现错误。为了检查和验证账户记录是否正确,以便及时找出差错及其原因,并予以更正,就必须定期进行试算平衡。

借贷记账法的试算平衡有发生额试算平衡法和余额试算平衡法两种。

(1)发生额试算平衡法是用来检查全部账户的借贷发生额是否相等的方法。其计算公式为:

全部账户借方本期发生额合计＝全部账户贷方本期发生额合计

其理论依据是"有借必有贷,借贷必相等"的记账规则。

(2)余额试算平衡法包括期初余额试算平衡和期末余额试算平衡,是用来检查全部账户的借方期初、期末余额合计和贷方期初、期末余额合计是否相等的方法。其计算公式为:

全部账户的借方期初余额合计＝全部账户的贷方期初余额合计

全部账户的借方期末余额合计＝全部账户的贷方期末余额合计

其理论依据是"资产＝权益"的恒等式。

上述两种方法通常是在月末结出各个账户的本月发生额和月末余额后,依据上述公式分别编制总分类账户本期发生额试算平衡表和总分类账户期末余额试算平衡表,或合并编制总分类账户的期初、期末余额和本期发生额试算平衡表,进行试算平衡。

【例3-13】假定某企业有关账户的期初余额见表3-1,本期发生额见本节例3-1至例3-6所列举的六笔经济业务,据以编制试算平衡表(见表3-2)。

表3—1　　　　　　　　　　账户期初余额表　　　　　　　　　　单位:元

账户名称	借方余额	账户名称	贷方余额
库存现金	1 500	短期借款	20 000
银行存款	150 000	应付账款	35 000
固定资产	800 000	应付债券	60 500
原材料	30 000	实收资本	868 000
管理费用	2 000		
合　计	983 500	合　计	983 500

表 3—2　　　　　　　　　　　总分类账户的试算平衡表

20××年1月31日　　　　　　　　　　　　单位：元

账户名称	期初余额 借	期初余额 贷	本期发生额 借	本期发生额 贷	期末余额 借	期末余额 贷
库存现金	1 500			1 000	500	
银行存款	150 000		100 000	125 000	125 000	
固定资产	800 000		30 000		830 000	
原材料	30 000		80 000		110 000	
管理费用	2 000		1 000		3 000	
短期借款		20 000		50 000		70 000
应付账款		35 000	50 000	25 000		10 000
应付债券		60 500	40 000			20 500
实收资本		868 000		100 000		968 000
合　计	983 500	983 500	301 000	301 000	1 068 500	1 068 500

根据上述资料，登记有关账户，并计算出本期发生额和期末余额，如图3—15所示。

银行存款

期初余额	150 000			
(3)	100 000	(1)	30 000	
		(4)	40 000	
		(6)	55 000	
本期发生额	100 000	本期发生额	125 000	
期末余额	125 000			

库存现金

期初余额	1 500		
		(5)	1 000
本期发生额	0	本期发生额	1 000
期末余额	500		

固定资产

期初余额	800 000		
(1)	30 000		
本期发生额	30 000	本期发生额	0
期末余额	830 000		

原材料

期初余额	30 000		
(6)	80 000		
本期发生额	80 000	本期发生额	0
期末余额	110 000		

管理费用

期初余额	2 000		
(5)	1 000		
本期发生额	1 000	本期发生额	0
期末余额	3 000		

短期借款

		期初余额	20 000
		(2)	50 000
本期发生额	0	本期发生额	50 000
		期末余额	70 000

应付账款				应付债券	
	期初余额 35 000				期初余额 60 500
(2) 50 000	(6) 25 000			(2) 40 000	
本期发生额 50 000	本期发生额 25 000			本期发生额 40 000	本期发生额 0
	期末余额 10 000				期末余额 20 500

实收资本	
	期初余额 868 000
	(3) 100 000
本期发生额 0	本期发生额 100 000
	期末余额 968 000

图 3—15 登记账户

需要注意的是,试算平衡只是通过借贷金额是否相等来检查账户记录是否正确。如果借贷不平衡,就可以肯定账户记录或计算有误,应查找原因并予以更正。即使借贷平衡,也不能肯定记账没有错误,因为有些记账错误并不影响借、贷方的平衡。例如,某项经济业务在有关账户中全部漏记或重记。又如,对某项经济业务,记入有关账户的借贷金额同时出现多记或少记同样金额的错误。再如,某项经济业务记错账户,或把应借应贷的账户相互颠倒。凡此种种,通过试算平衡并不能发现,还应通过其他方法发现这些记账错误。因此,需要对一切会计记录进行日常或定期的复核,以保证账户记录的正确性。

第三节 总分类账户与明细分类账户

一、总分类账户与明细分类账户的设置及其关系

(一)总分类账户和明细分类账户的设置

会计科目存在层次关系,相应地按照科目设置的账户也存在层次关系,可以将账户分为总分类账户和明细分类账户。

1. 总分类账户

总分类账户根据一级科目(总分类科目)设置,用以反映总括信息。我国实行统一的会计科目表,总分类账户的数量和账户名称(会计科目)基本上是由国家统一规定的,为各单位提供的会计信息具有可比性创造了条件。总分类账户只使用货币计量单位,各总分类账户的记录是会计主体编制报表的依据,它们反映的信息是外部信息使用者关注的信息。

2. 明细分类账户

明细分类账户根据明细科目设置,用以反映详尽和明细的信息。企业等会计主体设置明细分类账户,主要是为了满足内部管理的需要。如"应收账款"各明细账户,可据以了解企业债务人的具体信息,了解到底是谁欠了钱,欠了多少,什么时候应该归还,等等。除了"应收账款"以外,企业的许多总分类账户都设置了明细分类账户,如"原材料"、"固定资产"、"应付账款"等。明细分类账户除使用货币计量单位外,有时还使用非货币单位。如"原材料"账户,其明细账既登记收、发、存的数量,还登记收、发、存的金额,同时使用货币、非货币计量单位。

全国统一会计科目表规定了部分明细科目,大部分明细科目和分类账户是由企业自行设置的。在科目层次较多(如三级科目)的情况下,处于中间级别的科目可不设账,其数据由对应于下一级科目的账户汇总而得。

(二)总分类账户和明细分类账户的关系

1. 两者的联系

(1)总分类账户和明细分类账户所记录的内容相同。

(2)总分类账户和明细分类账户登记的原始依据相同。对发生的经济业务都要以相关的原始凭证为依据,既登记有关总分类账户,又登记所属明细分类账户。登记总分类账户和明细分类账户的原始依据必须相同。

2. 两者的区别

(1)提供的核算资料的详略程度不同。总分类账户用以反映企业总括信息,明细分类账户则用以反映详尽和明细的信息。

(2)作用不同。总分类账户是对所属明细账的综合,对所属明细账起着统驭、控制的作用;明细分类账户是总分类账户的具体化,对其总分类账户起着辅助和补充的作用。

(3)从数量上看,总分类账户本期借、贷方发生额应与其所属明细分类账户本期借、贷方发生额合计数相等;总分类账户期初、期末余额应与其所属明细分类账的期初、期末余额合计数相等,即总分类账户反映的数据与明细分类账户所反映的数据的总和一致,两者相互补充,既总括又详细地说明同一事物。

二、总分类账户与明细分类账户的平行登记

所谓平行登记,就是对发生的每项经济业务,不但要记入有关的总分类账户,设有明细分类账户的还要记入有关明细分类账户。

总分类账户与明细分类账户平行登记的要点如下:

(1)登记的期间相同。对于每一项经济业务,在同一会计期间内,既要记入有关的总分类账户,又要记入该总分类账户所属的明细分类账户,以便总账和明细分类账之间能够相

互验证和核对。

(2) 登记的方向相同。每一项经济业务,在总分类账户和所属明细分类账户中进行登记时,其记账方向(借方或贷方)必须一致。

(3) 登记的金额相同。每一项经济业务,记入总分类账户中的金额必须与所属明细分类账户的金额之和相等。

按照平行登记方法登账的结果,总分类账户和明细分类账户的数量关系如下:

总分类账户期初余额＝所属明细分类账户期初余额合计

总分类账户本期发生额＝所属明细分类账户本期发生额合计

总分类账户期末余额＝所属明细分类账户期末余额合计

总分类账户和明细分类账户的这种数量关系,是检查总分类账户和明细分类账户登记是否完整和准确的重要方法。

【例3—14】 某企业1月初"应付账款"的期初余额为,应付账款:80 000元,其中:A公司50 000元,B公司30 000元。

本月发生如下相关经济业务:

(1) 1月3日以银行存款30 000元,偿还以前所欠A公司的货款。

(2) 1月20日,仓库收到外购材料15 000元,货款未付,其中A公司货款10 000元,B公司货款5 000元(暂不考虑增值税)。

根据以上业务编制会计分录如下:

(1) 借:应付账款——A公司　　　　　　　　　　　　　30 000
　　　　贷:银行存款　　　　　　　　　　　　　　　　　　　30 000
(2) 借:原材料　　　　　　　　　　　　　　　　　　　15 000
　　　　贷:应付账款——A公司　　　　　　　　　　　　　　10 000
　　　　　　　　　　——B公司　　　　　　　　　　　　　　　5 000

将上述期初余额及本月发生额记入有关总分类账户及明细分类账户,如表3—3、表3—4、表3—5所示。

表3—3　　　　　　　　　　　　　应付账款总分类账

应付账款　　　　　　　　　　　　　　　　　　　　　　　　　　单位:元

年 月	年 日	凭证字号	摘　要	借　方	贷　方	余　额
1	1		月初余额			80 000
	3	(1)	偿还欠款	30 000		50 000
	20	(2)	购料欠款		15 000	65 000
	31		合　计	30 000	15 000	65 000

表 3—4　　　　　　　　　　　应付账款明细分类账
　　　　　　　　　　　　　　应付账款——A 公司　　　　　　　　　　　　　　单位:元

年		凭证字号	摘　要	借　方	贷　方	余　额
月	日					
1	1		月初余额			50 000
	3	(1)	偿还欠款	30 000		20 000
	20	(2)	购料欠款		10 000	30 000
	31		合　计	30 000	10 000	30 000

表 3—5　　　　　　　　　　　应付账款明细分类账
　　　　　　　　　　　　　　应付账款——B 公司　　　　　　　　　　　　　　单位:元

年		凭证字号	摘　要	借　方	贷　方	余　额
月	日					
1	1		月初余额			30 000
	20	(2)	购料欠款		5 000	35 000
	31		合　计		5 000	35 000

注:业务序号代替凭证字号。

三、总分类账户与明细分类账户的核对

为了保证总分类账户与明细分类账户登记的完整性和正确性,应当每隔一定时期就对总分类账户及其明细分类账户的记录进行核对。根据总分类账户及其明细分类账户"期间相同、方向相同、金额相等"的平行登记要求,总分类账户和明细分类账户必然存在数量相等的关系。依据上述等式关系,可以定期核对两类账户的数字,以检验账户记录是否正确。

在实际工作中,通常是在月末编制"明细分类账本期发生额及余额表"来进行核对。上例中的总分类账户与明细分类账户的核对情况如表 3—6 所示。

表 3—6　　　　　　应付账款明细分类账户本期发生额及余额表

总　账	明细账	期初余额	借方发生额	贷方发生额	期末余额
应付账款	A 公司	50 000	30 000	10 000	30 000
	B 公司	30 000	—	5 000	35 000
	合　计	80 000	30 000	15 000	65 000

思考题

1. 本章重要概念：单式记账法、复式记账法、借贷记账法、试算平衡、对应账户、会计分录、平行登记。
2. 简要列示借贷记账法下各类账户的基本结构。
3. 简述借贷记账法的主要内容。
4. 简述借贷记账法的试算平衡方法，并说明发生哪些账户登记错误通过试算不可能发现。
5. 简述编制会计分录的基本步骤。
6. 总账与其所属明细账的关系如何？
7. 简述总账与明细账平行登记的要点。

练习题

【练习一】

（一）目的：练习账户本期发生额与其余额的关系。

（二）资料：某公司 2010 年 10 月份有关账户的资料见下表：

单位：元

账户名称	期初余额 借	期初余额 贷	本期借方发生额	本期贷方发生额	借或贷	期末余额
库存现金	460		520	380		
银行存款	96 500		124 000	145 000		
实收资本		250 000	50 000			
原材料	11 000		164 000	170 000		
应收账款	52 000		120 000	170 000		
主营业务收入				98 000		
生产成本	23 000		67 200	76 300		
应付账款		12 000	10 000	25 000		
应交税费		36 000	39 000	4 000		

（三）要求：根据上述资料确定各账户期末余额及其方向。

【练习二】

（一）目的：练习过账及借贷记账法下的试算平衡。

（二）资料：

1. 翰林公司 2011 年 1 月初各账户的余额如下表所示：

会计科目	借方余额	会计科目	贷方余额
库存现金	1 300	短期借款	31 000
银行存款	17 035	应付账款	23 600
应收账款	28 160	应交税费	1 935
预付账款	8 960	实收资本	140 000
原材料	24 300		
固定资产	116 780		
合　计	196 535	合　计	196 535

2. 本月该公司发生下列经济业务：

(1) 收到其他单位投资 200 000 元，存入银行。
(2) 购入运输卡车一辆，价值 85 000 元，以银行存款支付。
(3) 购入原材料 35 000 元，材料已验收入库，货款尚未支付。
(4) 收到客户汇来上月所欠货款 20 000 元，存入银行。
(5) 以银行存款支付欠缴税金 1 935 元。
(6) 采购员王民出差预借差旅费 600 元，以现金支付。
(7) 支付应付供应单位欠款 19 500 元，其中 500 元以现金支付，其余以银行存款付讫。
(8) 以银行存款归还短期借款 16 000 元。
(9) 购入原材料 10 000 元，其中货款 8 960 元上月已预付，余款以银行存款支付。
(10) 采购员王民出差回来，报销差旅费 650 元，不足数以现金补足。

(三) 要求：

(1) 根据资料 2，编制会计分录。
(2) 根据上述资料，开设有关账户，填入期初余额，并据以登记有关账户。
(3) 结出各账户本期发生额及期末余额，编制期末损益结转前的总分类账户试算平衡表（六栏式），并试算平衡。

【练习三】

(一) 目的：练习账户的对应关系及其所表现的经济业务。
(二) 资料：大华机械厂 2011 年 2 月份部分经济业务所编制的会计分录如下：

1. 借：原材料　　　　　　　　　　　　　　　　　　　　　6 000

    贷：银行存款   4 000
      应付账款   2 000
  2. 借：银行存款   8 000
    贷：应收账款   8 000
  3. 借：管理费用   1 000
    贷：其他应收款   900
      库存现金   100
  4. 借：应付账款   7 000
    贷：银行存款   7 000
  5. 借：生产成本   12 000
      管理费用   5 000
    贷：原材料   17 000
  6. 借：应收账款   23 400
    贷：主营业务收入   20 000
      应交税费   3 400
  7. 借：银行存款   15 000
    贷：实收资本   15 000
  8. 借：固定资产   80 000
      原材料   10 000
    贷：实收资本   90 000

（三）要求：根据上述每笔分录的借贷对应关系，说明可能发生的经济业务内容。

【练习四】

（一）目的：练习会计分录的编制。

（二）资料：东吴公司2011年3月份发生下列经济业务：

(1) 从银行提取现金500元；

(2) 以现金支付采购员张良出差预借款700元；

(3) 生产产品领用原材料21 000元；

(4) 用银行存款缴清上月欠缴税金8 800元；

(5) 收回昆山厂前欠货款15 000元，存入银行；

(6) 从银行借入长期借款200 000元，存入银行；

(7) 用银行存款购入机器一台，计价180 000元；

(8) 从东风厂购入原材料34 000元，货款尚未支付；

(9)用银行存款偿还前欠振东厂货款 24 000 元;
(10)本月完工产品验收入库,成本 38 000 元。
(三)要求:
根据所提供的经济业务,编制会计分录。

【练习五】
(一)目的:练习总分类账户与明细分类账户的平行登记。
(二)资料:
1. 西蒙公司 2011 年 3 月 31 日有关总分类账户和明细分类账户余额如下:
"原材料"总分类账户借方余额为 200 000 元,其所属明细分类账户为:甲材料 10 000 千克,单价 7 元,计 70 000 元;乙材料 50 000 千克,单价 2.6 元,计 130 000 元。
"应付账款"总分类账户贷方余额 100 000 元,其所属明细分类账户为:鲁花公司 60 000 元,东吴公司 40 000 元。
2. 该公司 2011 年 4 月份发生的部分经济业务如下:
(1)4 月 2 日,生产领用甲材料 4 000 千克,单价 7 元,计 28 000 元;乙材料 10 000 千克,单价 2.6 元,计 26 000 元。
(2)4 月 10 日,向鲁花公司购进甲材料 70 000 千克,单价 7 元,计 490 000 元,货款尚未支付。
(3)4 月 22 日,向东吴公司购进甲材料 20 000 千克,单价 7 元,计 140 000 元;乙材料 100 000 千克,单价 2.6 元,计 260 000 元。货款共计 400 000 元,尚未支付。
(4)4 月 30 日,通过银行结算,偿还鲁花公司货款 500 000 元,偿还东吴公司货款 300 000 元,共计 800 000 元。
(三)要求:
(1)根据上述资料,编制会计分录。
(2)开设"原材料"、"应付账款"总分类账户和明细分类账户,填入期初余额,并平行登记总分类账户和明细分类账户,结出各账户本期发生额和期末余额。
(3)编制"原材料"、"应付账款"总分类账户和明细分类账户本期发生额及余额核对表。

第四章

借贷记账法的应用

第一节 资金筹集业务核算

企业的成立,首先必须筹集到所需要的资金。企业筹集资金的渠道主要有两种:

一是投资者投入的资本。投资者将资金投入企业,并成为企业的股东(或称为投资者),进而可以参与企业的经营决策,并获得企业盈利分配。投资者投入企业的资本,除法律、法规另有规定外,投资者不得随意抽回。

二是向债权人借入的资金。企业从债权人那里借入的资金,到期需要偿还,除了偿还本金,通常还要支付一定的利息。

一、投资者投入资本的核算

(一)账户的设置

我国法律规定,企业设立时,企业的所有者必须向企业注入一定的资本金。设立企业必须达到法定注册资本的最低限额。资本金按照资本主体分为国家资本金、法人资本金、个人资本金以及外商资本金等。投资者可以采用库存现金、银行存款、实物资产、无形资产等形式向企业投资。

为了核算投资者的投资额的变化,企业应设置"实收资本"账户,并按投资者的不同进行明细核算。该账户属于所有者权益类账户,其贷方登记企业实际收到的投资者投入的资本,借方登记投入资本的减少额,期末余额应在贷方,表示企业实有的资本或股本数额。

"实收资本"账户一般应按投资人设置明细账。需要注意的是,股份有限公司的投资者投入的资本,在"股本"账户中进行反映和监督。

(二)账务处理

企业实收资本应按以下规定核算:(1)投资者以货币资金投入的资本,应当以实际收到或者存入企业开户银行的金额作为实收资本入账;(2)投资者以非货币资金投入的资本,应按投资各方确认的价值作为实收资本入账。

企业收到投资者投入的资本时,一方面增加企业的"实收资本"账户,记入"实收资本"账户的贷方;另一方面应该增加企业的资产类账户,根据投入资产的形式不同,记入各资产类账户的借方。

【例4—1】 红海公司收到明达公司投入的货币资金500 000元,存入银行。编制会计分录如下:

  借:银行存款   500 000
    贷:实收资本——明达公司   500 000

【例4—2】 红海公司接受红星工厂投入企业的机器设备一台,原始价值100 000元,已经计提折旧20 000元,经过双方协商确认的价值为75 000元。编制会计分录如下:

  借:固定资产   75 000
    贷:实收资本——红星工厂   75 000

二、向债权人借入款项的核算

企业主要是通过向银行或其他非金融机构借入各种借款。企业取得的借款属于负债,按归还期限不同,可分为流动负债和长期负债。企业借入的归还期在一年(含一年)以内的借款,是短期借款,属于流动负债;借入的归还期限在一年(不含一年)以上的借款,是长期借款,属于长期负债。

(一)账户的设置

为了反映和监督企业借入的归还期限不同的各种借款以及借款的利息,应分别设置"短期借款"、"长期借款"以及"财务费用"等账户。

1."短期借款"账户

本账户用来核算企业借入的还款期限在一年以内的借款的取得、偿还及结欠情况。该账户属于负债类账户,其贷方登记取得的各种短期借款,借方登记偿还的各种短期借款,期末余额在贷方,表示企业期末尚未偿还的短期借款的本金。

2."长期借款"账户

本账户核算企业向银行或其他金融机构借入的期限在一年以上(不含一年)的各项借

款。该账户也属于负债类账户,其贷方登记取得的各种长期借款及其所形成的利息,借方登记偿还的各种长期借款本金及利息,期末余额在贷方,表示企业期末尚未偿还的长期借款的本息。"短期借款"账户和"长期借款"账户应按债权人设置明细账。

3. "财务费用"账户

本账户用来核算企业为筹集生产资金等而发生的各项费用。该账户属于损益类账户中支出性质的账户,其借方登记企业发生的各项财务费用;贷方登记期末转入"本年利润"账户的本期财务费用数额;期末结转后本账户应无余额。

(二)账务处理

1. 短期借款业务

短期借款业务包括取得借款、支付利息和偿还借款三项主要内容。企业从银行取得各种短期借款时,应按实际取得的借款额计价入账,增加"短期借款"账户。企业还应按期支付借款利息,利息可以按月支付,也可以采用按月计提的方式记入各月的财务费用,然后于季末或者还款日一次支付。短期借款的利息属于企业在理财活动期间为筹集资金而发生的一项耗费,因而企业将其作为期间费用(财务费用)加以确认。企业应按期如数偿还借款本金和利息,按实际偿还金额冲减短期借款。

【例4—3】 红海公司于2010年4月1日向建设银行借入期限为半年、年利率为6%的借款200 000元,存入银行。

(1)红海公司取得借款时,编制如下会计分录:

  借:银行存款   200 000
    贷:短期借款   200 000

(2)红海公司取得借款后,按规定每季度支付一次利息,到期归还本金。红海公司4~6月份每月末应该计提已经产生的利息费用。每月末计提利息时编制的会计分录如下:

  借:财务费用   1 000
    贷:应付利息   1 000

季度末支付借款利息时:

  借:应付利息   3 000
    贷:银行存款   3 000

2010年7~9月份,每月末仍要确认已经产生的借款利息。

  借:财务费用   1 000
    贷:应付利息   1 000

(3)2010年9月30日,借款到期后,红海公司归还银行的本金和第二季度的利息。

  借:短期借款   200 000
    应付利息   3 000

贷:银行存款　　　　　　　　　　　　　　　　　　　　　　　　　　203 000
　2. 长期借款业务
　　长期借款业务也包括取得借款、支付利息和偿还借款三项主要内容。按照国际惯例，长期借款的利息一般按复利法计算。在我国的会计实务中，常常根据借贷双方的约定，采用单利法计算利息。长期借款业务与短期借款业务不同的是，由于长期借款的时间较长，长期借款产生的利息在记入"财务费用"账户的同时，还应该增加"长期借款"账户。对于长期借款来说还存在借款利息的资本化问题，比如为购建固定资产而取得的专门借款，在符合资本化条件的情况下，可以计算应予资本化的利息金额，并将其计入固定资产的购建成本。关于长期借款利息资本化的详细问题，将在后续课程中讲解。

　　【例4—4】 2010年1月1日，红海公司从银行借入两年期借款10万元，年利率12%，到期一次还本付息。取得借款时，红海公司会计人员应编制如下会计分录：
　　　借:银行存款　　　　　　　　　　　　　　　　　　　　　　　　　　100 000
　　　　贷:长期借款　　　　　　　　　　　　　　　　　　　　　　　　　　100 000
　　企业借入款项后，必须承担支付利息的义务。虽然借款约定到期一次付息，但借款的受益期是整个借款期。因此，如果借款受益期跨了两个或两个以上的会计期间，应于每个会计期末确认应归属当期的利息费用及当期应承担但未支付的利息债务。

　　【例4—5】 2010年1月至2012年12月，每月末，红海公司应该确认本期已经产生但还未支付的利息。编制如下会计分录：
　　　借:财务费用　　　　　　　　　　　　　　　　　　　　　　　　　　　1 000
　　　　贷:长期借款　　　　　　　　　　　　　　　　　　　　　　　　　　　1 000

　　【例4—6】 2012年12月31日借款到期，红海公司归还银行的长期借款本金和利息。编制如下会计分录：
　　　借:长期借款　　　　　　　　　　　　　　　　　　　　　　　　　　　124 000
　　　　贷:银行存款　　　　　　　　　　　　　　　　　　　　　　　　　　124 000
　　接例4—5，如果红海公司从银行取得借款是为了建造厂房，则该笔借款产生的利息应该予以资本化。编制如下会计分录：
　　　借:在建工程　　　　　　　　　　　　　　　　　　　　　　　　　　　1 000
　　　　贷:长期借款　　　　　　　　　　　　　　　　　　　　　　　　　　　1 000

第二节 生产准备业务核算

一、购买原材料业务的核算

企业购买原材料的业务又称材料采购业务,主要的核算内容是原材料实际采购成本的形成、材料的验收入库以及材料采购过程中与购货单位之间的货款结算等。

企业购进原材料时,要与供应单位或其他有关单位办理款项的结算,支付购买材料的买价和运输费、装卸费、运输途中的合理损耗、入库前的挑选整理费、购入物资负担的税金(如关税等)和其他费用等各种采购费用。材料运达企业后应由仓库验收并保管,以备生产车间或管理部门领用。采购过程中支付给供应单位的材料价款和发生的各项采购费用,都构成材料的采购成本。

企业所购进的材料验收入库,或材料未到但已为该项材料支付货款,企业就拥有了该项材料的所有权,该项材料即应被作为一项资产加以确认。当生产车间或管理部门领用材料时,该项材料被作为一项费用加以确认。购进材料按是否支付货款和采购费用可以分为以下几种:

(1)购进材料时直接支付货款及采购费用。由于支付货款,使企业的某项资产减少,某项资产增加。

(2)购进材料未付款,在将来规定的时间内进行核算。这笔未结算的款项被作为一项负债加以确认,期末全部应付款作为资产负债表中的一项流动负债。

(3)先预付货款,后取得材料。企业虽先付款,但并未取得材料,不能作为材料增加处理,它实际上是转移一笔款项,所以预付货款表现为企业某项资产增加,某项资产减少。

(一)账户设置

为了对原材料采购业务进行核算,应根据经济业务的具体内容设置三类账户:一类反映企业在采购过程中发生的买价和采购费用,如"材料采购"账户;一类反映库存材料的收、发、结存情况,如"原材料"账户;一类反映企业结算材料价款及采购费用情况,如"库存现金"、"应付账款"、"预付账款"等账户。

1."材料采购"账户

材料按实际采购成本计价,而实际采购成本包括买价和运输费、包装费等采购费用。采购成本的各构成要素在支付时间上有先有后,为了能归集材料的采购成本,需要设置"材料采购"账户。该账户的借方用于归集材料的采购成本;将采购的成本归集完毕、材料入库后,从贷方转入"原材料"账户;其借方余额表示已付款但尚未入库的材料成本。

2."原材料"账户

本账户用于核算企业库存各种材料的收入、发出、结存情况。该账户的借方反映已验收入库材料的成本(如果是外购,则为采购成本;如果是自制,则为自制成本);贷方反映库存材料发出的成本;余额在借方,表示期末库存材料的成本。该账户应按每一种材料的品种、规格分别设置二级账户和明细账户,以便核算每一种材料的收、发、结存情况。

3."应付账款"账户

本账户用于核算企业因采购材料物资和接受劳务提供而应付给供应单位的款项。该账户贷方登记应付而未付款项的数额,借方登记实际归还的数额,余额一般在贷方,表示尚未归还供应单位的数额。若出现借方余额,则表示企业多付或预付的货款。

4."应付票据"账户

本账户用于核算企业对外发生债务时所开出承兑的商业汇票,包括银行承兑汇票和商业承兑汇票。该账户的贷方登记企业开出或以承兑汇票抵付货款的金额,借方登记已偿还的到期汇票。企业应设置"应付票据备查簿",详细登记每一应付票据的种类、号数、到期日、金额等详细资料,以便加强对票据的管理,及时付清到期票据,保证企业在市场上的信用度。

5."预付账款"账户

本账户用于反映和监督企业按照购货合同的规定预付给供应单位的款项以及结算情况的资产类账户。该账户的借方登记企业因购货而预付的款项以及结算时预付不足而补付的款项;贷方登记收到货物时冲销的款项以及结算时多预付部分的退回款;期末余额一般在借方,表示企业实际预付而尚未冲销的款项;如果有贷方余额则表示尚未补付的款项。"预付账款"账户一般按照不同债权人的名称设置明细分类账户。

6."库存现金"账户

本账户用于核算和监督企业库存现金的收、付和结存情况。该账户的借方登记企业实际收到的现金,贷方登记企业实际支付的现金;余额一般在借方,表示库存现金的实际数额。

7."银行存款"账户

本账户用于核算和监督企业存放在银行款项的收、付和结存情况。该账户的借方登记企业实际存入银行的款项,贷方登记企业从银行实际提取或支出的款项;余额在借方,表示存放银行的实际款项。

8."应交税费"账户

本账户核算企业按照税法等规定应缴纳的各种税费,包括增值税、消费税、营业税、所得税、资源税、土地增值税、城市维护建设税、房产税、土地使用税、车船使用税、教育费附加、矿产资源补偿费等。就原材料购买业务来说,主要是指应交增值税,增值税的税率一般为17％。购进原材料时，按照购买材料买价的17％计入"应交税费——应交增值税（进项税额）"。应交增值税设置了"进项税额"、"销项税额"、"出口退税"、"进项税额转出"、"已交税金"等多个明细账。企业采购物资时，按应计入采购成本的金额借记"材料采购"等科目；按可抵扣的增值税额，借记"应交税费——应交增值税（进项税额）"；按应付或实际支付的金额，贷记"应付账款"、"应付票据"、"银行存款"等科目。

（二）账务处理

假定红海公司2010年1月发生如下经济业务：

【例4—7】 向华美公司购入A材料2 000千克，每千克单价5元，价款共计10 000元，增值税发票上的金额为1 700元；向津京公司购入B材料500千克，价款5 000元，增值税发票上的金额为850元。上述材料均未验收入库。由银行存款支付A材料款项，B材料款项尚未支付。

这项经济业务的发生，使材料增加了1 500元，但它只是材料采购成本的一部分，其他费用还未发生，故应将其记入"材料采购"账户，待归集全面后再转为原材料。这项经济业务使银行存款减少10 000元，应付账款增加5 000元。所以这项经济业务涉及"材料采购"、"银行存款"和"应付账款"三个账户。库存材料的增加应记入"材料采购"账户的借方，银行存款的减少应记入"银行存款"账户的贷方，应付账款的增加应记入"应付账款"账户的贷方。这项经济业务的会计分录如下：

借：材料采购——A材料　　　　　　　　　　　　　　　10 000
　　　　　　——B材料　　　　　　　　　　　　　　　　5 000
　　应交税费——应交增值税（进项税额）　　　　　　　　2 550
　贷：银行存款　　　　　　　　　　　　　　　　　　　11 700
　　　应付账款——津京公司　　　　　　　　　　　　　　5 850

【例4—8】 以银行存款支付A、B两种材料的运费1 000元。以现金支付A、B两种材料的搬运费250元。运费和搬运费按A、B两种材料的重量分配。

这项经济业务的发生，一方面使材料采购费用增加了1 250元；另一方面使企业银行存款减少了1 000元，现金减少了250元，涉及"材料采购"、"银行存款"和"库存现金"账户。采购费用的增加应借记"材料采购"科目，银行存款的减少应贷记"银行存款"科目，现金的减少应贷记"库存现金"科目。这项经济业务的会计分录如下：

A材料承担的运费＝1 250÷(2 000＋500)×2 000＝1 000(元)

借：材料采购——A材料　　　　　　　　　　　　　　　1 000
　　　　　　——B材料　　　　　　　　　　　　　　　　250
　贷：银行存款　　　　　　　　　　　　　　　　　　　1 000
　　　库存现金　　　　　　　　　　　　　　　　　　　　250

【例4-9】 A、B两种材料验收入库。
此时,应将实际采购成本从"材料采购"账户转入"原材料"账户,编制会计分录如下:

借:原材料——A材料　　　　　　　　　　　　　　　11 000
　　　　——B材料　　　　　　　　　　　　　　　　5 250
　贷:材料采购——A材料　　　　　　　　　　　　　11 000
　　　　　　——B材料　　　　　　　　　　　　　　5 250

【例4-10】 红海公司从长庆工厂又购进B材料9 000元,增值税1 530元,企业开出承兑的商业汇票,材料尚未到达。

借:材料采购——B材料　　　　　　　　　　　　　　9 000
　　应交税费——应交增值税(进项税额)　　　　　　1 530
　贷:应付票据　　　　　　　　　　　　　　　　　　10 530

【例4-11】 红海公司以银行存款预付新华工厂购料款50 000元。

借:预付账款——新华工厂　　　　　　　　　　　　　50 000
　贷:银行存款　　　　　　　　　　　　　　　　　　50 000

【例4-12】 新华工厂按合同要求发来的丙材料50 000元,已验收入库。

借:原材料——丙材料　　　　　　　　　　　　　　　50 000
　贷:预付账款——新华工厂　　　　　　　　　　　　50 000

在实际工作中,预付账款采用"多退少补"的方式进行结算。若新华工厂发来的丙材料为45 000元,则:

借:原材料——丙材料　　　　　　　　　　　　　　　45 000
　　银行存款　　　　　　　　　　　　　　　　　　　5 000
　贷:预付账款——新华工厂　　　　　　　　　　　　50 000

若新华工厂发来的丙材料为55 000元,则:

借:原材料——丙材料　　　　　　　　　　　　　　　55 000
　贷:预付账款——新华工厂　　　　　　　　　　　　50 000
　　　银行存款　　　　　　　　　　　　　　　　　　5 000

二、固定资产购建业务的核算

固定资产是指为生产商品、提供劳务、出租或经营管理而持有的,使用寿命超过一个会计年度的有形资产。它是企业用来改变或影响劳动对象的主要劳动材料,是企业进行生产经营活动必不可少的物质基础。根据《企业会计准则第4号——固定资产》的规定,固定资产需要同时满足下列条件,才能予以确认:

(1)该固定资产包含的经济利益很可能流入企业

固定资产是企业非常重要的资产，因此，对固定资产的确认，关键是判断其能否为企业带来经济利益的流入。如果不能给企业带来经济利益的流入，即使取得它花费了企业的资金或带来了未来经济利益的流出，也不能确认其为固定资产。判断固定资产的经济利益是否流入企业的标准是看固定资产所有权相关的风险和报酬是否转移到了企业。

(2)固定资产的成本能够可靠地计量

成本能够可靠地计量是资产确认的一项基本条件。固定资产作为企业资产的组成部分，要予以确认，也必须能够对其成本进行可靠的计量。固定资产的成本能够可靠地计量，必须以取得的确凿、可靠的证据为依据，并且具有可验证性。

(一)账户设置

为了反映企业固定资产的增减变动及其结存情况，应设置"固定资产"账户。该账户是按原始价值核算固定资产增减变动的资产类账户，其借方登记增加固定资产的原始价值，贷方登记减少固定资产的原始价值；期末余额在借方，表示期末企业现有固定资产的账面原价。企业应当设置"固定资产登记簿"和"固定资产卡片"，按固定资产类别、使用部门和每项固定资产进行明细核算。若购入的设备需要安装才能使用，则购入的固定资产应先通过"在建工程"科目核算设备及安装成本。待安装完毕投入使用后，再将全部成本转入"固定资产"科目。"在建工程"账户是一个过渡性资产类账户，该账户的借方表示正在建造安装的固定资产，贷方表示建造完工或者安装完毕转入固定资产的总成本。

(二)账务处理

根据我国最新会计准则的规定，固定资产应当按照成本进行初始计量。由于固定资产取得方式不同，其成本构成也不一样。

1. 外购固定资产

外购固定资产的成本，包括购买价款、进口关税和其他税费，以及使固定资产达到预定可使用状态前所发生的可归属于该项资产的场地整理费、运输费、装卸费、安装费和专业人员服务费等。

【例4—13】 红海公司购入一台设备，发票价格50 000元，增值税8 500元，发生安装费用500元、运费2 000元。所有费用已用银行存款全部付清，设备已交付使用。其账务处理为：

借：固定资产　　　　　　　　　　　　　　　　　　　52 500
　　应交税费——应交增值税(进项税额)　　　　　　　 8 500
　　贷：银行存款　　　　　　　　　　　　　　　　　　61 000

【例4—14】 红海公司购入需要安装的全新设备一台，价款10 000元，支付增值税1 700元，包装及运杂费计1 000元，以上价款均通过银行存款支付。设备安装过程中领用库存材料 3 000 元,负担本企业职工工资 2 000 元。安装完毕已交付生产使用。

企业购入需要安装的全新设备时:

借:在建工程	11 000
应交税费——应交增值税(进项税额)	1 700
贷:银行存款	12 700

发生安装费用时:

借:在建工程	5 000
贷:原材料	3 000
应付职工薪酬——应付工资	2 000

安装完毕交付使用时:

借:固定资产	16 000
贷:在建工程	16 000

2. 自行建造固定资产

自行建造固定资产的成本,由建造该项资产达到预定可使用状态前发生的必要支出构成,包括:与自行建造固定资产密切相关的直接材料、直接人工和变动制造费用;达到固定资产预定可使用状态前所发生的借款费用;固定资产购建过程中应当分摊的间接费用。

【例 4—15】 红海公司自行建造并安装一套设备。企业生产此套设备发生的成本为 90 000 元。为了建造此套设备,企业专门向银行借入一笔款项,其中应予以资本化的借款费用为 20 000 元。设备现已交付生产车间使用。其账务处理为:

借:固定资产	110 000
贷:在建工程	110 000

【例 4—16】 红海公司将本厂生产的一台机器设备转作固定资产投入使用。该机器设备的生产成本为 20 000 元,市场标价为 22 000 元,适用 17% 的增值税率。交付使用后应做如下会计分录:

借:固定资产	23 740
贷:库存商品	20 000
应交税费——应交增值税(销项税额)	3 740

3. 投资者投入固定资产

投资者投入固定资产的成本,应当按照合同或协议约定的价值确定,但合同或协议约定价值不公允的除外。

【例 4—17】 红海股份有限公司接受甲投资者投入的库房一栋,根据资产评估机构确认,该房屋的原始价值为 30 000 元,双方约定价值为 25 000 元。其账务处理为:

借:固定资产	25 000

贷：股本 25 000

第三节 生产过程业务核算

生产过程是制造业最具特色的阶段。在这一阶段，企业劳动者借助机器、设备，将原材料加工成设计要求的产品。按照马克思的劳动价值学说，这一过程是物化劳动（劳动资料和劳动对象）和活劳动的消耗过程，也是价值增值的创造过程。综观企业供、产、销等全过程的经济业务，从会计核算角度来看，生产阶段所发生的经济业务数量最多，也最为复杂。其中，各项生产费用的发生、归集与分配以及完工产品的入库，是生产阶段的主要业务。通过生产业务核算，会计应能实现以下的反映和监督功能：一是提供有关材料、工资、制造费用等成本的组成信息；二是提供有关提取折旧和职工福利费的信息，并考核其计算的合法性和正确性；三是确定产品的实际单位成本，并与计划单位成本对比，分析单位成本的升降变化及其原因；四是提供产品完工入库的信息，借以考核产品计划的完成情况；五是提供有关在产品变化的信息，以分析企业生产的均衡性。

一、账户设置

根据生产业务核算的要求，一般需要设置以下账户：

1. "生产成本"账户

本账户用来归集产品生产过程中发生的、应计入产品成本的直接材料、直接人工和制造费用，并据以确定产品的实际生产成本。其借方登记当期发生的、应计入产品成本的生产费用；贷方登记期末结转的完工产品的实际生产成本；余额在借方，表示月末尚未完工产品的生产成本。由于企业产品成本核算最终要具体到每一种产品，因此，该账户的明细核算按所生产的产品种类进行。如果产品生产需要经过多个生产环节或多个车间，"生产成本"账户明细账的设置需要先按生产环节或车间再按具体产品种类进行。

2. "制造费用"账户

本账户用于归集和分配企业在车间范围内为生产产品和提供劳务而发生的、应计入产品成本的各项间接费用。包括制造部门管理人员的工资及福利费、机器设备等生产用固定资产折旧费及修理费、水电费等不能直接计入产品生产成本的费用。其借方登记月份内发生的各种制造费用；贷方登记月末按一定标准分配结转给各种产品负担的制造费用。月末一般无余额。本账户应按不同车间和费用项目设置明细账，以考核和控制不同车间的共同性生产费用。

3. "应付职工薪酬"账户

本账户用于核算企业根据有关规定应付给职工的各种薪酬，企业按规定从净利润中提取的职工奖励及福利基金，也在本账户核算。其贷方登记企业应发给职工的薪酬总额；借方登记企业实际支付的薪酬额，余额在贷方，表示月末应付而未付的职工薪酬。本账户可按"工资"、"职工福利"、"社会保险费"、"住房公积金"、"工会经费"、"职工教育经费"、"非货币性福利"、"辞退福利"、"股份支付"等进行明细核算。

4. "累计折旧"账户

固定资产是企业的主要劳动资料，它在使用期内始终保持其原有的实物形态不变，而它的价值将逐渐损耗。根据固定资产的这一特点，不仅要设置"固定资产"账户，反映固定资产的原始价值，同时要设置"累计折旧"账户，以反映固定资产价值的耗损。该账户贷方登记固定资产因使用损耗而转移到产品中去的价值（折旧增加额）；借方登记报废或变卖固定资产时转销的累计已计提的折旧额，余额在贷方，表示期末累计已计提的折旧额。在资产负债表上，该账户作为固定资产的抵减账户。

5. "库存商品"账户

本账户用来核算企业生产完工验收入库可供销售成品的收入、发出、结存情况。其借方登记已完工验收入库的各种成品的实际生产成本；贷方登记发出各种产品的实际生产成本；余额在借方，表示期末库存产成品的实际生产成本。该账户应按产成品的品种、规格或类别设置明细账，以详细反映和监督各种产成品的收发、结存情况。

二、产品生产业务过程的核算

制造业企业的生产过程，在会计上的反映就是按照经济用途归集各项相关的生产费用，从而正确地计算企业所生产的各种产品的生产成本。产品的生产费用主要包括直接材料费用、直接人工费用、其他直接费用和各种间接费用（即制造费用）。企业在一定时期内生产产品所发生的费用中，有些费用在发生时即可计入所生产的产品中，如直接材料、直接人工费用等；而有些费用在发生时难以明确其服务对象，必须先加以归集，然后再按照一定的标准和程序分配计入所生产的各种产品的成本中，如制造费用。本教材重点讲解材料费用、人工费用和制造费用的归集与分配问题。

1. 材料费用的归集与分配

企业的库存材料被相关部门领用并消耗时，其成本即形成材料费用。这些材料费用应该按照材料的用途分别计入相关的成本费用中去。直接用于生产产品的材料费用，记入"生产成本"账户；用于车间一般耗用的消耗性材料，应先记入"制造费用"账户；用于企业管理部门一般耗用的消耗性材料，应记入"管理费用"账户。

【例4-18】 红海公司本月仓库发料汇总如表4-1所示。

表 4-1　　　　　　　　红海公司 6 月份仓库发料汇总单　　　　　　　　单位:元

项目	甲材料	乙材料	丙材料	合计
制造 A 产品耗用	80 000	24 000	200 000	304 000
制造 B 产品耗用	80 000	12 000	100 000	192 000
车间一般耗用	40 000		10 000	50 000
管理部门领用		4 000		4 000
合计	200 000	40 000	310 000	550 000

借:生产成本——A 产品　　　　　　　　　　　　304 000
　　　　　　——B 产品　　　　　　　　　　　　192 000
　　制造费用　　　　　　　　　　　　　　　　　 50 000
　　管理费用　　　　　　　　　　　　　　　　　　4 000
　　贷:原材料——甲材料　　　　　　　　　　　　200 000
　　　　　　——乙材料　　　　　　　　　　　　　40 000
　　　　　　——丙材料　　　　　　　　　　　　　310 000

2. 人工费用的归集与分配

人工费用是指企业给予为其提供服务的职工的各种薪酬。企业支付的各种人工费用应该按照不同的部门和职工服务的对象不同而记入不同的账户进行反映。其中,生产产品工人的工资是直接费用,可直接记入"生产成本"账户;车间管理人员的工资,是车间为组织和管理企业产品生产所发生的共同性费用,属于间接费用,应记入"制造费用"账户;厂部管理人员的工资属于期间费用,应记入"管理费用"账户。

【例 4-19】　红海公司月末结算本月份应付职工工资,其中制造 A 产品工人工资 80 000元,制造 B 产品工人工资 160 000 元,车间管理人员工资 20 000 元,厂部管理人员工资50 000元。

借:生产成本——A 产品　　　　　　　　　　　　80 000
　　　　　　——B 产品　　　　　　　　　　　　160 000
　　制造费用　　　　　　　　　　　　　　　　　 20 000
　　管理费用　　　　　　　　　　　　　　　　　 50 000
　　贷:应付职工薪酬——工资　　　　　　　　　　310 000

【例 4-20】　按工资总额的 14％计提职工福利费。

企业除了按标准支付给职工工资以外,还可按工资总额的一定比例提取福利费,用于职工医药卫生、集体福利、生活困难补助等方面的支出,所提取的福利费计入当期成本。提取时,按不同部门分别记入"生产成本"、"制造费用"、"管理费用"等账户的借方;同时贷记"应付福利费"账户(这里,应付福利费账户相当于应计费用或预提费用账户,只是由于它反映的内容较特殊,所以将其通过该账户单独反映)。

借:生产成本——A产品　　　　　　　　　　　　　　　　11 200
　　　　　　——B产品　　　　　　　　　　　　　　　　22 400
　　制造费用　　　　　　　　　　　　　　　　　　　　　 2 800
　　管理费用　　　　　　　　　　　　　　　　　　　　　 7 000
　　贷:应付职工薪酬——职工福利　　　　　　　　　　　 43 400

对于企业的工资,必须按月发放,发放时应付工资减少,记入该账户的借方;同时,企业货币资金减少,记入"银行存款"等账户的贷方。

【例4—21】 红海公司用银行存款发放工资310 000元。

借:应付职工薪酬——工资　　　　　　　　　　　　　　310 000
　　贷:银行存款　　　　　　　　　　　　　　　　　　　310 000

按工资总额计提的福利费用主要用于职工医药卫生、集体福利、生活困难补助等方面,当发生以上支出时,一方面引起应付福利费的减少,记入"应付职工薪酬"账户的借方;同时,引起货币资金的减少,记入"库存现金"等账户的贷方。

【例4—22】 职工张三领取困难补助费500元,用现金支付。

借:应付职工薪酬——职工福利　　　　　　　　　　　　　500
　　贷:库存现金　　　　　　　　　　　　　　　　　　　　500

3. 制造费用的归集与分配

制造费用是指企业的车间(或部门)为生产产品和提供劳务所发生的各项间接费用,包括生产车间管理人员的职工薪酬、有机物料消耗、折旧费、办公费、水电费、劳动保护费以及其他各种间接费用。按照权责发生制的要求,这些费用应当计入该车间(或部门)所生产的各种产品生产成本中,但在发生时一般无法直接确定其成本核算对象,因而不能直接计入具体产品的生产成本中。通常对这类费用,先将其计入制造费用进行归集,然后再按照一定的标准分配计入各产品的生产成本中。下面主要介绍折旧费用和其他几种费用的核算。

(1)折旧费用的核算

折旧是指固定资产在使用过程中所逐渐损耗的那部分价值。按规定,企业必须每期计提折旧费用,因计提折旧而减少的价值不直接冲减固定资产的原值,而是设置"累计折旧"账户作为"固定资产"账户的调整账户,进行核算。可见"累计折旧"账户的设置是为冲减"固定资产"的原值的,因此该账户虽然属于资产类账户,但结构与"固定资产"账户的结构相反,增加记贷方,减少记借方。企业每期计提折旧时,折旧费用增加,记入"累计折旧"账户的贷方;同时,按固定资产的用途,作为一项物质资料的耗费,引起费用增加,分别记入有关费用账户的借方。

【例4—23】 按规定,红海公司计提本月固定资产折旧费12 000元,其中车间用固定资产计提9 000元,行政管理部门用固定资产计提3 000元。

  借:制造费用   9 000
    管理费用   3 000
    贷:累计折旧   12 000

（2）其他费用的核算

在生产过程中,除发生上述材料、工资、福利、折旧费用以外,还发生水电费、办公费、报刊费、固定资产修理费、差旅费等相关费用。现举例说明如下:

【例4—24】 红海公司本月用银行存款支付电费5 000元,其中车间用电4 000元,行政管理部门用电1 000元。

该项业务发生,一方面引起车间和行政管理部门发生费用增加,记入有关费用账户的借方;另一方面引起企业银行存款减少,记入"银行存款"账户的贷方。

  借:制造费用   4 000
    管理费用   1 000
    贷:银行存款   5 000

【例4—25】 红海公司用现金购买办公用品1 350元,其中车间用600元,行管部门用750元。

  借:制造费用   600
    管理费用   750
    贷:库存现金   1 350

【例4—26】 采购员张三出差,预借差旅费800元,用现金支付。

该项经济业务的发生,形成了企业与张三之间的债权债务关系,引起企业债权增加,记入"其他应收款"账户的借方,同时使企业现金减少,记入"现金"账户的贷方。

  借:其他应收款——张三   800
    贷:库存现金   800

【例4—27】 几天后,张三出差回厂,报销差旅费750元,余额以现金交回。

该笔业务的发生,一方面引起厂部发生费用增加,记入"管理费用"账户的借方;同时现金增加,记入"库存现金"账户的借方。另一方面,企业与张三的债权债务关系消失,即"其他应收款"减少,应记入该账户的贷方。

  借:管理费用   750
    库存现金   50
    贷:其他应收款——张三   800

(3)制造费用分配的核算

制造费用是成本的组成部分,月末应将月份内归集的各种间接费用按照一定的标准从"制造费用"账户贷方转入"生产成本"账户借方,以便计算产品的生产成本。对于制造费用的分配标准,企业应该根据制造费用的性质不同予以合理的选择。在会计实务中,企业制造费用的分配标准主要有生产工人工资比例法、生产工人工时比例法、机器工时比例法、直接成本比例法和产成品产量比例法等。具体选用标准应该根据企业的具体情况而定。但标准一旦确定,不得随意变动。

【例 4—28】 结转本月发生的制造费用,按直接从事 A、B 两种产品的生产工人的工资分配转入 A、B 产品的生产成本。

本月发生的制造费用＝50 000＋20 000＋2 800＋9 000＋4 000＋600＝86 400(元)

$$分配率 = \frac{86\ 400}{160\ 000 + 80\ 000} = 0.36$$

A 产品分配的制造费用＝160 000×0.36＝57 600(元)

B 产品分配的制造费用＝80 000×0.36＝28 800(元)

编制会计分录如下:

借:生产成本——A 产品	57 600
——B 产品	28 800
贷:制造费用	86 400

4. 完工产品的核算

产品生产完工并验收入库后,使企业的库存商品增加,应按完工产品在生产过程中发生的实际成本记入"库存商品"的借方,同时将原记入"生产成本"账户借方的该批产品成本通过"生产成本"账户的贷方转出。

【例 4—29】 假设本月生产的 A 产品 2 000 件全部完工,并验收入库,结转其实际生产成本,B 产品全部未完工。

A 产品的生产成本＝304 000＋80 000＋11 200＋57 600＝452 800(元)

A 产品的单位生产成本＝452 800÷2 000＝226.4(元)

结转全部完工 A 产品的成本,编制如下会计分录:

借:库存商品——A 产品	452 800
贷:生产成本——A 产品	452 800

第四节 销售过程业务核算

销售过程是企业以一定方式将产品销售给购货单位,并按销售价格取得销售收入的过程。销售过程是工业企业资金循环的第三个阶段,也是工业企业生产经营过程的最后阶段。在销售过程中,企业通过产品销售形成产品销售收入。企业取得的产品销售收入是以付出产品为代价的,已销售产品的生产成本就是产品销售成本。在销售过程中,企业为了销售产品,还会发生各种费用支出,如包装费、运输费、装卸费、广告费、展览费以及企业专设的销售机构经费等。这些为销售产品而发生的费用称为销售费用。在销售过程中,企业还应按照国家的有关税法规定,计算并缴纳销售税金。

由此可见,销售过程的主要经济业务是销售收入的实现、销售成本的结转、销售费用的发生,以及销售税金及附加的计算与缴纳。

一、账户设置

1. "主营业务收入"账户

该账户用来核算和监督企业销售产品取得收入的情况。企业销售产品实现了收入,记入该账户的贷方,期末将本期实现的收入从借方转入"本年利润"账户,结转后该账户一般没有余额。

2. "主营业务成本"账户

该账户用来核算已售产品的实际成本。企业结转已售产品成本时,记入该账户的借方;期末将本期的销售成本从贷方转入"本年利润"账户,结转后该账户一般没有余额。

3. "销售费用"账户

该账户用来核算企业销售商品和材料、提供劳务的过程中发生的各种费用,包括保险费、包装费、展览费、广告费、商品维修费、预计产品质量保证损失、运输费、装卸费等以及为销售本企业商品而专设的销售机构(含销售网点、售后服务网点)的职工薪酬、业务费、折旧费等经营费用。发生各项销售费用时,记入该账户的借方;期末将本期的销售费用从贷方转入"本年利润"账户,结转后该账户一般没有余额。

4. "营业税金及附加"账户

该账户用来核算企业经营活动发生的营业税、消费税、城市维护建设税、资源税和教育费附加等相关税费。月末,企业按照规定计算出应负担的销售税金,记入该账户的借方;期末将本期产品负担的税金转入"本年利润"账户,结转后该账户一般没有余额。

5. "应交税费——应交增值税"账户

该账户用来核算企业按照税法在销售企业产品时应该缴纳的增值税。增值税按照所销售产品的售价乘以17%的增值税率来计算。企业销售货物时,按应收或实际收到的金额,借记"应收账款"、"应收票据"、"银行存款"等科目;按应交的增值税额,贷记"应交税费——应交增值税(销项税额)"科目。

二、账务处理

(一)产品销售的核算

【例4-30】 红海公司销售给荣达公司甲产品300件,每件售价400元,货款计120 000元,款项已通过银行收讫(按收入的17%计提增值税)。

按照收入实现原则,当收入的赚取过程已经完成且企业已经收取货款或取得收取货款的权力时,就可以认为企业的收入已经实现。本例中,红海公司按照合同要求,已经将货物发往荣达公司,完成了收入的赚取过程,同时企业也取得了相应的货款,符合收入确认的两项标准。编制会计分录如下:

借:银行存款 140 400
　　贷:主营业务收入 120 000
　　　　应交税费——应交增值税(销项税额) 20 400

【例4-31】 红海公司销售给三林公司甲产品1 400件,每件售价380元,货款计532 000元,产品已发出,款项尚未收到(按收入的17%计提增值税)。

这项经济业务与例4-30基本相似,不同的是货款尚未收到,企业债权增加而不是银行存款增加,所以借方应登记"应收账款"账户。编制会计分录如下:

借:应收账款——三林公司 622 440
　　贷:主营业务收入 532 000
　　　　应交税费——应交增值税(销项税额) 90 440

【例4-32】 以现金支付销售产品的搬运费300元。

产品销售过程中会发生各种形式的销售费用,对它的核算通过"销售费用"账户进行。编制会计分录如下:

借:销售费用 300
　　贷:库存现金 300

【例4-33】 计算并结转已售产品应缴纳的消费税3 500元。

消费税是对一些资源消耗性和奢侈性的产品征收的一种税,如烟、酒、化妆品等。消费税是一种价内税,要求卖方从售价中扣除一定比例上缴。假定红海公司所销售的产品属消费税征收对象,按照适用税率,确定本期所销售产品应缴纳3 500元消费税,应记入"营业税金及附加"账户;同时,在这一税款实际缴纳之前,它形成企业对国家的负债,通过"应交税费"反映。编制会计分录如下:

借:营业税金及附加 3 500
　　贷:应交税费——应交消费税 3 500

【例 4—34】 假定本期只发生例 4—30 和例 4—31 两笔销售业务，汇总并结转本期已售产品的生产成本。

本期共销售甲产品 1 700 件，前面已经计算出每件产品成本为 226.4 元，本期所销售产品成本总计为 384 880 元。按照配比原则，这部分成本应与本月已实现产品销售收入相配比，这使得产品销售成本增加，同时产品已售出，产成品减少。编制会计分录如下：

  借：主营业务成本   384 880
    贷：库存商品   384 880

严格地说，产品一旦发出用于销售，产成品就已经减少了。因此，结转产品销售成本可以在销售收入成立的同时进行。实际工作中，如果企业采用定期盘存制，有关成本数据一般需到月末才能计算出来；或者为了简化核算工作，已售产品生产成本也可于月末汇总一次结转。

（二）其他销售的核算

企业除销售产品外，也可能从事一些其他销售业务，比如销售原材料、包装物等，这类业务属于企业在主营业务外从事的一些兼营业务活动，因此销售原材料、包装物取得的收入属于"其他业务收入"核算的范围。当企业从事其他销售活动时，使企业的"其他业务收入"增加，记入该账户的贷方；同时，若收到款项使企业的银行存款增加，记入"银行存款"账户的借方。

【例 4—35】 红海公司出售一批原材料，售价 8 000 元，增值税税率 17%。货款已收到并存入银行。

  借：银行存款   9 360
    贷：其他业务收入   8 000
      应交税费——应交增值税（销项税额） 1 360

企业出售原材料，使库存材料减少，记入"原材料"账户的贷方；另一方面使材料销售成本增加，根据配比原则，记入"其他业务成本"账户的借方。

【例 4—36】 结转已售原材料的实际成本 6 000 元。

  借：其他业务成本   6 000
    贷：原材料   6 000

第五节 利润的形成及其分配核算

一、利润形成及分配的内容

（一）利润的形成

利润是企业一定期间生产经营活动最终财务成果，是收入扣减费用后所剩余的差额。

收入如大于费用,净剩余为正,形成盈利;反之,则为亏损。为了准确地反映企业利润的形成过程,分析企业各项经营活动对利润的影响,可根据利润形成原因的不同,将其分为营业利润、投资净收益和营业外收支三部分。其中,营业利润是由企业的经营活动所形成的,它是企业利润的主要来源;投资净收益是企业对外投资收益扣减损失后的余额,这部分也是企业管理当局努力的成果;相比之下,营业外收支则是那些企业无法控制的收支项目所形成的结果,如固定资产报废损失、自然灾害损失等。这部分收支不像前两种可以经常、重复地发生,它在利润中所占比重不大。

利润相关计算公式如下:

1. 营业利润

营业利润＝营业收入－营业成本－营业税金及附加－销售费用－管理费用－财务费用－资产减值损失＋公允价值变动收益(－公允价值变动损失)＋投资收益(－投资损失)

其中,营业收入是指企业经营业务所确认的收入总额,包括主营业务收入和其他业务收入。营业成本是指企业经营业务所发生的实际成本总额,包括主营业务成本和其他业务成本。资产减值损失是指企业计提各项资产减值准备所形成的损失。公允价值变动收益(或损失)是指企业交易性金融资产等公允价值变动形成的应计入当期损益的利得(或损失)。投资收益(或损失)是指企业以各种方式对外投资所取得的收益(或发生的损失)。

2. 利润总额

利润总额＝营业利润＋营业外收入－营业外支出

其中,营业外收入是指企业发生的与其日常生产经营活动没有直接关系的各项利得。营业外支出是指企业发生的与其日常生产经营活动没有直接关系的各项损失。虽然营业外收入和营业外支出与企业的生产经营活动没有直接联系,但是从企业主体来看,也是增加或减少利润的因素,对企业的利润总额及净利润产生一定的影响。

3. 净利润

净利润是企业当期利润总额减去所得税费用后的金额,即企业的税后利润。用公式表示为:

净利润＝利润总额－所得税费用

其中,所得税费用是指企业确认的应从当期利润总额中扣除的所得税费用。

(二)利润的分配

企业的净利润形成以后,必须按规定对其进行分配,首先必须按净利润的10%提取法定盈余公积金,然后向投资者分配利润。具体分配顺序是:

(1)弥补以前年度的亏损;

(2)提取法定盈余公积(按净利润的10%);

(3)提取任意盈余公积金;

(4)向投资者分配利润。

二、账户设置

1."营业外收入"账户

该账户用于核算企业取得的、与生产经营没有直接关系的各项收入,如因某种原因无法偿还的债务。其贷方登记取得的营业外收入;借方登记转入"本年利润"账户的数额;期末结转后无余额。应按收入项目设置明细账。

2."营业外支出"账户

该账户用于核算企业付出的与生产经营没有直接关系的各项支出,如对外捐赠支出、固定资产报废损失、自然灾害损失等。其借方登记已发生的营业外支出,贷方登记转入"本年利润"账户的数额,期末结转后无余额。应按支出项目设置明细账。

3."本年利润"账户

该账户是一个过渡性账户,用于计算会计年度内累计实现的利润(或亏损)总额。其贷方登记期末从收入类账户转入的利润增加项目的金额,借方登记期末从成本、费用类账户转入的利润减少项目的金额。期末如借方金额大于贷方金额,表明当年实现亏损,应从贷方转入"利润分配"账户;反之,如贷方金额大于借方金额,表明实现利润,通过借方结转至"利润分配"账户。结转后,本账户应无余额。

4."管理费用"账户

该账户用来核算企业为组织和管理企业生产经营所发生的管理费用。该账户属于损益类账户中支出性质的账户,其借方登记企业发生的各项管理费用,贷方登记期末转入"本年利润"账户的本期管理费用的数额,期末结转后本账户应无余额。

5."所得税费用"账户

该账户用于核算企业按规定计算的应上交国家的所得税额。其借方登记当期应缴纳的所得税额,贷方登记期末转入"本年利润"账户的金额,期末结转后应无余额。

6."利润分配"账户

年度终了,企业将本年实现的税后净利润转入本账户时,应贷记本账户;如为亏损总额,则借记本账户;企业按国家规定提取盈余公积金、向股东分发股利、提取部分盈余用作扩大再生产等,都通过借方核算。该账户如最终余额在贷方,表明企业尚余部分利润未分配;如余额在借方,表明企业处于亏损状态。为详细反映每项利润分配情况,该账户一般按所分配项目开设明细账。

7."盈余公积"账户

该账户用来核算企业从税后利润中提取的盈余公积的账户。该账户属于所有者权益类账户,其贷方登记提取的盈余公积,借方登记盈余公积的支付数额,期末贷方余额表示盈余公积的结余数额。

8."应付利润"(或"应付股利")账户

该账户用来核算企业应付给投资者的现金股利或利润。该账户属于负债类账户,其贷方登记计算出的应付给投资者的现金股利或利润;借方登记已实际支付的现金股利或利润;期末贷方余额表示尚未支付的现金股利或利润。

三、账务处理

(一)营业外业务的核算

【例4—37】 红海公司向希望工程捐赠3 000元,已通过银行付讫。

通常的交易是双向的:付出一定量的货币或货物,收到相应数量的货币或货物。对外捐赠则不同,它是单向的,目的并非取得某项收益,是一项与正常生产经营没有直接关系的支出,会计上将其列为营业外支出的增加。应借记"营业外支出"账户,贷记"银行存款"账户。编制会计分录如下:

借:营业外支出　　　　　　　　　　　　　　　　　　　3 000
　　贷:银行存款　　　　　　　　　　　　　　　　　　　　　　3 000

【例4—38】 红海公司原欠新新公司一笔货款1 000元,因新新公司撤销已无法偿还,转为营业外收入。

这笔无法偿还的应付款,是一项意外的、与正常经营活动没有直接关系的收入,应作为营业外收入的增加,贷记"营业外收入"账户;另一方面,应付账款相应减少,应借记"应付账款"账户。编制会计分录如下:

借:应付账款——新新公司　　　　　　　　　　　　　　1 000
　　贷:营业外收入　　　　　　　　　　　　　　　　　　　　　1 000

(二)利润形成的核算

期末,未结转各种损益类账户之前,本期实现的各项收入及与之相配比的成本费用是分散反映在不同的账户上。为了使本期的收入成本费用相抵,计算本期的利润额或亏损额,确认本期经营成果,应编制结转分录,将各种收入、成本费用账户的金额过入"本年利润"账户,结清各损益类账户。

1. 结转收入类账户

首先,归集本期收入类账户:

主营业务收入			其他业务收入	
【例4-30】	120 000		【例4-35】	8 000
【例4-31】	532 000			8 000
	652 000			

营业外收入	
【例4-38】	1 000
	1 000

然后,根据收入类账户的发生额,编制如下会计分录:

借:主营业务收入　　　　　　　　　　　　　　　652 000
　　其他业务收入　　　　　　　　　　　　　　　　8 000
　　营业外收入　　　　　　　　　　　　　　　　　1 000
　　贷:本年利润　　　　　　　　　　　　　　　661 000

2. 结转成本费用类账户

首先,归集本期发生的所有费用类账户:

财务费用			主营业务成本	
【例4-3】	6 000		【例4-34】	384 880
【例4-5】	12 000			384 880
	18 000			

管理费用			其他业务成本	
【例4-18】	4 000		【例4-37】	6 000
【例4-19】	50 000			6 000
【例4-20】	7 000			
【例4-23】	3 000		营业税金及附加	
【例4-24】	1 000		【例4-33】	3 500
【例4-25】	750			3 500
【例4-27】	750			
	66 500		营业外支出	

销售费用			【例4-37】	3 000
【例4-32】	300			3 000
	300			

然后,根据收入类账户的发生额,编制如下会计分录:

借:本年利润 482 180
　　贷:主营业务成本 384 880
　　　　其他业务成本 6 000
　　　　财务费用 18 000
　　　　销售费用 300
　　　　营业税金及附加 3 500
　　　　管理费用 66 500
　　　　营业外支出 3 000

3. 计算并结转本期所得税

所得税是企业使用政府所提供的各种服务而向政府应尽的义务。2008年1月1日正式执行的《企业所得税法》规定,企业适用的税率通常为25%,小型企业为20%。

【例4-39】 计算并结转红海公司本年所得税。假定红海公司适用的所得税率为25%。

红海公司本年利润总额＝661 000－482 180＝178 820(元)
红海公司本年应交所得税＝178 820×25%＝44 705(元)

借:所得税费用 44 705
　　贷:应交税费——应交所得税 44 705

会计期结束时,应将"所得税费用"账户的余额转入"本年利润"账户:

借:本年利润 44 705
　　贷:所得税费用 44 705

(三)利润分配的核算

【例4-40】 红海公司按税后净利润的10%提取盈余公积。

企业的利润总额扣减所得税后为净利润,在向投资者分配利润之前,为了保证企业资本的保值与增值,应提取盈余公积作为企业的发展和后备基金。这部分盈余公积的提取和使用,可设置"盈余公积"账户加以反映,贷方登记所计提增加的盈余公积;借方登记使用转出的盈余公积,余额在贷方,表示已提取尚未使用的盈余公积。

红海公司本年净利润＝178 820－44 705＝134 115(元)
应提取的盈余公积＝134 115×10%＝13 411.5(元)
编制会计分录如下:

借:利润分配——提取盈余公积 13 411.5
　　贷:盈余公积 13 411.5

【例4-41】 经董事会批准,将企业净利润的50%分配给投资者。

向投资者分配利润,是投资者出资经营并承担风险的回报。从企业来看,应通过"利润分配"账户完整地反映向投资者分配利润这一业务。本例假定尚未实际向投资者支付现金,利润分配导致企业负债的增加。

应分配的股利=134 115×50%=67 057.5(元)

编制会计分录如下:

借:利润分配——应付利润　　　　　　　　　　　　　　　67 057.5
　　贷:应付利润　　　　　　　　　　　　　　　　　　　　67 057.5

【例4—42】 将"本年利润"账户余额转入"利润分配"账户。

从以上可看出,"本年利润"账户最终的余额表示企业本年实现的累计净利润,利润分配并没有直接在"本年利润"账户上反映,而是通过"利润分配"账户来反映,所以年终应将"本年利润"账户余额转入"利润分配"账户,一方面可借以反映企业未分配的利润的数额;另一方面,结清本年利润账户,以便新的年度重新开始。

借:本年利润　　　　　　　　　　　　　　　　　　　　　134 115
　　贷:利润分配——未分配利润　　　　　　　　　　　　　134 115

【例4—43】 结转"利润分配"账户的各有关明细账。

通过上笔业务,企业已经将本年度形成的本年利润转到了"利润分配——未分配利润"账户。但是企业在进行利润分配时,是通过"利润分配——提取盈余公积"、"利润分配——应付利润"等明细账户进行的,并没有减少"利润分配——未分配利润"明细账户,所以还需要结转"利润分配"账户的各有关明细账。经过此步调整之后,"利润分配——未分配利润"账户的余额就是留在企业待分配的利润。

借:利润分配——未分配利润　　　　　　　　　　　　　　80 469
　　贷:利润分配——提取盈余公积　　　　　　　　　　　　13 411.5
　　　　　　——应付利润　　　　　　　　　　　　　　　　67 057.5

思考题

1. 资金筹集应设置哪些主要账户?这些账户的核算内容是什么?
2. 采购过程应设置哪些主要账户?这些账户的核算内容是什么?
3. 生产过程应设置哪些主要账户?这些账户的核算内容是什么?
4. 销售过程应设置哪些主要账户?这些账户的核算内容是什么?
5. 利润有哪三种形式?各应如何计算?
6. 利润分配的基本程序是什么?
7. 简要说明"本年利润"和"利润分配"账户的核算内容。

练习题

【练习一】

(一)目的:练习资金筹集业务的核算。

(二)资料:恒达公司2010年12月份发生如下资金筹集业务:

(1)收到A公司投入的资金200 000元,款项已存入银行。

(2)收到B公司投入的机器设备一台,双方确认价值为460 000元。

(3)收到C公司投入专利权一项,投资双方确认的价值为100 000元。

(4)接受外商捐赠款项120 000元,已存入银行。

(5)因季节性生产的需要,向银行借入为期半年的短期借款300 000元,年利率为6%,借款已存入银行。

(6)向银行借入2年期借款500 000元存入银行。

(7)计提本月短期借款利息2 500元。

(8)归还到期的短期借款200 000元。

(三)要求:根据上述资料编制会计分录。

【练习二】

(一)目的:练习生产准备业务的核算。

(二)资料:安达公司2010年12月份发生以下经济业务:

(1)企业购入一台不需要安装的机器设备,设备价款200 000元,增值税额为34 000元,另发生运杂费等2 000元。企业以银行存款支付上述款项。

(2)企业购入一台需要安装的设备,设备价款50 000元,增值税为8 500元,运杂费为1 500元,款项已通过银行支付。

(3)本月购入的需要安装的设备共发生安装费用7 000元,款项以银行存款支付。本月安装完毕,交付使用。

(4)向华兴工厂购入材料一批,货款共计10 000元,增值税进项税额1 700元,均以银行存款支付,材料已验收入库。

甲材料1 000千克,单价6元,计6 000元;

乙材料2 000千克,单价2元,计4 000元。

(5)以现金支付上述材料运杂费600元(按材料的重量分配运杂费)。

(6)向光明工厂购入丙材料2 000千克,单价1.5元,计3 000元,增值税510元,运杂费100元,货款及运杂费尚未支付。材料尚未运达企业。

(7)向前进工厂购入甲材料3 000千克,单价10元,计30 000元,增值税5 100元,材料已验收入库,其中28 000元货款冲销原预付的货款,不足部分以银行存款支付。

(8)向东方工厂购入乙材料1 000千克,单价8元,计8 000元,增值税1 360元,开出一张票面金额为9 360元、期限为60天的商业承兑汇票。材料尚未验收入库。

(9)从光明工厂购入的丙材料已验收入库。

(10)以银行存款偿还前欠光明工厂的丙材料购货款。

(三)要求:根据上述资料编制会计分录。

【练习三】

(一)目的:练习生产过程核算和生产成本的计算。

(二)资料:顺达公司2010年12月份发生如下经济业务:

(1)本月仓库共发出甲材料44 000元,其中生产A产品领用16 000元,生产B产品领用11 800元,车间管理部门耗用1 200元,行政管理部门耗用9 000元,对外发出委托加工物资5 000元,销售部门领用1 000元。

(2)计提本月职工工资60 000元,其中A产品生产工人工资23 000元,B产品生产工人工资15 000元,车间管理人员工资2 900元,行政管理人员工资4 100元,销售部门人员工资10 000元,福利部门人员工资5 000元。

(3)按职工工资总额的14%计提职工福利费。

(4)计提本月固定资产折旧8 670元,其中车间使用固定资产折旧6 015元,管理部门使用固定资产折旧2 655元。

(5)以银行存款支付本月水电费4 650元,其中车间用水电费2 379元,管理部门用水电费2 271元。

(6)将本月制造费用20 000元分配转入产品生产成本。

(7)本月A产品生产全部完工入库25 000元,结转其实际生产成本。

(三)要求:根据上述经济业务,编制会计分录。

【练习四】

(一)目的:练习工业企业销售过程主要经济业务的核算。

(二)资料:顺达公司2010年12月份发生如下经济业务:

(1)销售A产品一批,价款为183 000元,增值税额31 110元,价税合计214 110元,款项已收存银行。

(2)销售B产品一批,价款为89 000元,增值税额为15 130元,货已发出,款项尚未收到。

(3)销售A产品一批,价款为50 000元,增值税率为17%,增值税额为8 500元,收到商业承兑汇票一张,期限为3个月,票面金额为18 700元,余款尚未收到。

(4)出售B产品一批,价款为40 000元,已收到总款项的60%,并存入银行,余款尚未收到(假设不考虑增值税)。

(5)用现金支付销售产品的包装费用、装车费用750元。

(6)结转本月已销售产品的成本254 660元,其中A产品成本为171 360元,B产品成本为83 300元。

(三)要求:根据上述经济业务编制会计分录。

【练习五】

(一)目的:练习企业财务成果的核算。

(二)资料:实达企业1~11月本年利润账户贷方累计金额为800 000元,12月末结账该企业损益账户余额(12月份发生额)如下:

(1)贷方余额账户有:

  主营业务收入900 000元

  其他业务收入50 000元

  投资收益40 000元

  营业外收入8 000元

(2)借方余额账户有:

  主营业务成本800 000元

  主营业务税金及附加9 000元

  营业费用10 000元

  管理费用12 000元

  财务费用2 000元

  其他业务支出30 000元

  营业外支出5 000元

(三)要求:

1. 结转12月份各损益类账户。
2. 根据上述资料,计算并结转12月份所得税账户(所得税率为25%)。
3. (1)根据上述资料结转全年净利润。

(2)按税后利润的10%提取法定盈余公积,按5%提取任意盈余公积。

(3)按税后利润的3%分配给投资者利润。

(4)结转利润分配各明细账。

【练习六】

(一)目的:练习工业企业主要生产经营过程的核算。

(二)资料:通达企业 2010 年 12 月份发生如下经济业务:

(1)企业收到投资者投入资金 25 000 元,已经存入银行。

(2)购入甲材料一批,货款为 20 000 元,乙材料一批,货款为 40 000 元,增值税率为 17%。货款均已通过银行付清,材料尚未验收入库。

(3)用现金支付购买上述材料的运费和保险费 6 000 元,按照甲、乙材料的买价分摊费用。

(4)销售 A 产品一批 400 件,货款 200 000 元,收到转账支票一张已送存银行。

(5)职工张华出差借款 5 000 元,以现金付讫。

(6)以银行存款支付办公楼电费 3 000 元。

(7)张华报销差旅费 4 500 元,余款退回现金。

(8)企业从银行取得短期借款 20 000 元。

(9)结算本月应付职工工资 50 000 元,其中生产 A 产品的工人工资 25 000 元,生产 B 产品的工人工资 15 000 元,车间管理人员工资 3 000 元,企业管理人员工资 7 000 元。

(10)企业计提固定资产折旧,其中生产车间折旧费 800 元,管理部门折旧费 1 200 元。

(11)从银行提取现金 800 元备用。

(12)生产车间为制造 A 产品领用甲材料 8 000 元,为制造 B 产品领用乙材料 4 000 元,管理部门一般耗用乙材料 3 000 元。

(13)销售 A 产品一批 900 件,货款 450 000 元,货款尚欠。

(14)企业购进固定资产一台,价值 360 000 元,相关税费 20 000 元,款项已通过银行支付。

(15)通过银行转账,归还银行的临时借款 20 000 元和利息 500 元。

(16)以银行存款 2 000 元支付税务部门罚款。

(17)本月支出广告费 5 000 元,用银行存款支付。

(18)计算并结转本月发生的制造费用。其中 A、B 产品按照所用材料的金额进行分配。

(19)假设本月生产的 120 件 A 产品全部完工,计算并结转完工 A 产品的成本。

(20)结转本月 A 产品的销售成本。

(21)结转本期收入类账户。

(22)结转本期成本费用类账户。

(23)按照利润总额的 25% 计算应交所得税,并结转所得税。

(24)结转净利润,并按净利润的 10% 提取法定盈余公积,按 5% 提取任意盈余公积。

(25)结转利润分配账户明细账。

(三)要求:根据上述经济业务,编制会计分录。

第五章

填制审核会计凭证

第一节 会计凭证概述

一、会计凭证的概念

会计凭证是记录经济业务、明确经济责任的书面证明,是登记账簿的重要依据。

会计核算的基本流程是:原始凭证——填制记账凭证——登记账簿——编制报表。会计主体办理任何一项经济业务,都必须办理凭证手续。由执行或完成该项经济业务的有关人员填制或取得会计凭证,详细说明该项业务的内容,并在会计凭证上签名或盖章,明确经济责任。一切会计记录都要有真凭实据,核算资料都应具备客观性和真实性。这是会计核算必须遵循的基本原则,也是会计核算的一个重要特点。

因此,经济业务一旦发生,一切单位都必须由执行、完成该项经济业务的有关人员从外部取得或自行填制凭证,以书面形式反映、证明经济业务的发生或完成情况。会计凭证须载明经济业务的内容、数量、金额并签名或盖章,以明确对该项经济业务的真实性、准确性所负的责任。一切会计凭证都应由专人进行严格的审核。只有经过审核无误的凭证,才能作为记账的依据。因此,填制和审核会计凭证是会计信息处理的重要方法之一,也是整个会计核算工作的起点和基础。

二、会计凭证的作用

会计凭证的填制和审核,对于如实反映经济业务内容,有效监督经济业务的合理性和合法性,保证会计核算资料的真实性、可靠性,发挥会计在管理中的作用具有重要意义。

作为会计核算的一项重要内容,填制和审核会计凭证在经济管理中具有重要作用。主要有如下四个方面:

1. 提供经济信息和会计信息

会计信息是经济信息的重要组成部分。它一般是通过数据,以凭证、账簿、报表等形式反映出来的。任何一项经济业务的发生,都要编制或取得会计凭证。会计人员可以根据会计凭证,对日常大量、分散的各种经济业务,进行整理、分类、汇总并经过会计处理,为经济管理者提供有用的会计信息。

2. 提供记账依据

每一项经济业务的发生,都必须通过填制会计凭证来如实记录经济业务的内容、数量和金额,然后经过审核无误,才能登记入账。会计凭证是记账的依据,通过会计凭证的填制、审核,按一定方法对会计凭证进行整理、分类、汇总,为会计记账提供真实、可靠的依据,并通过会计凭证的及时传递,对经济业务适时地进行记录。

3. 监督、控制经济活动

通过会计凭证的审核,可以检查经济业务的发生是否符合有关的法规、制度,是否符合业务经营、财务收支的方针和计划、预算的规定,有无贪污盗窃、铺张浪费和损公肥私行为,以确保经济业务的合理、合法和有效性。监督经济业务的发生、发展,控制经济业务的有效实施,从而发挥会计的监督作用,保护会计主体的资产安全、完整,维护投资者、债权人和有关各方的合法权益。

4. 加强经济责任

经济业务发生后,要取得或填制适当的会计凭证,证明经济业务已经发生,同时要由有关的经办人员,在凭证上签字、盖章明确业务责任人。通过会计凭证的填制和审核,使有关责任人在其职权范围内各司其职、各负其责,并利用凭证填制、审核的手续制度进一步完善经济责任制。

三、会计凭证的种类

会计凭证按其编制程序和用途的不同,可以分为原始凭证和记账凭证两大类。

(一)原始凭证

1. 原始凭证的概念

原始凭证又称原始单据,是在经济业务发生或完成时取得或填制的,用以记录经济业务的主要内容和完成情况,明确经济责任的书面证明,是编制记账凭证的依据,是进行会计核算的原始资料。原始凭证记载着大量的经济信息,又是证明经济业务发生的初始文件,与记账凭证相比具有较强的法律效力,所以它是一种很重要的凭证。如出差乘坐的车船票、采购材料的发货票、到仓库领料的领料单等,都是原始凭证。

2. 原始凭证的种类

(1)原始凭证按其来源不同,可以分为外来原始凭证和自制原始凭证两种

外来原始凭证是指企业与其他企业、个人发生经济往来关系时,从其他企业或个人直接取得的原始凭证。例如供货单位开来的增值税专用发票、普通发票,运输部门开来的运费收据等都是外来原始凭证。

自制原始凭证是指本单位内部具体经办业务的部门或个人,在执行或完成某项经济业务时自行填制的原始凭证,如收料单(见表5-1)、领料单(见表5-2)等。

表5-1　　　　　　　　　　　　　(企业名称)

供货单位:首钢　　　　　　　　　收　料　单　　　　　　　　　凭证编号:0343
发票编号:0052　　　　　　　　　2010年5月8日　　　　　　　　收料仓库:5号库

材料类别	材料编号	材料名称及规格	计量单位	数量应收	数量实收	单价	运杂费	合计
型钢	022	20m/m	千克	1 000	1 000	3.00	300	3 300
备注							合计	3 300

主管(签章)　　　会计(签章)　　　审核(签章)　　　记账(签章)　　　收料(签章)

表5-2　　　　　　　　　　　　　(企业名称)

领料单位:三车间　　　　　　　　领　料　单　　　　　　　　　凭证编号:3456
用　途:制造A产品　　　　　　　2010年4月3日　　　　　　　　发料仓库:5号库

材料类别	材料编号	材料名称及规格	计量单位	数量请领	数量实收	单价	金额(元)
型钢	022	20m/m	千克	1 000	1 000	3.20	3 200
备注						合计	3 200

主管(签章)　　　记账(签章)　　　发料人(签章)　　　领料人(签章)

(2)原始凭证按其填制的手续不同,可以分为一次凭证、累计凭证和汇总凭证三种

一次凭证,是指凭证的填制手续是一次完成的,用以记录一项或若干项同类性质经济业务的原始凭证。外来原始凭证和大部分自制原始凭证都是一次凭证,如收料单、发货单、购货发票、付款收据、费用报销单等。

累计凭证是指在一定时期内连续记录若干项同类经济业务的凭证,其填制手续不是一次完成的,而是随着经济业务的发生多次进行的,如限额领料单(见表5—3)。使用累计凭证,由于平时随时登记发生的经济业务,并计算累计数,期末计算总数后作为记账依据,所以能减少凭证数量,简化凭证填制手续。

表 5—3　　　　　　　　　　(企业名称)限额领料单

2010 年 5 月 8 日　　　　　　　　　　　编号:2345

领料单位:二车间　　　　　用途:B 产品　　　　　计划产量:5 000 台
材料编号:102045　　　　　名称规格:16m/m 圆钢　　　计量单位:千克
单　　价:4.00 元　　　　　消耗定量:0.2 千克/台　　　领用限额:1 000

××年		请领		实发			
月	日	数量	领料单位负责人	数量	累计	发料人	领料人	限额结余
10	5	200	张勇	200	200	李发	李杰	800
10	10	100	张勇	100	300	李发	李杰	700
10	15	300	张勇	300	600	李发	李杰	400
10	20	100	张勇	100	700	李发	李杰	300
10	25	150	张勇	150	850	李发	李杰	150
10	31	100	张勇	100	950	李发	李杰	50

累计实发金额(大写)叁仟捌佰元整　　　￥3 800

供应生产部门负责人(签章)　　生产计划部门负责人(签章)　　仓库负责人(签章)

汇总凭证又称汇总原始凭证,是根据许多同类经济业务的原始凭证定期加以汇总而重新编制的凭证。如月末根据月份内所有的领料单汇总编制的领料单汇总表(也称发料汇总表,见表5—4),就是汇总原始凭证。汇总凭证可以简化编制记账凭证的手续,但它本身不具备法律效力。

表 5—4　　　　　　　　　　（企业名称）领料单汇总表
　　　　　　　　　　　　　　　2010 年 10 月 15 日　　　　　　　　　　编号：

用　途	上　旬	中　旬	下　旬	月　计
生产成本				
甲产品				
乙产品				
制造费用				
管理费用				
在建工程				
本月领料合计				

(二)记账凭证

1. 记账凭证的概念

记账凭证是会计人员根据审核无误的原始凭证(或原始凭证汇总表)进行归类、整理，用来确定会计分录而编制的直接作为登记账簿依据的会计凭证。

由于原始凭证来自不同的单位，种类繁多，数量庞大，格式不一，不能清楚地表明应记入会计科目的名称和方向。为了便于登记账簿，需要根据原始凭证反映的不同经济业务，加以归类和整理，填制具有统一格式的记账凭证，确定会计分录，并将相关的原始凭证附在后面。这样不仅可以简化记账工作、减少差错，而且有利于原始凭证的保管，便于对账和查账，提高会计工作质量。从原始凭证到记账凭证是经济信息转换成会计信息的过程，是会计的初始确认阶段。

2. 记账凭证的种类

(1)记账凭证按其所记录的经济业务是否与现金和银行存款的收付有直接关系，可以分为收款凭证、付款凭证和记账凭证。

收款凭证是用来记录现金和银行存款等货币资金收款业务的凭证。它是根据现金和银行存款收款业务的原始凭证填制的(见表5—5)。

付款凭证是用来记录现金和银行存款等货币资金付款业务的凭证。它是根据现金和银行存款付款业务的原始凭证填制的(见表5—6)。

转账凭证是用来记录与现金、银行存款等货币资金收付款业务无关的转账业务的凭证。它是根据有关转账业务的原始凭证填制的(见表5—7)。

表 5-5 收款凭证

借方科目:银行存款　　　　2010 年 10 月 15 日　　　　银收字第 34 号

摘要	贷方科目		金额								记账符号
	总账科目	明细科目	百	十	万	千	百	十	元	角	分	
销售乙产品10件	主营业务收入				2	0	0	0	0	0	0	
	应交税费					3	3	0	0	0	0	
合　计			¥		2	3	3	0	0	0	0	

财务主管(签章)　　记账(签章)　　审核(签章)　　出纳(签章)　　制单(签章)

附单据 2 张

表 5-6 付款凭证

贷方科目:银行存款　　　　2010 年 10 月 15 日　　　　银付字第 33 号

摘要	借方科目		金额								记账符号
	总账科目	明细科目	百	十	万	千	百	十	元	角	分	
购入原材料一批	原材料					5	0	0	0	0	0	
	应交税费						8	5	0	0	0	
合　计			¥			5	8	5	0	0	0	

财务主管(签章)　　记账(签章)　　审核(签章)　　出纳(签章)　　制单(签章)

附单据 6 张

表 5-7 转账凭证

2010 年 10 月 15 日　　　　转字第 125 号

摘要	账户名称		借方金额									贷方金额									记账
	一级科目	明细科目	百	十	万	千	百	十	元	角	分	百	十	万	千	百	十	元	角	分	
购进甲材料, 货款暂欠	材料采购	甲材料				7	5	5	0	0	0										
	应交税费	应交增值税				1	2	7	5	0	0										
	应付账款	A公司													8	8	2	5	0	0	
合　计			¥			8	8	2	5	0	0	¥			8	8	2	5	0	0	

财务主管(签章)　　记账(签章)　　审核(签章)　　出纳(签章)　　制单(签章)

附单据 6 张

(2)记账凭证按其填制方式的不同,可以分为复式记账凭证和单式记账凭证

复式记账凭证也叫多科目记账凭证,要求将某项经济业务所涉及的全部会计科目集中

填列在一张记账凭证上。复式记账凭证可以集中反映账户对应关系,因而便于了解经济业务的全貌,了解资金的来龙去脉;便于查账,同时可以减少填制记账凭证的工作量,减少记账凭证的数量。但是不便于汇总计算每一会计科目的发生额,不便于分工记账。上述收款凭证、付款凭证和转账凭证的格式都是复式记账凭证的格式。

单式记账凭证也叫单科目记账凭证,要求将某项经济业务所涉及的每个会计科目分别填制记账凭证,每张记账凭证只填列一个会计科目,其对方科目只供参考,不据以记账。单式记账凭证便于汇总计算每一个会计科目的发生额,便于分工记账。但是填制记账凭证的工作量变大,而且出现差错不易查找。工作中应用最广泛的是复式记账凭证。

(3)记账凭证按其包括的内容不同,可以分为单一记账凭证、汇总记账凭证和科目汇总表三类。

单一记账凭证是指只包括一笔会计分录的记账凭证。上述的收、付、转凭证均为单一记账凭证。

汇总记账凭证是指根据一定时期内同类单一记账凭证定期加以汇总而重新编制的记账凭证。其目的是简化总分类账的登记手续。汇总记账凭证又可进一步分为汇总收款凭证、汇总付款凭证和汇总转账凭证。

科目汇总表是指根据一定时期内所有的记账凭证,定期加以汇总而重新编制的记账凭证。其目的是简化总分类账的登记手续。

第二节 原始凭证的填制和审核

一、原始凭证的基本内容

由于会计经济业务的内容多种多样,原始凭证的格式和内容也是千变万化的,但是所有的原始凭证都必须真实客观地记录和反映经济业务的发生和完成情况。因此,所有的原始凭证都必须具备以下几个要素:

(1)原始凭证的名称;
(2)填制原始凭证的日期;
(3)填制单位的名称或填制人姓名;
(4)经办人员的签名或签章;
(5)接受原始凭证单位名称;
(6)经济业务内容;
(7)经济业务的数量、单价、计量单位和金额。

只有具备上述基本内容的原始凭证,才可以成为证明经济业务发生具有法律效力的书面证明。当然,这些只是原始凭证的基本内容,是原始凭证的共同特征,而一些特殊的原始凭证还应当符合一定的附加条件。

二、原始凭证的填制要求

原始凭证是具有法律效力的证明文件,是进行会计核算的重要依据。原始凭证的填制必须符合下列要求:

1. 记录真实

必须实事求是地填写经济业务。原始凭证上填制的日期、业务内容、数量、金额等必须与实际情况完全符合,确保内容真实可靠。

2. 内容完整

原始凭证必须按规定的格式和内容逐项填写齐全,同时必须由经办业务的部门和人员签字盖章,对凭证的真实性和正确性负全责。

3. 责任明确

原始凭证上要有经办人员或部门的签章。外来原始凭证,从外单位取得的,必须盖有填制单位的财务公章;从个人取得的,必须有填制人员的签名或盖章。自制原始凭证,必须由经办单位负责人签名或盖章。对外开出的原始凭证,必须加盖本单位的财务公章。

4. 填制及时

每笔经济业务发生或完成后,经办业务的有关部门和人员必须及时填制原始凭证,做到不拖延、不积压,并按照规定程序传递、审核,以便据以编制记账凭证。

5. 编号连续

如果凭证已预先印定编好,在需要作废时,应当加盖"作废"戳记,并连同存根和其他各联全部保存,不得随意撕毁。

6. 书写规范

原始凭证要用蓝黑墨水书写,支票要用碳素墨水填写。文字和数字都要认真填写,要求字迹清楚、易于辨认,不得任意涂改、刮擦或挖补。

阿拉伯数字不得连笔写,金额数字前应书写货币币种符号或者货币名称简写。币种符号与阿拉伯金额数字之间不得留有空白。凡阿拉伯数字前写有币种符号的,数字后不再写货币单位。所有以元为单位的阿拉伯数字,除表示单价等情况外一律填写到分;无角分的,角位和分位可写"00",或者符号"—";有角无分的,分位应当写"0",不得用符号"—"代替。

汉字大写数字金额一律用壹、贰、叁、肆、伍、陆、柒、捌、玖、拾、佰、仟、万、亿等正楷或者行书体书写,不得随意使用简化字。大写金额数字到元或角为止的,在"元"或"角"之后应当写"整"字或"正"字；大写金额数字有分的，分字后面不写"整"或者"正"字。大写金额数字前未印有货币名称的，应当加填货币名称，货币名称与金额数字之间不得留有空白。

阿拉伯金额数字中间有"0"时，汉字大写金额要写"零"字，如￥101.50，汉字大写金额应写成人民币壹佰零壹元伍角整。阿拉伯金额数字中间连续有几个"0"时，汉字大写金额中可以只写一个"零"字，如￥1 004.56，汉字大写金额应写成人民币壹仟零肆元伍角陆分。阿拉伯金额数字元位是"0"或数字中间连续有几个"0"，元位也是"0"，但角位不是"0"时，汉字大写金额可只写一个"零"字，也可不写"零"字，如￥1 320.56，汉字大写金额应写成人民币壹仟叁佰贰拾元零伍角陆分，或人民币壹仟叁佰贰拾元伍角陆分。

三、原始凭证的审核

为了如实反映经济业务的发生和完成情况，充分发挥会计的监督职能，保证会计信息的真实性、可靠性和正确性，会计机构、会计人员必须对原始凭证进行严格审核。具体包括：

1. 审核原始凭证的真实性

真实性的审核包括对凭证日期是否真实、业务内容是否真实、数据是否真实等内容的审查。对相关凭证是否有盖章或签名及其真实性进行审核。

2. 审核原始凭证的合法性

审核原始凭证所记录经济业务是否有违反国家法律法规的情况，是否履行了规定的凭证传递和审核程序。

3. 审核原始凭证的合理性

审核原始凭证所记录的经济业务是否符合企业生产经营活动的需要，是否符合有关的计划和预算等。

4. 审核原始凭证的完整性

审核原始凭证各项基本要素是否齐全、是否有遗漏的情况，包括日期是否完整，数字是否清晰，文字是否工整，有关人员签章是否齐全，凭证联次是否正确等。

5. 审核原始凭证的正确性

审核原始凭证各项金额的计算及其填写是否正确，包括阿拉伯数字、大写金额和小写金额的填写等。

6. 审核原始凭证的及时性

原始凭证的及时性是保证会计信息及时性的基础。为此，要求在经济业务发生或完成时及时填制有关原始凭证，及时进行凭证的传递。审核时应注意审查凭证的填制日期，尤其是支票等时效性较强的原始凭证，更应仔细验证其签发日期。

经审核的原始凭证应根据不同情况处理：对于完全符合要求的原始凭证应及时据以编

制记账凭证入账；对于真实、合法、合理但内容不够完整、填写有错误的原始凭证，应退回有关经办人员，由其负责将有关凭证补充完整、更正错误或重开后，再办理正式会计手续；对于不真实、不合法的原始凭证，会计机构、会计人员有权不予接受，并向单位负责人报告。

第三节 记账凭证的填制和审核

记账凭证是由会计人员根据审核无误的原始凭证或原始凭证汇总表，按记账的要求归类整理而编制的，是登记账簿的直接依据。

一、记账凭证的基本内容

由于记账凭证所反映的经济业务的内容不同，因而在具体格式上存在差异。但所有的记账凭证都必须满足记账的要求，必须具备以下基本内容：

(1)记账凭证的名称；
(2)填制凭证的日期和凭证编号；
(3)经济业务的内容摘要；
(4)账户名称、借贷方向和金额；
(5)记账符号；
(6)所附原始凭证的张数：原始凭证是编制记账凭证的依据，必须在记账凭证上填写所附原始凭证的张数，两者必须相符；
(7)填制凭证人员、稽核人员、记账人员、会计机构负责人、会计主管人员的签名或签章。
收款和付款记账凭证还应当有出纳人员的签名或盖章。

二、记账凭证的填制要求

会计人员填制记账凭证要严格按照规定的格式和内容进行，除必须做到记录真实、内容完整、填制及时、书写清楚外，还必须符合下列要求：

(1)"摘要"栏是对经济业务内容的简要说明，要求文字说明要简练、概括，以满足登记账簿的要求。
(2)应当根据经济业务的内容，按照会计准则的规定，确定应借应贷的科目。科目使用必须正确，不得任意改变、简化会计科目的名称，有关的二级或明细科目要填写齐全。
(3)记账凭证中，应借、应贷的账户必须保持清晰的对应关系。
(4)记账凭证填制完毕后，应按所使用的记账方法加计合计数，以检查对应账户的平衡关系。

(5)记账凭证必须连续编号,以便考查且避免凭证散失。

(6)每张记账凭证都要注明附件张数,便于日后查对。

三、记账凭证的审核

记账凭证是登记账簿的依据,为了保证账簿登记的正确性,记账凭证填制完毕必须进行审核。审核的内容是:

1. 内容是否真实

审核记账凭证是否以原始凭证为依据填制,所附原始凭证的张数与记账凭证上填写的所附原始凭证的张数是否相符,内容是否一致。

2. 项目是否齐全

审核记账凭证各项目的填写是否齐全,包括日期、凭证编号、摘要、会计科目、金额及有关人员签章等是否齐全。

3. 科目是否正确

审核记账凭证应借应贷的会计科目是否正确,是否具有对应关系,所使用的科目是否符合企业会计准则的规定。

4. 金额是否正确

审核记账凭证所记录的金额与原始凭证的有关金额是否一致,原始凭证中的数量、单价、金额计算是否正确。

5. 书写是否规范

审核记账凭证中的记录是否文字工整、数字清晰,是否按规定使用蓝黑墨水,是否按规定进行更正。

在审核中若发现记账凭证填制有错误,应查明原因,予以重填或是按规定方法及时更正。只有经过审核无误的记账凭证,才能据以记账。

第四节 会计凭证的传递和保管

一、会计凭证的传递

会计凭证的传递是指从会计凭证的取得或填制时起至归档保管为止的整个过程中,在本单位内部有关部门和人员之间的传送程序和传送时间。会计凭证的传递要能满足内部控制的要求,使传递程序合理有效,同时尽量节约传递时间,减少传递的工作量。单位应根据具体情况制定每一种凭证的传递程序和方法。各单位在制定会计凭证的传递程序、规定其传递时间时,通常要考虑以下两个内容:

(1)根据各单位经济业务的特点、企业内部结构组织、人员分工情况以及经营管理的需要,从完善内部牵制制度的角度出发,规定各种会计凭证的联次及其流程,使经办业务的部门及其人员及时办理各种凭证手续,既符合内部牵制原则又提高工作效率。

(2)根据有关部门和人员办理经济业务的必要时间,同相关部门和人员协调制定会计凭证在各经办环节的停留时间,以便合理确定办理经济业务的最佳时间,及时反映、记录经济业务的发生情况。

二、会计凭证的保管

保证会计凭证的安全与完整是全体会计人员的共同职责。在立卷存档之前,会计凭证的保管由财会部门负责。保管过程中应注意以下问题:

(1)会计凭证应及时传递,不得积压。记账凭证在装订成册之前,原始凭证一般是用回形针或大头针固定在记账凭证后面。在这段时间内,凡使用记账凭证的财会人员都有责任保管好原始凭证和记账凭证。使用完后要及时传递,并且要严防在传递过程中散失。

(2)凭证在装订以后,存档之前,要妥善保管,防止受损、弄脏以及鼠咬虫蛀等。

(3)会计凭证封面应注明单位名称、凭证种类、凭证张数、起止号数、年度、月份、会计主管人员、装订人员等有关事项,会计主管人员和保管人员应在封面上签章。

(4)原始凭证较多时单独装订,但应在凭证封面注明所属记账凭证的日期、编号和种类,同时应在所属的记账凭证上注明"附件另订"及原始凭证的名称和编号,以便查阅。

(5)原始凭证不得外借,其他单位和个人经本单位领导批准调阅会计凭证,要填写"会计档案调阅表",详细填写借阅会计凭证的名称、调阅日期、调阅人姓名和工作单位、调阅理由、归还日期、调阅批准人等。调阅人员一般不准将会计凭证携带外出。需复制的,要说明所复制的会计凭证名称、张数,经本单位领导同意后在本单位财会人员监督下进行,并应登记与签字。

(6)会计凭证装订成册后,应由专人负责分类保管,年终应登记归档。严格遵守会计凭证的保管期限要求,期满前不得任意销毁。

思考题

1. 本章重要概念:会计凭证、原始凭证、累计凭证、汇总凭证、记账凭证、会计凭证传递。
2. 原始凭证如何分类?

3. 原始凭证的基本内容有哪些?
4. 原始凭证的审核内容包括哪些方面?审核结果如何处理?
5. 记账凭证如何分类?
6. 记账凭证应具备哪些基本内容?
7. 记账凭证的填制应遵循哪些要求?
8. 记账凭证的审核内容包括哪些方面?
9. 会计凭证的保管应遵循哪些要求?

练习题

【练习一】

(一)目的:练习收款凭证和付款凭证的填制。

(二)资料:某企业某年10月份发生下列经济业务:

(1)1日,销售A产品1 000件,货款50 000元,增值税专用发票上注明的税额为8 500元,当即收到款项存入银行。

(2)3日,从银行提取现金500元。

(3)4日,以银行存款支付采购C材料10 000千克货款30 000元和增值税额5 100元。

(4)8日,以现金160元支付采购上述C材料的运杂费。

(5)10日,采购员张三预借差旅费800元,财务科以现金付讫。

(6)16日,以银行存款支付产品销售广告费5 000元。

(7)26日,以银行存款将预提的借款利息7 200元付讫。

(8)27日,以银行存款预付东方厂货款10 000元。

(9)30日,以银行存款预付明年财产保险费9 600元。

(10)30日,收到职工李四交来的现金50元,该款项系上月企业工具损坏应向李四收取的赔偿款。

(三)要求:根据上述业务填制收款凭证和付款凭证。

【练习二】

(一)目的:练习转账凭证的填制。

(二)资料:某企业某年11月份发生下列有关业务:

(1)8日,生产甲产品耗用A材料60 000元,生产乙产品耗用B材料22 000元,生产车间一般性耗用A材料600元,B材料400元。

(2)15日,摊销本月应负担的生产车间劳动保护费500元。

(3)26日,预提生产车间设备大修理费1 000元。

(4)30日,计提本月固定资产折旧费20 000元,其中生产车间厂房和设备应提折旧费18 000元,厂部应负担2 000元。

(5)31日,分配本月工资费用26 000元,其中甲产品生产工人工资12 000元,乙产品生产工人工资8 000元,车间管理人员工资1 500元,厂部管理人员工资4 500元。

(6)31日,按甲、乙两种产品的生产工人工资比例分配本月发生的制造费用。

(7)31日,本月投产的甲产品100件全部完工并验收入库,结转完工产品的成本。

(8)31日,结转本月销售甲产品50件的成本42 900元。

(三)要求:根据上述经济业务编制转账凭证。

第六章

登记会计账簿

第一节 会计账簿概述

一、会计账簿的含义

　　企业发生的经济业务,要由会计凭证做出最初的反映。通过凭证,可以做到全面地反映经济业务。由于凭证数量多,比较分散和零星,同时每张凭证只能记录单个经济业务,提供个别数据,因此,为了对经济业务进行全面、连续、系统、综合的核算,从数据中提取系统有用的信息,必须采用登记会计账簿的方法,把分散在会计凭证上的零散资料分类整理,取得经营管理所需的信息资料。

　　账簿是以会计凭证为依据,全面、连续、系统地记录和反映各项经济业务的簿籍,它由相互联系的、具有一定格式的账页组成。根据《会计法》的规定,所有实行独立核算的国家机关、社会团体、公司、企业、事业单位和其他组织必须设置会计账簿,并保证其真实、完整。

二、会计账簿的作用

　　设置和登记账簿的作用可以概括如下:
　　1. 会计账簿是全面、连续、系统地记录和反映经济活动情况的重要工具
　　设置账簿,通过账簿记录,既能对经济业务活动进行序时、分类的核算,又能够提供各

项总括和明细的核算资料,为改善企业经营管理、合理使用资金提供有用的会计核算资料,为企业的经济管理提供系统、完整的会计信息。

2. 会计账簿是编制财务会计报告的重要依据

账簿登记是会计核算的一项重要内容,账簿记录是编制财务会计报告的基础。财务会计报告指标是否真实、编制是否及时,与账簿设置和登记的质量密切相关。

3. 会计账簿是检查、分析和控制单位经济活动的基础资料

通过设置账簿,利用账簿的核算资料,进行检查、分析,以了解、评价和监控单位的经济活动情况,提高经营管理水平。同时,会计账簿又是重要的经济档案,设置账簿有利于保存会计资料,以备日后查考,有利于会计检查,以实施会计监督。

三、会计账簿的设置原则

账簿设置包括确定账簿种类、内容、作用及登记方法,必须做到组织严密,层次分明,账簿之间保持内在联系和勾稽关系,起到相互制约的作用。一般来说,应遵循下列原则:

1. 统一性原则

首先要根据国家有关制度规定的会计科目、账簿格式和种类以及设置账簿的基本要求来设置会计账簿,开设账户。这样便于查账,有利于会计信息使用者利用会计资料,也有利于同一主管部门内或者整个国民经济范围内进行会计资料的汇总和比较。

2. 实用性原则

账簿设置要能够全面地反映经济活动和财务收支情况,满足经济管理的需要。凡是经营管理中需要考核的指标,如资金、成本、利润等,都应该在账簿上得到及时反映。通过账簿记录,能够控制财产物资的增减变动,满足财产管理的需要,做到有物有账,保证财产物资的安全完整。

3. 科学性原则

账簿设置要科学严密,避免重复和遗漏;各种账簿既要有明确的分工,又要有密切的联系;有关账簿之间还要有统驭关系和平行制约关系等。这样才能保证账簿记录正确、系统、全面地提供管理所需的各项指标。同时,在保证会计记录系统完整的前提下,力求精简,避免繁琐复杂,以节约人力、物力,提高工作效率。账页格式要简单明了,不宜过大;账本册数不宜过多,以便于日常使用,也便于保管。

四、会计账簿的种类

各单位经济业务和经营管理的要求不同,设置的账簿种类也就多种多样。从形式看,

账簿是由账页组成的簿籍;从内容看,账簿记录经济业务时,应全面、连续、系统、综合。为便于了解和应用各种账簿,可以按下列标准对账簿进行分类:

(一)账簿按其用途可以分为序时账簿、分类账簿、联合账簿和备查账簿

1. 序时账簿

序时账簿又称日记账,是按经济业务事项发生时间的先后顺序,逐日逐笔登记经济业务事项的账簿。日记账主要包括现金日记账和银行存款日记账两类。在实际工作中,它是按照会计部门收到会计凭证的先后顺序,即按照凭证的编号顺序进行登记的,实际上是一种特殊的序时明细账。由于序时账簿需要逐日逐笔连续记录经济业务事项的进行情况,详细反映和监督货币资金等的增加变化情况,从而有利于对重要经济业务的日常核对和监督。因此,日记账是各单位加强现金和银行存款管理的重要账簿。

2. 分类账簿

分类账簿是分类登记经济业务的账簿。按照账簿反映经济业务的详细程度不同又分为总分类账和明细分类账两类。

(1)总分类账简称总账,是根据总分类会计科目开设的账簿,用于分类登记单位的全部经济业务事项,提供资产、负债、费用、成本和收入等总括核算的资料。各单位可以根据所采用的记账方法和账务处理程序的需要设置总账。

(2)明细分类账简称明细账,是根据总分类科目所属的明细科目设置的,用于分类登记某一类经济业务事项,提供有关明细核算资料。明细账是会计资料形成的基础环节。使用明细账,可以对经济业务信息或数据做进一步的加工整理和分析,也能为了解会计资料的形成提供具体情况和有关线索。该账对总账的有关总分类科目进行详细反映。企业可根据具体情况设置若干本明细账。

3. 联合账簿

这是指日记账和分类账结合在一起的账簿,如日记总账就是兼有日记账和总分类账作用的联合账簿。

4. 备查账簿

备查账簿又称辅助账簿,是为备忘备查而设置的,反映序时账簿和分类账簿不能记录或者记录不全的业务,如租入固定资产登记簿、委托加工材料登记簿等。它们可以对租入固定资产和委托加工材料的详细情况进行反映。是否设置以及设置什么备查账簿都根据管理的需要而定。

(二)账簿按其外表形式可以分为订本式账簿、活页式账簿和卡片式账簿

1. 订本式账簿

订本式账簿又称订本账,是一种在启用以前就将若干账页固定装订成册的账簿。应用订本式账簿,能够避免账页散失和抽换,能更好地加强账簿的管理。因此,总分类账、现金

日记账和银行存款日记账必须采用这种订本式账簿。启用订本式账簿，应当从第一页到最后一页顺序编定页码，不得跳页和缺号。订本式账簿的缺点是由于其账页是固定的，不能增减，必须为每一会计账户预留空白账页。如果账页预留过多，会造成浪费；预留过少则需要重新开设账户，又会影响账户的连续登记，容易造成混乱，不便于查阅。另外，订本式账簿在同一时间只能由一个人登记，不便于分工记账。

2. 活页式账簿

活页式账簿又称活页账，是由若干具有专门格式的零散账页装置在账夹中所组成的账簿。活页账的特点是启用之前不固定装订账页，启用后根据实际需要添加或抽出空白账页。各种明细账，大多采用活页式账簿。这样便于序时和分类连续登记，有利于记账人员分工和提高工作效率，但是容易造成账页散失和抽换。为了防止账页散失和抽换，应加强管理，可以在空白账页上连续编号，并由有关人员在账页上盖章；使用完毕后要整理装订成册，另加目录，记明每个账户的名称和页次，妥善保管。

3. 卡片式账簿

卡片式账簿又称卡片账，是指由若干具有专门格式的零散硬纸卡片所组成的账簿。卡片账可以根据核算和管理的需要，在卡片的正反两面设计必要的栏次，反映所需要的各种指标和内容。固定资产、低值易耗品等明细分类账一般采用卡片式账簿。这种卡片账使用比较灵活，反映的内容比较具体详细，可以跨年度长期使用，无需更换账页，便于分类汇总和根据管理的需要转移账卡。

实行会计电算化的单位，用计算机打印的会计账簿必须连续编号，经审核无误后装订成册，并由记账人员和会计机构负责人、会计主管人员签字或盖章。

(三) 账簿按其账页格式分为三栏式账簿、多栏式账簿和数量金额式账簿

1. 三栏式账簿

该账簿在账页上设置"借方"、"贷方"和"余额"三栏，以反映该会计要素的增减变动及结余情况。总账、债权、债务类明细账一般采用三栏式账簿，如"原材料总账"、"应收账款明细账"等。

2. 多栏式账簿

该账簿在账页借方或贷方设置多个栏目，以反映引起该会计要素增减变动的详细情况。一般费用、成本类明细账多采用多栏式账簿，如"制造费用明细账"、"管理费用明细账"等。

3. 数量金额式账簿

该账簿在账页上设置"借方"、"贷方"和"余额"三栏，各栏内分设"数量"、"单价"和"金额"三栏，既记录金额又记录数量。一般材料物资等存货类明细账多采用数量金额式账簿，如"原材料明细账"、"库存商品明细账"等。

第二节 会计账簿的设置与登记

一、会计账簿的基本内容

企业、行政事业单位的账簿,虽然所记录的经济业务内容不同,形式多种多样,但都应具备下列基本内容:

1. 封面

封面主要用来载明账簿的名称与记账单位名称。

2. 扉页

扉页主要用来登记账簿的启用日期和截止日期、页数、册次,经管账簿人员一览表和签章,会计主管签章,账户目录等。

3. 账页

账页是账簿的主体。账页因所反映会计要素的具体内容不同,可以有不同的格式,但各种格式的账页均包括下列基本内容:

(1)账户的名称(一级科目、二级科目、明细科目);
(2)账页的总页次和分户页次;
(3)记账日期栏;
(4)记账凭证的种类和号数栏;
(5)摘要栏(记录经济业务事项的简要说明);
(6)金额栏(记录各种会计要素的增减变动情况和结果)。

二、会计账簿的启用与登记

(一)账簿的启用

为了保证会计账簿记录的合法性和资料的完整性,明确记账责任,会计账簿应当由专人负责登记。启用新的会计账簿时,应当在账簿封面上写明单位名称和账簿名称。在账簿扉页上应当附启用表,内容包括:启用日期、账簿页数、记账人员和会计机构负责人、会计主管人员姓名,并加盖名章和单位公章。活页式账簿可在装订成册后,填写账簿的起止页数。当记账人员或会计机构负责人、会计主管人员调动工作时,应当注明交接日期、接班人员和监交人员姓名,并由交接双方人员签名或者盖章。会计账簿启用表的格式见表6—1。

表 6-1　　　　　　　　　　　　　启用表

单位名称				全宗号	
账簿名称				目录号	
账簿页数	自第　页起至第　页止共　页			案宗号	
				盒号	
使用日期	自　年　月　日至　年　月　日			保管期限	
单位领导人签章				会计主管人员签章	
经管人员职别	姓名	经管或接管日期	签章	移交日期	签章
		年　月　日		年　月　日	

(二)账簿的登记

在登记会计账簿时应遵循下列基本要求：

1. 准确完整

登记账簿时，应当将会计凭证日期、编号、业务内容摘要、金额和其他有关资料逐项记入账内，做到数字准确、摘要清楚、登记及时、字迹工整。每一项会计事项，一方面要记入有关的总账，另一方面要记入该总账所属的明细账。账簿记录中的日期应填写记账凭证上的日期；以自制的原始凭证作为记账依据的，账簿记录中的日期应按有关自制凭证上的日期填列。

2. 注明记账符号

登记完毕后，要在记账凭证上签名或盖章，并在记账凭证"记账"栏内注明账簿的页数或打"√"标记，表示已经记账，以免重记或漏记，便于查找。

3. 书写留空

账簿中书写的文字和数字应紧靠行格底线书写，不要写满格，一般应占格距的 1/2。这样在发生登记错误时，能比较容易地进行更正，同时方便查账。

4. 正常记账使用蓝黑墨水

登记账簿要用蓝黑墨水或者碳素墨水书写，不得使用圆珠笔（银行的复写账簿除外）或者铅笔书写。红色墨水一般是在结账、划线、改错、冲账和表示负数时使用。

5. 按账页顺序连续登记

各种账簿按页次顺序连续登记，不得跳行、隔页。如果发生跳行、隔页，应当在空行、空页划一对红线注销，或者注明"此行空白"、"此页空白"字样，并由记账人员签名或者盖章。

6. 结出余额

凡是需要结出余额的账户，结出余额后应当在"借或贷"等栏内写明"借"或"贷"等字样。没有余额的账户，应当在"借或贷"等栏内写"平"字，并在余额栏内用"0"表示。现金日记账和银行存款日记账必须逐日结出余额。

7. 过次承前

每一账页登记完毕结转下页时,应当结出本页合计数及余额,写在本页最后一行和下页第一行有关栏内,并在摘要栏内注明"过次页"和"承前页"字样。

8. 定期打印

实行会计电算化的单位,总账和明细账应当定期打印;发生收款和付款业务的,在输入收款凭证和付款凭证的当天必须打印出现金日记账和银行存款日记账,现金日记账的账面余额要与库存现金核对无误。

9. 按规定更正错账

账簿记录发生错误,不准涂改、挖补、刮擦或者用药水消除字迹,不准重新抄写,必须按会计制度规定的错账更正方法进行更正。

三、日记账的格式与登记

日记账是按照经济业务发生的先后顺序,逐日逐笔登记经济业务的账簿。

企业为加强对货币资金的管理和严格遵守结算纪律,通常设置"现金日记账"和"银行存款日记账"。企业在购买材料、销售商品、支付费用、缴纳税金、结算债权债务时,都要通过货币资金来进行,而货币资金主要包括库存的现金和存放在银行的存款两部分,所以会计核算就有必要设置"现金日记账"和"银行存款日记账"来加强管理。日记账按记录内容的不同可分为普通日记账和特种日记账两种。

普通日记账也称通用日记账或会计分录簿,是用来登记各单位全部经济业务的日记账。这种日记账目前在我国已很少采用,故不再介绍。

特种日记账是专门用来记录某一特定项目经济业务发生情况的日记账,主要有现金日记账、银行存款日记账和转账日记账三种。

(一)现金日记账的设置和登记

现金日记账,是由出纳员根据库存现金的收款凭证和付款凭证逐日逐笔顺序登记的账簿。它是专门用来登记现金的收入和支出业务的日记账。为了确保账簿的安全、完整,现金日记账必须采用订本式账簿。现金日记账的格式有三栏式和多栏式两种。

1. 三栏式现金日记账

三栏式现金日记账,是指现金的收入、支出和结余同在一张账页上,各项收入和支出栏的对方账户另设专栏反映,也可不设对方账户栏。其基本结构为收入、支出和余额三栏。具体格式如表6-2所示。

表 6—2　　　　　　　　　　　现金日记账(三栏式)　　　　　　　　　　　第　　页

年		凭证		摘要	对方科目	收入	支出	余额
月	日	字	号					
				合　计				

现金日记账的登记步骤如下：

(1)将发生经济业务的日期记入"日期"栏，年度记入该栏的上端，月、日分两小栏登记。以后只在年度、月份变动或填写新账页时，才再填写年度和月份。

(2)在"凭证号数"栏登记该项经济业务所填制的记账凭证的种类和编号，以表示登记账簿的依据。对于现金存入银行或从银行提取现金业务，由于只需要填制付款凭证，所以提取现金业务的凭证号数是"付×号"。

(3)在"摘要"栏内简要记入经济业务的内容。

(4)根据记账凭证上的会计分录，在"对方账户"栏填写对应账户的名称，表明该项业务的来龙去脉。

(5)根据现金收款凭证上应借账户金额登记到"收入"栏，根据现金付款凭证上应贷账户的金额登记到"支出"栏。

(6)用期初结存加本日收入减本日付出得出本日余额，填入"结余"栏。

(7)到月末时，在本月末最后一行记载内容下面的"摘要"栏内写上"本月发生额及月末余额"，"收入"栏数额为本月收入的合计数，"支出"栏数额为本月支付的合计数，月初余额加本月收入合计减去本月支付合计为本月末结存的现金数额。

2. 多栏式现金日记账

多栏式现金日记账，是在三栏式现金日记账的基础上，按照与现金收入相对应的贷方科目和与现金支出相对应的借方科目分别设置专栏，例如将借方按照其对应账户(如"银行存款"、"主营业务收入"等账户)设置专栏，贷方按"原材料"等账户设置专栏，用于序时地、分类地反映与现金收支有关的经济业务事项。其格式见表 6—3。

表6—3　　　　　　　　　　　　现金日记账（多栏式）　　　　　　　　　　　　第　　页

年		凭证字号	摘要	收入		合计	支出			合计	余额
月	日			银行存款	其他应收款		银行存款	应付账款	应付职工薪酬		

取得现金收入时，按照对应账户将金额记入"收入"栏内的相应专栏；发生现金支出时，按照对应账户将金额记入"支出"栏内的相应专栏。每天现金收付业务登记完毕后，在"余额"栏内结出余额。月末根据各栏目合计数登记有关总账。应当注意的是，由于现金存入银行或从银行提取现金，已记入"银行存款"账户的借方金额栏或贷方金额栏，所以根据多栏式现金日记账登记总账时，就不再把"银行存款"专栏的合计数记入"银行存款"总账，以免重复。

上述多栏式现金日记账分别按收入、支出现金的对应科目设置专栏，能够清晰、完整地反映现金收付的来龙去脉，但由于设置许多专栏，造成账页篇幅过大，不便于登记和保管，所以可分设现金收入日记账和现金支出日记账两本账。其格式见表6—4和表6—5。

表6—4　　　　　　　　　　现金收入日记账（多栏式）　　　　　　　　　　第　　页

年		凭证字号	摘要	应贷科目			支出合计	结余
月	日			银行存款	其他应收款	收入合计		

表6—5　　　　　　　　　　现金支出日记账（多栏式）　　　　　　　　　　第　　页

年		凭证字号	摘要	应借科目		
月	日			银行存款	其他应付款	支出合计

采用这种多栏式现金日记账时,现金收入和现金支出分别反映在两本账上。根据现金付款凭证登记现金支出账,并按日结出每天现金支出总数填写在支出合计栏,同时将现金支出日记账上的支出合计数转记到现金收入日记账上。根据现金收入凭证登记现金收入日记账,并按日结出每天现金收入总数填写在收入合计栏内,同时结出当天现金的结存余额,与现金实存数核对相符。

现金日记账要求每日计算出余额后,应当与当天的库存现金实有数进行核对,如发现不符,应立即查找原因。

(二)银行存款日记账的设置和登记

银行存款日记账是由出纳员根据银行存款的收款凭证和付款凭证逐日逐笔顺序登记的账簿。它是专门用来登记银行存款的增减变动和结余情况的账簿。通过银行存款日记账的设置和登记,以加强对银行存款的日常监督和管理,便于与银行进行账项的核对。其格式与现金日记账格式基本相同,只是在银行存款日记账中一般设有"结算凭证的种类和号数"栏,以便与银行对账单对账。三栏式银行存款日记账的具体格式见表6-6。

表6-6　　　　　　　　　　银行存款日记账(三栏式)　　　　　　　　　　第　　页

年		凭证		摘要	结算凭证		对方科目	收入	付出	余额
月	日	字	号		种类	号数				

银行存款日记账的登记方法与现金日记账基本相同,所不同的是"结算凭证"栏要根据银行的结算凭证来登记。

银行存款日记账要每日计算出余额,每月计算出收入、支出合计数,并定期与开户银行送来的"对账单"核对。

(三)转账日记账的设置和登记

转账日记账是为了集中反映转账业务,便于管理上考查或作为登记总分类账的依据而设置的一种日记账。各单位是否设置转账日记账,可根据本单位的实际需要自行确定。特别是转账业务不多的单位,则不必设置转账日记账。它是根据转账凭证逐日逐笔登记的,其格式见表6-7。

表 6—7　　　　　　　　　　　转账日记账

年		凭证		摘　要	账户名称	借方金额	贷方金额
月	日	字	号				

四、分类账的格式与登记

(一) 总分类账

总分类账简称总账,是按照总分类科目分类登记全部经济业务事项的账簿,用来核算经济业务的总括内容。在总分类账中,应该按照会计科目的编码顺序分设账户,并根据登记需要为每个账户预留若干账页。由于总分类账能够全面、连续、系统、总括地反映经济活动情况,并为编制财务会计报告提供资料,因而单位必须设置总分类账。总分类账必须采用订本式账簿。总账一般采用借方、贷方、余额三栏式,其账页格式见表 6—8。

表 6—8　　　　　　　　　　　总分类账

账户名称：　　　　　　　　　　　　　　　　　　　　　　　　　　第　　页

年		凭证		摘　要	借　方	贷　方	借或贷	余　额
月	日	字	号					

总分类账登记的依据和方法取决于本单位所采用的账务处理程序,可以直接根据各种记账凭证逐笔进行登记,也可以把各种记账凭证先汇总编制成汇总记账凭证或科目汇总表,再据以登记总分类账。月末,在全部凭证都登记入账后,结出总分类账各账户的本期发生额和月末余额,作为编制会计报表的依据。

(二)明细分类账

明细分类账简称明细账,是按照明细分类科目详细记录某一经济业务事项具体内容的账簿。各个单位在设置总分类账的基础上,还应根据管理与核算的需要,按照总账科目设置若干相应的明细分类账。明细分类账应按二级科目和明细科目开设账户,用于连续地分类登记某一类经济业务事项,提供有关明细核算资料,作为总分类账的必要补充和具体说明。

明细分类账一般采用活页式账簿,对某些经济业务采用卡片式账簿,如固定资产明细账。对于重要的明细分类账也采用订本式,如金银等贵金属原材料的明细账等。根据管理的要求、会计核算的需要以及明细分类账记录的经济内容,明细分类账一般采用以下三种格式:

1. 三栏式明细分类账

三栏式明细分类账的格式与总分类账基本相同,只设借方、贷方和余额三个金额栏,不设数量栏。该类明细账由会计人员根据审核后的记账凭证或原始凭证,按经济业务发生的先后顺序逐日逐笔进行登记。这种格式的明细分类账主要适用于只要求进行金额核算而不要求进行数量核算的账户,如"应收账款"、"应付账款"、"短期借款"、"实收资本"等科目的明细核算,其格式见表6-9。

表6-9　　　　　　　　　×××明细分类账(三栏式)
二级或明细科目:　　　　　　　　　　　　　　　　　　　　　　　　　　第　　页

年		凭证		摘要	借方	贷方	借或贷	余额
月	日	字	号					

2. 数量金额式明细分类账

数量金额式明细分类账,是既能提供货币指标又能提供实物指标的明细分类账。数量金额式明细分类账设收入、发出和结存三大栏,每大栏下又分别设置数量、单价和金额三小栏。这种格式的明细分类账主要适用于既要进行金额核算又要进行数量核算的各种实物资产的账户,如"原材料"等存货类账户的明细核算,其格式见表6-10。

表 6-10　　　　　　　　　×××明细分类账（数量金额式）

二级或明细科目：　　　类别：　　　品名规格：　　　计量单位：　　　编号：　　　第　　页

年		凭证		摘要	收入			发出			结存		
月	日	字	号		数量	单价	金额	数量	单价	金额	数量	单价	金额

3. 多栏式明细分类账

多栏式明细分类账同以上两种明细分类账不同，它不是按照有关的明细科目分设账页，而是根据经济业务的特点和提供资料的要求，在一张账页内的"借方"、"贷方"按有关明细分类账或明细项目分设若干专栏，借以提供明细项目的详细资料。这种格式的明细分类账主要适用于有关费用、成本和收入等账户的明细分类核算。多栏式明细分类账的一般格式见表 6-11。

表 6-11　　　　　　　　　生产成本明细账（多栏式）

产品名称：　　　　　　　　　　　　　　　　　　　　　　　　　　　　　　　　第　　页

年		凭证		摘要	借方				贷方	余额
月	日	字	号		直接材料	直接人工	制造费用	合计		

在实际工作中，成本和费用类明细账一般按借方设专栏，登记借方发生的经济业务，如有需要冲减的经济业务事项，以红字记入借方相关专栏内，表示冲销。平时登记借方，不登记贷方，贷方只登记期末转出数。

明细分类账的登记方法，应根据单位经济内容特点、业务量大小、会计人员多少以及经营管理等的需要而定。一般应根据原始凭证、汇总原始凭证或有关的记账凭证登记，可以逐日逐笔登记，也可以定期汇总登记。

第三节 错账的更正及对账

一、更正错账的方法

记账是会计核算的一个重要环节,会计人员应尽最大努力把账记准确,减少差错,保证账簿资料的正确可靠。由于种种原因出现错账时,要根据记账错误发生的具体情况和时间不同,按照规定的方法进行更正。常用的更正方法主要有以下几种:

(一)划线更正法

在结账之前,如果发现账簿记录中的数字或文字有错误,但记账凭证没有错误,即过账时发生数字或文字上的笔误或数字计算有错误,应采用划线更正法。更正时,先在错误的数字或文字上划一道红线表示注销,但必须保证原有的字迹清晰可认。然后在红线上端的空白处用蓝黑色字体填写正确的数字或文字,并由经办人员在更正处加盖印章,以示负责。需要注意的是,对于错误的数字应将整笔数字划掉。

(二)红字更正法

红字更正法又称红字冲账法,主要适用于记账凭证的会计科目用错、方向记错和数字多记等造成的账簿记录错误的更正。具体更正方法又分为以下两种情况:

(1)记账之后,发现记账凭证上所用的会计科目有误或借贷方向记错。更正时,先用红字金额填制一张内容与错误记账凭证完全相同的记账凭证,并在摘要栏中写明"更正×年×月×号凭证的错误",并据以用红字金额登记入账,冲销原有的错误记录。然后,再用蓝字金额填制一张正确的记账凭证,据以登记入账。

例如,生产车间生产产品领用材料一批,投入生产,计 25 000 元,误将"生产成本"科目写为"制造费用"科目,并已登记入账。

①原有错误的会计分录如下:

 借:制造费用   25 000
  贷:原材料   25 000

②发现错误时,先用红字金额填制一张记账凭证,并登记入账。

 借:制造费用 |25 000|
  贷:原材料 |25 000|

(注:☐ 表示红字金额)

③用蓝字填制一张正确的记账凭证,并登记入账。

借：生产成本　　　　　　　　　　　　　　　　　　　　　　25 000
　　贷：原材料　　　　　　　　　　　　　　　　　　　　　　　25 000

（2）记账以后，发现记账凭证所记的金额大于应记金额，但记账凭证所用的会计科目无误。更正时，应将多记的金额用红字金额填制一张与原错误记账凭证内容完全相同的凭证，并在摘要栏中写明"冲销×年×月×号凭证多记金额"，并据以用红字金额登记入账，以冲销多记金额。

例如，某企业用银行存款归还前面一笔经济业务中所欠的材料款2 000元，但错误地编制了下列会计分录并已经登记入账：

① 借：应付账款　　　　　　　　　　　　　　　　　　　　20 000
　　　贷：银行存款　　　　　　　　　　　　　　　　　　　　　20 000

② 发现错误后应将多记的金额用红字进行注销，即编制如下会计分录并登记入账：

借：应付账款　　　　　　　　　　　　　　　　　　　　　　18 000
　　贷：银行存款　　　　　　　　　　　　　　　　　　　　　　18 000

（三）补充登记法

补充登记法适用于记账后发现记账凭证中应借、应贷的会计科目正确但所填金额小于应记金额的情况。

采用补充登记法时，将少填的金额用蓝字填制一张记账凭证，并在"摘要"栏内注明"补充第×年×月×号凭证少记金额"，并据以入账。这样便将少记的金额补充登记入账簿。

例如，从银行提取现金11 000元，准备发放工资，原来编制的会计分录把金额误写成10 000元，并已登记入账。

① 原错误分录如下：

借：库存现金　　　　　　　　　　　　　　　　　　　　　　10 000
　　贷：银行存款　　　　　　　　　　　　　　　　　　　　　　10 000

② 发现错误后，将少记金额1 000元用蓝字填制一张与原科目相同的记账凭证，并登记入账。补充登记更正如下：

借：库存现金　　　　　　　　　　　　　　　　　　　　　　 1 000
　　贷：银行存款　　　　　　　　　　　　　　　　　　　　　　 1 000

二、对账

在月份和年度终了时，应将账簿记录核对结算清楚，使账簿资料如实反映情况，为编制会计报表提供可靠的资料。核对账目是保证账簿记录正确性的一项重要工作。对账的内容包括账证核对、账账核对和账实核对。

(一)账证核对

账证核对是指日记账、分类账同记账凭证及其所附的原始凭证核对,应着重核对会计凭证所记载的经济业务事项的内容、数量、金额,会计凭证上的会计分录与账簿记录是否一致。这种核对应在日常记账过程中进行,以便及时发现错账进行更正。

(二)账账核对

账账核对是指各种账簿记录的相互核对,保证账簿之间有关数字相符。核对的内容包括:

1. 总账记录的相互核对

根据借贷记账法的记账规则,所有账户的借方发生额之和等于所有账户的贷方发生额之和;期初或期末的借方余额之和等于贷方余额之和。因此,可以通过编制总分类账户本期发生额及余额核对表来检查总账记录是否正确、完整。

2. 总账与明细账核对

根据总账和明细账的关系,总分类账户的发生额和余额应当等于它所属明细分类账的发生额和余额之和。通过总账和所属明细账发生额及余额相互核对,可以检查各个总账和所属明细账的记录是否正确、完整。

3. 日记账与分类账核对

核对现金、银行存款日记账的本期发生额及期末余额同总分类账中有关账户的余额是否相等。如果日记账和分类账都是根据记账凭证登记的,通过核对,可以检查过账过程中有无差错;如果分类账是根据多栏式日记账登记的,通过核对,可以检查过账过程中的重记、漏记、错记情况。

4. 会计账与业务账核对

对于固定资产、存货等财产物资的增减变化,除会计部门进行综合核算要设置账簿外,有关财产物资的使用和保管部门也要设置账卡进行记录。因此,会计账簿与业务部门账、卡记录进行核对,可以加强财产物资的管理,保证会计核算的正确进行。

5. 本单位账目与外单位账目核对

对本单位与外单位之间的债权、债务、结算业务,双方都要记账,因为双方记账的内容一致,其记录也应当相等。双方经常核对账目有利于正确及时地结算债权、债务,避免不必要的经济纠纷。本单位与外单位核对账目可以采用查询或互送对账单的方式进行。

(三)账实核对

账实核对是指将会计账簿记录与财产物资、款项等的实际结存数核对,做到账实相符,以保证财产物资的安全完整。内容包括:

(1)现金日记账的账面余额与现金实际库存数核对相符;

(2)银行存款日记账账面余额定期与银行对账单相核对；

(3)各项固定资产、存货、有价证券等财产物资明细账的账面余额与实物实存数量相互核对相符。

账实核对一般要结合财产清查进行。

第四节 期末账项调整和结账

一、收入和费用的确认标准

在企业日常的经营活动中，由于收入和费用等经济业务的发生与现金收付行为的发生在时间上往往不一致，现金收付行为有的早于收入和费用等经济业务的发生，有的则晚于收入和费用等经济业务的发生。此时，就存在一个问题，应该以什么为标准来确认收入和费用。

(一)收入和费用的收支期间与归属期间

收入和费用的收支期间，是指收入收到了现款(现金或银行存款)和费用用现款(现金或银行存款)支付的会计期间。收入和费用的归属期间，则是指应获得收入和应负担费用的会计期间。收入和费用的收支期间与归属期间的关系有三种可能：

(1)本期内收到的收入就是本期已获得的收入，本期已支付的费用就是本期应当负担的费用。

(2)本期内收到而本期尚未获得的收入，本期内支付而不应当由本期负担的费用。

例如，某企业在1月份把全年的保险费一次付讫，而1月份应当负担的保险费仅为整笔支出的1/12，其余部分应由以后11个月份分别负担。这部分已经支付但应由以后月份负担的费用，在1月份就成为预付费用。

(3)本期应获得的但尚未收到的收入，本期应负担但尚未支付的费用。

例如，每个季度的银行存款利息收入一般是在季末结算的。第二季度的利息收入须在6月末才能收到4月份存款应得的利息收入，该月内虽然未收到，但明显的是属于4月份的收入。这部分已经获得但尚未收到的利息收入，在4月末就称为应计收入。

在上述第一种情况下，收入和费用的收支期间与应归属期间一致，因而确定为本期的收入和本期的费用不存在任何问题。至于第二、第三种情况下的收入和费用，则有两种方法来确定它们是否为本期的收入和费用：一种为收付实现制，另一种为权责发生制。这是确定本期收入和费用的两种不同处理方法。

(二)收付实现制与权责发生制的比较

1. 收付实现制

收付实现制以款项的实际收付作为标准来确定本期收入和费用。凡是本期收到现金的收入和支付现金的费用,不管其是否应归属本期,都作为本期的收入和费用;反之,凡本期未收到现金的收入和未支付现金的费用,即使应归属于本期,也不作为本期的收入和费用处理。由于确认收入和费用是以现金的实际收付为准,所以又称为现金制或实收实付制。

收付实现制不考虑预收收入、预付费用以及应计收入和应计费用的存在,所以不存在期末对账簿记录进行调整的问题。

2. 权责发生制

权责发生制以应收应付作为标准确定本期的收入和费用。凡属本期已获得的收入,不管其款项是否收到,都作为本期的收入处理;凡属本期应当负担的费用,不管其款项是否付出,都作为本期的费用。反之,凡不应归属本期的收入,即使其款项已经收到并入账,都不作为本期的收入处理;凡不应归属本期的费用,即使其款项已经付出并入账,都不作为本期的费用。由于它不问款项的收付,而以收入和费用应否归属本期为准,所以称为应计制或应收应付制。

在权责发生制下归属本期的收入和费用,不仅包括上述第一种和第三种情况的收入,还包括以前会计期间收到而在本期获得的收入以及在以前会计期内支付而应由本期负担的费用,但它不包括第二种情况下的收入和费用。所以,在会计期末,要确定本期的收入和费用,就要根据账簿记录,按照归属原则进行账项调整。

3. 权责发生制和收付实现制的比较

会计期末,确定本期收入和费用时,采用收付实现制无须对账簿记录进行账项调整,而采用权责发生制必须进行必要的账项调整。因此,就会计处理手续而言,前者较后者简便;但就所确定的本期收入和费用从而计算盈亏来说,则后者比前者更为合理。如前所述,费用和收入应在相关的基础上进行配比,只有合理的配比,才能比较正确地反映企业的经营成果。采用收付实现制,由于以款项实际收付为准,本期的收入和费用之间缺乏上述合理配比关系,如据此计算本期盈亏,相对来说不够正确。采用权责发生制,本期的收入和费用由于以应否归属本期为准,两者之间存在合理的配比关系,所以用以计算本期盈亏就比较正确。

二、期末账项调整

按照我国《企业会计准则》的规定,企业会计核算采用权责发生制。在期末结账以前,必须对账簿中已记录的有关账项进行必要的调整。

账簿中所记录的乃是该会计期间实际发生的经济业务,其收入和费用的实际收支时期和它应归属的时期有时并不一致。因此每个会计期末都应该按权责发生制予以调整,以便合理地反映企业的经营成果。这种期末按照权责发生制要求对部分会计事项予以调整的行为就是所谓的结账前的账项调整,也称期末账项调整。账项调整时所编制的会计分录就是调整分录。同时,期末进行账项调整,虽然主要是为了能正确地反映本期的经营成果,但是收入和费用的调整必然影响到有关资产和负债出现相应的增减变动。因此,期末账项调整不仅关系到在利润表中正确反映其盈亏,而且也关系到在资产负债表中正确反映其财务状况。

期末账项调整的内容有如下三个方面:一是应计项目,包括应计收入的记录、应计费用的记录;二是递延项目,包括预付费用的摊销、预收收入的分配;三是其他项目,包括应收账款坏账准备、固定资产折旧。

(一)应计项目

凡是本会计期间已赚取的收入及已耗用的费用,因尚未收付现金而在平时未予确认入账,但在期末应予记录入账。

1. 应计费用

应计费用是指本期已耗用或受益但尚未支付现金或银行存款,而应由本期负担的费用,如应付利息等。因此,到了每期期末,应将未入账的应计费用调整入账。对企业来说,费用发生后就有支付的责任,未支付之前就形成负债。因此,应计费用的调整,一方面确认费用,另一方面增加负债。具体的调整因应计费用的内容而异,常见的有"其他应付款"、"应付利息"、"应交税费"等项目。

(1)其他应付款

企业有许多服务费用,是在对方提供服务后才分次或一次性支付的,由此形成企业已受益或享受了服务但尚未支付服务费的应付服务费项目。在实际工作中,对于这些项目,在每个会计期末,应按照权责发生制的要求进行账项调整,将这些应付而未付的服务费借记"制造费用"、"管理费用"等账户,贷记"其他应付款"账户。

【例6—1】 某企业在年初因扩大产量的需要,从其他单位租入一台设备,设备每月租金4 000元,每半年支付一次。企业对该业务应编制会计分录如下:

①1~5月,每月末确认本月应负担的租金,记入"制造费用"账户:

　　借:制造费用　　　　　　　　　　　　　　　　　4 000
　　　　贷:其他应付款　　　　　　　　　　　　　　　　　4 000

②6月末支付上半年的租金:

　　借:制造费用　　　　　　　　　　　　　　　　　4 000

其他应付款　　　　　　　　　　　　　　　　　　　　20 000
　　　　贷：银行存款　　　　　　　　　　　　　　　　　　　　24 000

(2)应付利息

　　企业自银行借入的各种款项尽管期限、用途各异,但利息一般都是按季结算的。而企业的经济活动一般按月核算。这样,企业为了正确地核算各个月份的经营成果,就必须将借款利息费用按月予以入账。因此,企业每月月末都要对利息费用进行账项调整。预提的利息费用应记入"财务费用"等账户的借方,同时将应付而未付的利息记入"应付利息"账户的贷方。

【例6—2】某企业1月3日向银行借款500 000元,用于生产经营周转资金,期限6个月。1、2月末估算应计入当月的银行借款利息皆为5 000元,3月末收到银行借款利息通知书,实际支付第一季度利息15 000元。

编制的会计分录如下:

①每季度第1、2个月月末预提借款利息:

　　借:财务费用　　　　　　　　　　　　　　　　　　　　　5 000
　　　　贷:应付利息　　　　　　　　　　　　　　　　　　　　　5 000

②季末实际支付银行借款利息:

　　借:应付利息　　　　　　　　　　　　　　　　　　　　　10 000
　　　　财务费用　　　　　　　　　　　　　　　　　　　　　5 000
　　　　　贷:银行存款　　　　　　　　　　　　　　　　　　　15 000

(3)应交税费

　　企业应按税法规定,向国家缴纳各种税款。有些税是发生时直接支付的,在支付时借记"管理费用"账户,贷记"银行存款"或"库存现金"账户。这种税不需要进行账项调整。但有些税是根据营业额或收入额,按规定税率计算,于下月初缴纳的,如营业税、消费税等。为了正确计算企业的营业利润,必须将应由本期承担的税金进行账项调整。期末调整时,借记"营业税金及附加"等账户,贷记"应交税费"账户。"应交税费"账户反映的是企业应于下月缴纳的各种税款,表示企业对征税机关所负的债务,因而是一个负债账户,在资产负债表中作为流动负债项目列示。企业的大部分税金通过"应交税费"账户的贷方反映,在下月缴纳税金时借记"应交税费"账户,贷记"银行存款"账户。

　　应计费用除以上三种情况外,还包括月底应计的工资费用及福利费用等。

2. 应计收入

　　应计收入是指本期中已实现但现金尚未收取的各项收入,如应收利息、应收租金等。

　　对于应计收入,款项虽然在本期内尚未收取但劳务或财产使用权已提供,在权责发生制下应构成本期获得的收入。因此,在会计期末,需要将这种未入账的应计收入计算入账,作为本期的收入。应计收入的调整,一方面增加收入,另一方面增加资产。在实际工作中,应计收入一般是通过"应收账款"或"其他应收款"等账户进行核算的。对于已经赚取的收入,借记"应收账款"账户或"其他应收款"、"应收利息"等账户,贷记有关收入账户;日后实际收取时,借记"库存现金"或"银行存款"账户,贷记"应收账款"或"其他应收款"账户。

【例6-3】 某企业10月末和11月末根据银行存款金额和存款利率,估算本月存款利息收入为1 200元,12月末收到第四季度银行存款利息4 000元。应编制如下会计分录:

①10月末、11月末估算本月利息收入:

借:应收利息　　　　　　　　　　　　　　　　　1 200
　　贷:财务费用　　　　　　　　　　　　　　　　　1 200

②12月末收到本季度利息4 000元:

借:银行存款　　　　　　　　　　　　　　　　　4 000
　　贷:应收利息　　　　　　　　　　　　　　　　　2 400
　　　　财务费用　　　　　　　　　　　　　　　　　1 600

(二)递延项目

所谓递延,是指推迟确认已收到现金的收入或已付现的费用。这种预收收入或预付费用,随着营业的继续会逐渐成为已实现收入或已发生费用。这样,原记录的项目性质因实际情况的变动而有所变化,故应在期末将已实现的收入从预收收入账(负债账)转入收入账,将已发生的费用从预付费用账户(资产账户)转入费用账户。

1.预付费用

企业在经营过程中会因为各种原因出现大量的先支付、后受益的事项。这些支付在先、发生在后的费用就是预付费用。如果该预付费用支付与受益的时间差不超过一个会计年度,则称为收益性支出。收益性支出应在一个会计年度内按实际发生或受益情况全部摊销完毕;如果支付与受益的时间差长于一个会计年度,则称为资本性支出,应该按它的可能受益年限分摊。前者在我国被称为待摊费用,它在企业日常的经营过程中以多种形式存在;企业大量的固定资产支出属于后一类型,固定资产支出的分摊一般称为折旧。

一般而言,待摊费用都是摊销期限不超过一个会计年度的预付费用,如预付保险费、预付报刊征订费等。它们都有一个共同的特征,即与费用有关的现金支付在先,效益的实际发生在后。因此,当现金支付发生时,不应计入当期的费用,而应作为预付费用递延到以后的会计期间,即支付时借记"其他应付款"账户,贷记"银行存款"账户;摊销时借记有关费用账户,贷记"其他应付款"账户。

【例6-4】 某企业1月5日以银行存款预付全年的财产保险费24 000元,本月应摊销财产保险费2 000元。

编制的会计分录如下:

①以银行存款预付全年的财产保险费：
借：其他应付款　　　　　　　　　　　　　　　　　　24 000
　　贷：银行存款　　　　　　　　　　　　　　　　　　　24 000
②按月摊销每月应分摊的财产保险费：
借：管理费用　　　　　　　　　　　　　　　　　　　　2 000
　　贷：其他应付款　　　　　　　　　　　　　　　　　　2 000

2. 预收收入

预收收入是指已经收到现金但尚未交付产品或提供服务的收入。按照权责发生制，虽然企业已收到现金，但只要相应的义务未履行，这笔收入就不能算作企业已经实现的收入，在以后期间里企业就有履行相关的义务。如果企业没有履行相应的义务，就不能将预收收入作为本期的收入入账；如果企业履行了部分的义务，就有权利将这部分预收收入转为本期已实现的收入。因此，每期的期末都要对预收收入账项进行调整，将已实现的部分转为本期的收入，未实现的部分递延到下期，因此预收收入也称递延收入。

具体来讲，预收收入于现金收取时记为负债，如预收货款、预收利息等。随着产品的支付、劳务的提供，已赚取的部分应从负债账调整到收入账。预收收入一般通过"预收账款"账户进行核算，实际预先收到款项时借记"银行存款"账户，贷记"预收账款"账户；等到义务实际履行时再相应冲减预收账款。

【例6—5】　某企业6月份收到出租固定资产下半年的租金收入12 000元，款项存入银行。

编制的会计分录如下：
①预收下半年的租金时：
借：银行存款　　　　　　　　　　　　　　　　　　　12 000
　　贷：预收账款　　　　　　　　　　　　　　　　　　　12 000
②每月月末确认收入：
借：预收账款　　　　　　　　　　　　　　　　　　　　2 000
　　贷：其他业务收入　　　　　　　　　　　　　　　　　2 000

（三）其他账项调整

除上述预收收入、应计收入、预付费用、应计费用期末需要进行账项调整外，为使成本与收入更能密切配合，以正确计算利润，还有一些账项需要调整。这些账项调整与前述调整的不同之处在于调整的金额具有不确定性。在计算此类金额时，常需考虑未来的事项作为计算依据，比如坏账损失的计提、固定资产折旧的提取等。

1. 固定资产折旧

由于固定资产金额较大且使用寿命一般长于一年，按照划分资本支出与收益支出的原则,为了使成本与收入相互配比,固定资产应于使用期内将取得时的成本以合理的、系统的方法分摊于各使用期内。这种成本分摊即为折旧。折旧计算的主要目的是将固定资产成本分摊于各使用期内,故计算时一般考虑以下三个要素:资产原始成本、估计残值及估计使用年限。

企业购买固定资产的支出也是一种支付在先、受益在后的巨额预付费用。因此,折旧费用年末调整入账类似于预付项目的年末调整,它是将已耗用的价值从资产账户转入费用账户,所不同的是固定资产价值的减少并不是实物数量的减少。所以,为了在固定资产账上完整清晰地反映固定资产购入或取得时的原始资本,就要求对折旧的计提另设"累积折旧"账户予以反映。这样,调整时应借记"管理费用"或"制造费用"账户,贷记"累计折旧"账户。

2. 应收款项的坏账准备

企业因赊销产品或劳务而应向客户收取的款项,称为应收账款。这类资产可能因债务人无力偿还欠款,从而使债权人因全部或部分收不回账款而发生坏账,构成一项损失。应收项目通常由赊销引起,赊销业务必然伴有坏账发生的可能,如果某项账款最后无法收回,那么如不考虑坏账因素,则必然高估应收账款这类资产,也虚增赊销期的净利润。因为赊销发生时无法确知哪笔账款不能收回,所以必须在期末估计可能的坏账损失,并列为费用,抵消销售收入,以正确配比并正确反映应收项目的可变现价值。坏账调整应借记"资产减值损失"账户,贷记"坏账准备"账户。

结账时,资产减值损失转入本期利润账户计算盈亏,并列入利润表;而坏账准备期末列示在资产负债表的应收账款下作为应收项目的减项,以列示应收款项可变现价值。以后,若确认某客户无法清偿债务,应借记"坏账准备"账户,贷记"应收账款"账户。

三、结账

(一)结账的含义

在会计期终时,即在月末或年末,为了编制会计报表的需要,必须进行结账。所谓结账,是指在把一定时期(月份、季度、年度)内发生的经济业务全部登记入账的基础上,将各种账簿的记录结算出本期发生额和期末余额,并将期末余额转入下期的一项会计工作。结账的目的是分清上下期的会计记录,结出本期损益,最终为编制利润表和资产负债表提供必要的数据。

结账工作的展开取决于账户的种类。企业账户按照账户与会计报表的关系可分为两类:一类是利润表账户,另一类是资产负债表账户。利润表账户是指收入及费用账户,即列示在利润表上的账户。会计期终了,这类账户的余额应结平,这一方面是为了计算本期盈亏，另一方面是为了下一会计期使用方便。因为结账之后，各账户余额复归为零，下期可从头开始归集收入和费用。资产负债表账户是指资产、负债及所有者权益账户，即列示在资产负债表上的账户。会计期终，分别结出资产、负债及所有者权益账户的本期发生额和期末余额，并将期末余额转为下期的期初余额，以分清上下期的会计记录。

在把一定时期内发生的全部经济业务登记入账的基础上，结算出各账户的本期发生额和期末余额。通过结账，可以总结一定时期内的经济活动和财务收支情况，为编制会计报表提供资料。结账是一个过程，包括以下基本程序：

(1)查明本期所发生的经济业务是否已全部登记入账；

(2)在全面入账的基础上，按照权责发生制的原则，将收入和费用归属于各个相应的会计期间，即编制调整分录；

(3)编制结账分录，对于各种收入、费用类账户的余额，应在有关账户之间进行结转，结账分录也需要登记到相应的账簿中去；

(4)计算各账户的本期发生额合计和期末余额，划红线以结束本期记录，然后将期末余额结转下期，作为下一个会计期间的期初余额。

通过结账，使已记录和储存的会计信息进一步提高清晰性、可靠性和相关性，便于通过会计报表输出并充分利用。

(二)收入、费用类账户的结账

1. 编制结账分录

收入、费用类账户的结账，应设"本年利润"账户，以归集当期收入、费用账户的余额。具体方法是：

(1)将所有收入账户(包括"主营业务收入"、"其他业务收入"、"营业外收入"等账户)的贷方余额结转"本年利润"账户，即借记各项收入账户，贷记"本年利润"账户，从而结平各收入账户。这时，"本年利润"账户的贷方金额即表明本期全部收入的合计金额。

(2)将所有费用类账户(包括"主营业务成本"、"销售费用"、"管理费用"、"财务费用"、"其他业务成本"、"营业税金及附加"、"营业外支出"等账户)的借方余额结转"本年利润"账户，即借记"本年利润"账户，贷记各费用类账户，从而结平各费用类账户。这时，"本年利润"账户的借方金额即表明本期全部费用的合计金额。

收入、费用类账户结账时，应在最后一笔业务(即转入"本年利润"账户下)划一条单红线。然后，在单红线下的"摘要"栏内注明"本期发生额及期末余额"，再加计借贷方发生额，显示双方金额相等后在"余额栏"写上"0"。最后在"本期发生额及期末余额"一行下划一条单红线，以表示该账户月底已结平，无余额。下月份可在单红线下连续登记。

2. 结清"本年利润"账户

"本年利润"账户只在结账过程中使用。该账户的借方归集了本期全部费用的合计金额,贷方归集了本会计期间全部收入的合计金额。如果"本年利润"账户出现借方余额,即借方总额大于贷方总额,表示本期亏损;而当该账户的贷方总额大于借方总额时,其贷方余额表示本期利润。"本年利润"账户的余额应在结账时转入所有者权益类账户的"利润分配——未分配利润"账户中。

(三)资产、负债及所有者权益类账户的结账

资产、负债及所有者权益类账户的结账工作,主要是计算各账户借、贷方的本期发生额和期末余额,并加以划线结束,然后将期末余额结转下期,继续记录。所谓继续记录,不一定延用原账簿,可视实际情况换用新账簿,新账簿上接续原账簿余额继续记载新会计期的业务。按其结账的时间,可分为月度结账和年度结账。

1. 月度结账

为了确定本月的财务状况,便于编制资产负债表,月份终了时要在账簿中算出这类账户的本期发生额和期末余额,并将期末余额转入下月,作为下月的期初余额。由于该类账户一般均有余额,其结账方法基本相同。

这些资产、负债、所有者权益类账户月度结账时,应在最后一笔经济业务下划单红线。然后,在单红线下的"摘要"栏内注明"本期发生额及期末余额",在结出本期借贷方发生额和期末余额后再在"本期发生额及期末余额"一行下划一条单红线,以表示本月的账簿记录已经结束。紧接下一行,在"日期"栏填写下月的一日,在"摘要"栏注明"期初余额",并在"余额"栏将上期期末余额转为本期的期初余额。此后,即可连续登记下月份的经济业务。

2. 年度结账

年度结账同月度结账一样,需要首先结出12月份的本期发生额和期末余额。除此以外,还要将资产、负债、所有者权益类账户结平,并将各账户余额结转到下年度新开的账户中去。结转时,可在各账户"本期发生额及期末余额"一行的下面,在"摘要"栏注明"结转下年"字样,并以与期末余额相反的方向、相同的金额记入"借方"或者"贷方"栏内,即借方期末余额记入"贷方"栏内,贷方期末余额记入"借方"栏内。然后,在其下面划双红线,以表示该账户已在本年底结束。在下年度新开账户第一行填写日期"1月1日",在"摘要"栏内注明"上年结转"字样,并填入余额。上年为借方余额的,转至下年仍为借方余额;贷方余额也一样。

(四)编制结账后的试算平衡表

为了检查结账后各账户是否正确,还应在结账后编制期末余额试算平衡表,将各账户借方余额与贷方余额合计数加计相等,证明结账分录及过账基本正确,并据此编制会计报表。结账后试算表的用途如下:

(1)便于验证账户余额。结账工作十分繁琐,容易发生错误,而编制结账后试算表,可验证各账户余额及借贷方向是否正确,以免影响下期记录。

(2)便于编制报表。结账后试算表中罗列了资产、负债及所有者权益类账户及金额,只要稍加排列,便可编制资产负债表。

在编制试算平衡表时,一般按资产、负债及所有者权益的顺序,把资产、负债类账户列在前面,之后是收入、费用类账户,最后是所有者权益类账户。期末,企业正式编制资产负债表时,收入、费用类账户被结平(无期末余额)。这样,这两类账户在试算平衡表中被删除,其净影响体现在期末留存利润账户中。

思考题

1. 本章重要概念:账簿、对账、结账、账项调整、权责发生制、收付实现制。
2. 如何对账簿进行分类?
3. 简要说明日记账、总分类账、明细分类账的格式和特点。
4. 错账更正的方法有哪几种?各种方法的特点和适用范围是什么?
5. 对账工作包括哪些内容?
6. 简述权责发生制和收付实现制的区别。
7. 通常需要进行账项调整的业务有哪几个方面?
8. 结账的基本程序是什么?
9. 收入、费用类账户如何结账?
10. 资产、负债及所有者权益类账户如何结账?

练习题

【练习一】

(一)目的:练习现金日记账和银行存款日记账的登记方法。

(二)资料:某企业2011年6月份"库存现金"账户的期初余额为15 000元,"银行存款"账户的期初余额为200 000元,该企业在6月1日共发生以下经济业务:

1. 职工李庆借差旅费1 000元。
2. 从银行提取现金30 000元备用。
3. 用现金支付厂部办公用品费5 000元。
4. 收到光明厂前欠货款351 000元。
5. 职工张红交回多余差旅费600元。
6. 借入短期借款500 000元,已存入本企业银行存款账户。
7. 以银行存款支付购进材料的货款及进项税额共计234 000元。
8. 售出甲产品1 000件,每件售价400元,增值税销项税额68 000元,货款、税款已收到并存入银行。

(三)要求：根据所给资料，编制会计分录并登记三栏式现金日记账和银行存款日记账。

【练习二】
(一)目的：练习错账的更正方法。
(二)资料：某公司 2011 年 6 月 30 日结账前，经核查有关账证发现下列错误：
1. 用银行存款支付管理部门用水电费 2 340 元，过账时在管理费用账上误记为 3 240 元。
2. 以银行存款购进设备一台，买价 800 元，编制的会计分录为：

    借：库存商品   800

        贷：银行存款   800

已据此登记入账。

3. 赊购商品一批，计 2 340 元，材料已验收入库，原会计分录为：

    借：原材料   2 000

        应交税费——应交增值税(进项税额)   340

        贷：应收账款   2 340

已据此登记入账。

4. 以银行存款 21 000 元购进设备一台，原会计分录为：

    借：固定资产   2 100

        贷：银行存款   2 100

已据此登记入账。

5. 赊购商品一批，售价 2 500 元，原会计分录为：

    借：应收账款   5 200

        贷：主营业务收入   5 200

已据此登记入账(暂不考虑增值税)。

(三)要求：采用适当的错账更正方法更正错账。

第七章

成本计算

第一节 成本计算概述

一、成本计算的意义

成本是企业为生产产品、提供劳务而发生的各种耗费,是对象化的费用。

成本计算就是将企业在生产产品、提供劳务等经营活动中发生的各种人力、物力、财力的耗费,按照一定的对象进行归集和分配,分别计算各成本计算对象的总成本和单位成本的一种会计核算方法。其主要意义在于:

(1)通过成本计算,可以取得产品实际成本资料,监督、考核成本计划的执行情况,挖掘降低产品成本的潜力;

(2)通过成本计算,可以严格控制生产过程中人力、物力和财力的耗费,促使企业降低成本;

(3)通过成本计算,可以为企业进行成本和利润预测提供数据,为企业的生产技术和经营管理决策提供数据依据。

总之,做好成本计算工作,对于降低成本、费用,增加利润,提高企业的生产技术和经营管理水平,正确处理企业与国家及其他投资者之间的关系,都有十分重要的意义。

二、成本计算的程序

成本计算很重要也很复杂,必须遵循一定的基本要求:第一,遵循国家法律规范中规定的成本开支范围和费用开支标准;第二,分清支出、费用和成本的界限;第三,遵循权责发生制的要求;第四,做好成本核算的基础工作;第五,选择适当的成本计算方法。

成本计算除了必须遵循上述要求外,还必须按照一定的工作步骤和程序来进行。由于成本计算对象的不同,其计算方法也不同。具体的成本计算方法有很多,但不论哪种成本计算方法,它们进行成本计算的一般程序是相同的,可以概括为:

1. 收集、整理成本计算相关资料

收集、整理成本计算资料是成本计算的前提和基础。成本计算的相关资料主要是指原材料、燃料、动力的消耗,劳动力的消耗,固定资产的磨损等方面的原始记录资料。

2. 确定成本计算的对象

成本计算对象,就是成本费用归集的对象,或者说成本承担或归属的对象。不同企业单位的成本计算对象的规模和复杂程度是不同的,一般来说,成本计算的对象就是各种耗费投入后形成的直接产出品。这里所说的产出品可以是最终产品、半成品、工程项目等。

3. 确定成本计算期

成本计算期是指成本计算的间隔和周期,即什么时候计算、多长时间计算一次成本。一般来说,成本计算期应当与产品生产周期一致。但由于不同产品生产周期长短不一致,以及企业生产组织方式不同,成本计算期有时也采用会计期间作为成本计算期。

4. 确定成本项目

成本项目是指各种费用按其经济用途进行分类的结果,如生产费用一般包括直接材料、直接人工、制造费用等。借助于成本项目,可以清楚地了解费用的经济用途,提供更多有用的会计信息,通过对一定对象的成本项目分析,可以初步查明成本升降的原因,挖掘降低成本的潜力。

5. 归集和分配成本费用

归集和分配制造费用的结果直接影响成本计算的结果。它要求根据真实的数据资料,在明确成本费用受益期限的基础上,正确地将成本费用归集和分配给对应的成本对象。

6. 登记有关账户,编制成本计算表

为进行成本计算,应按成本计算对象和成本核算项目分别设置和登记费用、成本明细分类账户,进行费用、成本的明细分类核算,取得必要的成本计算资料,编制完工产品成本计算表,计算各种成本对象的总成本和单位成本,全面系统地反映企业的各项成本指标的形成和构成情况,进行成本的相关指标分析。

三、成本计算的方法

成本计算是通过按成本对象对直接费用的汇总和对间接费用的归集和分配,对对象的总成本、单位成本和完工成本与未完工成本的计算。

成本计算的基本方法是各种成本计算中最稳定且不可或缺的具有一般性的方法,主要包括直接成本计算法、间接成本计算法、完工成本及未完工成本计算法。

(一)直接成本计算法

直接成本是生产过程中直接作用于产品的费用,如直接材料、直接人工。直接成本计算方法是解决直接费用如何计入产品成本的方法。直接成本计算法的基本点:

一是各种产品的直接耗费必须直接计入各种产品成本,不得通过其他进行归集和分配。

二是涉及若干产品共同使用或难以划分的直接费用,可以产品的重量、成分或构成产品实体的原料及主要材料或耗用工时等为标准进行分配计算。其计算的基本程序和公式是:

(1)计算共同使用的直接费用率

直接费用率＝直接费用总额/各种产品分配标准数之和

(2)计算各种产品应负担的直接费用额

某种产品应负担的直接费用额＝某种产品的分配标准数×直接费用率

(3)计算各种产品的直接成本总额

某种产品直接成本总额＝直接计入额＋分配计入额

(4)计算各种产品的单位直接成本

某种产品单位直接成本＝某种产品直接费用总额/某种产品产量

(二)间接成本计算法

间接成本是生产单位为组织和管理生产所发生的费用,如制造费用。间接成本计算法是解决间费用如何计入产品成本的方法。在生产多种产品的情况下,共同性的费用平时应归集于制造费用,月终按一定标准计算各产品应负担的共同费用,分别计入各种产品成本的制造费用。

间接成本计算的基本程序和公式是:

(1)计算间接费用分配率

间接费用率＝间接费用总额/各种产品分配标准数之和

(2)计算各种产品应负担的间接费用额

某种产品应负担的间接费用额＝某种产品的分配标准数×间接费用率

(3)计算各种产品的单位间接成本

某种产品单位间接成本＝某种产品间接费用/某种产品产量

(三)完工成本与未完工成本计算法

经过直接成本和间接成本的计算,应计入各种产品的生产费用都已分别进入各种产品。已经全部完工且没有期初、期末在产品的产品,计入该产品的全部生产费用,也就是完工产品成本;既有完工产品又有在产品的产品,还必须将该种产品本月发生的生产费用和月初在产品的生产费用加起来,采用适当的计算方法,计算本月完工产品成本和月末在产品成本。

完工产品成本及在产品成本计算的基本方法主要有:约当产量法、定额耗用量比例法和在产品定额成本扣除法等。生产费用如何在完工产品和在产品之间进行分配,是成本计算中一个既重要又复杂的问题。关于这方面的问题将在成本会计课程中详细讲述,这里仅介绍其中最常用的方法——约当产量法。

约当产量是月末在产品的实际数量按其完工程度折算为相当于完工产品的数量。约当产量法就是根据月末在产品盘点的数量,确定它们的完工程度,再按完工程度将在产品折合成产成品的数量,然后将产品应计算的全部生产费用,按完工产品数量和在产品约当量进行计算,求出单位成本、完工产品成本和在产成品成本的计算方法。

按约当产量法计算完工产品及在产品成本的基本程序和公式是:

(1)计算在产品约当量

在产品约当量＝在产品数量×完工程度

(2)计算单位产品成本

产成品单位成本＝全部成本/全部产成品量

(3)计算完工产品总成本

完工产品总成本＝完工产品产量×产成品单位成本

(4)计算期末在产品成本

期末在产品成本＝期末在产品约当产量×产成品单位成本
　　　　　　　＝全部成本－完工产品总成本

在实际工作中,不同类型企业的生产组织和工艺过程各有特点,所采用的成本计算方法也各不相同。本章只介绍工业企业在供应、生产、销售过程中有关材料采购成本、产品生产成本和产品销售成本的一般计算方法。有关成本核算更详细的论述将在成本会计课程中学习。

第二节　生产成本的计算

一、生产成本的内容

产品生产成本的计算就是把生产过程中应计入产品成本的费用按所生产产品的品种或类别进行归集和分配,以计算出各种产品的总成本和单位成本。

首先要确定成本计算对象,即生产成本归属的对象。成本计算对象的确定,是设置产品成本明细账、归集生产成本、正确计算产品成本的前提。不同类型的企业由于生产特点和管理要求不同,成本计算对象也不一样,而不同的成本计算对象又决定了不同成本计算方法的特点。但是,不论采用哪种方法,最终都要按照产品品种或类型算出产品成本,因而按照产品品种或类型计算成本,是产品成本计算的最基本方法。

其次,确定成本计算期。产品生产成本的计算,通常是定期按月进行的。对于单件小批量生产、生产周期较长的产品,也可把产品的生产周期作为成本计算周期。

再次,按成本项目分配和归集生产成本。为了具体地反映产品成本的构成,进一步将计入产品成本的生产费用按其用途划分为若干项目(即产品成本项目),然后将计入产品成本的生产费用按成本项目进行归集。

构成产品生产成本的项目主要有:

(1)直接材料,是指构成产品实体或有助于产品形成的各种材料,主要包括直接用于产品生产的各种主要材料、辅助材料、备用件、外购半成品、燃料、动力、包装物及其他材料等。

(2)直接人工,是指直接参加产品生产的工人的工资费用,主要包括工资、奖金、津贴、补贴和福利费。

(3)制造费用,是指生产车间为组织管理车间生产而发生的各项间接费用,主要包括车间管理人员和技术人员的工资、办公费、生产用固定资产折旧费、资源有偿使用费、租赁费、修理费、机物料消耗、生产用低值易耗品、劳保费、季节性修理期内的停工损失及其他制造费用。

二、生产成本的计算

产品生产成本的计算过程就是按不同的成本计算对象归集分配费用的过程。企业发生的费用,凡为生产某种产品而直接发生的,应在费用发生时通过"生产成本"账户直接计入该产品成本。凡为生产多种产品共同发生的材料及人工费,应在费用发生时通过"制造费用"账户归集，月末再按照一定的分配标准，分配计入各种产品生产成本，从"制造费用"账户转入"生产成本"账户，分配标准可采用产品生产工时、生产工人工资比例等。分配计算公式如下：

制造费用分配率＝制造费用总额÷各种产品生产工时(或生产工人工资)之和

某种产品应负担的制造费用＝该种产品生产工时(或生产工人工资)×制造费用分配率

通过上述归集分配，将各个成本计算对象负担的费用归集到该产品成本中，据此将产品成本在完工产品与在产品之间进行分配。

如果月末某种产品全部完工，该种产品成本明细账所归集的费用总额就是该种完工产品的总成本，用总成本除以该种产品的总产量即可计算出该种产品的单位成本。如果月末某种产品全部未完工，该种产品成本明细账所归集的费用总额就是该种产品在产品的总成本。如果月末某种产品一部分完工一部分未完工，这时归集到产品成本明细账中的费用总额应采用适当的分配方法在完工产品和在产品之间分配，然后才能计算出完工产品的总成本和单位成本。计算完工产品成本的公式如下：

本月完工产品成本＝月初在产品成本＋本月发生费用－月末在产品成本

其中，月末在产品成本可按在产品单位定额确定。在没有在产品或不计算在产品成本的企业，本月完工产品成本等于本月发生费用。

产品单位成本＝完工产品总成本÷本月完工入库产品数量

现举例说明生产成本的计算。

【例7－1】 根据相关记账凭证登记有关制造费用明细账，如表7－1所示。

表7－1　　　　　　　　　　　　制造费用明细账　　　　　　　　　　　　单位：元

日期	凭证	摘要	借方						贷方	余额
			材料费	人工费	水电费	折旧费	其他	合计		
略	略	支付水电费			200 000			200 000		
		支付办公费					50 000	50 000		
		分配材料费	320 000					320 000		
		分配工资		10 000				10 000		
		提取福利费		1 400				1 400		
		计提折旧费				72 600		72 600		
		费用合计								
		转出费用							654 000	
		本月合计	320 000	11 400	200 000	72 600	50 000	654 000	654 000	0

按甲、乙产品生产工人工资比例(甲产品生产工人工资为60 000元,乙产品生产工人工资为40 000元)分配各自应负担的制造费用:

制造费用分配率＝654 000÷(60 000＋40 000)＝6.54
甲产品应负担的制造费用＝60 000×6.54＝392 400(元)
乙产品应负担的制造费用＝40 000×6.54＝261 600(元)

根据发生的经济业务,登记产品生产成本明细账,如表7—2、表7—3所示。

表7—2　　　　　　　　　　　　甲产品生产成本明细账　　　　　　　　　　　　单位:元

日期	凭证号数	摘要	成本项目			
			直接材料	直接人工	制造费用	合　计
略	略	分配材料费	500 000			500 000
		分配工资		60 000		60 000
		提取福利费		8 400		8 400
		分配制造费用			392 400	392 400
		费用合计	500 000	68 400	392 400	960 800
		结转完工产品成本	500 000	68 400	392 400	960 800

表7—3　　　　　　　　　　　　乙产品生产成本明细账　　　　　　　　　　　　单位:元

日期	凭证号数	摘要	成本项目			
			直接材料	直接人工	制造费用	合　计
略	略	分配材料费	375 000			375 000
		分配工资		40 000		40 000
		提取福利费		5 600		5 600
		分配制造费用			261 600	261 600
		费用合计	375 000	45 600	261 600	682 200
		结转完工产品成本	303 000	40 400	256 600	600 000
		月末在产品成本	72 000	5 200	5 000	82 200

甲产品5 000件全部完工,本月发生生产费用即为完工产品成本。
假设乙产品月初在产品成本为零。
乙产品完工产品成本＝0＋682 200－82 200＝600 000(元)
编制产品成本汇总计算表,如表7—4所示。

表 7—4　　　　　　　　　　　产品生产成本计算表　　　　　　　　　　　单位:元

成本项目	甲产品(5 000 件)		乙产品(3 000 件)	
	总成本	单位成本	总成本	单位成本
直接材料	500 000	100	303 000	101
直接人工	68 400	13.68	40 400	13.5
制造费用	392 400	78.48	256 600	85.5
产品生产成本	960 800	192.16	600 000	200

第三节　采购成本和销售成本的计算

一、采购成本的计算

(一)采购成本的内容

材料采购成本是指为采购材料而发生的各项费用,由材料的买价和采购费用构成。

1. 材料的买价,是指供货单位开具的购货发票上标明的货物价格,但不包括按规定可以抵扣的增值税。

2. 采购费用,是指在材料采购过程中发生的应计入材料采购成本的合理费用。具体包括以下内容。

(1)运杂费,包括材料采购过程中发生的运输费、装卸费、保险费、包装费、仓储费等。

(2)合理损耗,包括材料采购过程中发生的、在合理损耗范围内的损毁、短缺等。

(3)挑选整理费,包括在挑选整理中扣除回收残料价值后的各种费用支出和必要的损耗等。

(4)其他费用,包括其他可直接归属于材料采购成本的费用,如进口材料的关税等。

需要注意的是,材料入库后发生的费用以及采购人员的工资、差旅费和采购部门的经费不能计入材料的采购成本,应计入期间费用。

(二)采购成本的计算

材料采购成本的计算就是将企业在供应过程中发生的材料的采购成本,按照材料的品种加以归集,计算出该材料的采购总成本和单位成本。

某种材料采购成本＝该物资的买价＋该物资应负担的采购费用

某物资单位成本＝该材料采购成本÷该物资数量

在计算材料采购成本时,凡单独发生的各种材料物资的买价和采购费用应直接计入各种物资的采购成本,几种物资共同发生的采购费用不能直接计入各材料物资的采购成本,应按一定的标准在相关材料物资之间进行分配,再分别计入各种物资的采购成本。一般采用物资的重量或买价作为分配标准计算。分配公式如下:

采购费用分配率＝采购费用总额÷各种物资的重量(或买价)之和

某种物资应负担的采购费用＝该种物资的重量(或买价)×采购费用分配率

现举例说明材料采购成本的计算。

【例7-2】 企业购入A材料4 000千克,买价120 000元,增值税额20 400元;B材料3 000千克,买价60 000元,增值税额10 200元。材料尚未验收入库,货款以银行存款支付。

购进材料时会计分录为:

借:在途物资——A材料　　　　　　　　　　　　　　　　　　120 000
　　　　　　——B材料　　　　　　　　　　　　　　　　　　 60 000
　　应交税费——应交增值税(进项税额)　　　　　　　　　　　30 600
　贷:银行存款　　　　　　　　　　　　　　　　　　　　　　210 600

假设在材料购进时用银行存款支付A、B两种材料的运杂费2 100元,材料采购成本具体计算分配方法如下:

按A、B材料的重量作为分配标准计算各自应负担的运杂费:

运杂费分配率＝2 100÷(4 000＋3 000)＝0.3

A材料应负担的运杂费＝4 000×0.3＝1 200(元)

B材料应负担的运杂费＝3 000×0.3＝900(元)

根据分配结果,支付运费时编制会计分录如下:

借:在途物资——A材料　　　　　　　　　　　　　　　　　　 1 200
　　　　　　——B材料　　　　　　　　　　　　　　　　　　　 900
　贷:银行存款　　　　　　　　　　　　　　　　　　　　　　 2 100

登记材料采购明细账。企业购入的材料一般通过设置"材料采购明细账"来归集费用,确定材料物资的采购成本,如表7-5、表7-6所示。

表7-5　　　　　　　　　　　　A材料采购明细账　　　　　　　　　　　　单位:元

日期	凭证号数	摘要	单价	借方 买价	借方 采购费用	借方 合计	贷方	余额
略	略	购入4 000千克	30	120 000		120 000		
		分摊运杂费			1 200	1 200		
		结转采购成本					121 200	
		本月合计		120 000	1 200	121 200	121 200	0

表7-6　　　　　　　　　　　　　B材料采购明细账　　　　　　　　　　　　　单位:元

日期	凭证号数	摘　要	单价	借方 买价	借方 采购费用	借方 合计	贷方	余额
略	略	购入3 000千克	20	60 000		60 000		
		分摊运杂费			900	900		
		结转采购成本					60 900	
		本月合计		60 000	900	60 900	60 900	0

计算A、B材料的采购成本:

A材料采购成本=120 000+1 200=121 200(元)

B材料采购成本=60 000+900=60 900(元)

A材料单位成本=121 200÷4 000=30.3(元)

B材料单位成本=60 900÷3 000=20.3(元)

根据计算结果,材料验收入库时编制会计分录为:

借:原材料——A材料　　　　　　　　　　　　　　　　121 200

　　　　——B材料　　　　　　　　　　　　　　　　　60 900

贷:在途物资——A材料　　　　　　　　　　　　　　　121 200

　　　　——B材料　　　　　　　　　　　　　　　　　60 900

二、销售成本的计算

产品销售成本就是主营业务成本,是指已销产品的生产成本,即应从产品销售收入中得到补偿的生产耗费。计算公式为:

产品销售成本=产品销售数量×产品平均单位生产成本

【例7-3】　接例7-1,企业销售甲产品3 000件,乙产品1 100件,通过产品生产成本计算得知:

甲产品单位成本192.16元,乙产品单位成本200元(见表7-4)。

甲产品销售成本=3 000×192.16=576 480(元)

乙产品销售成本=1 100×200=220 000(元)

根据计算结果,应编制的会计分录为:

借:主营业务成本——甲产品　　　　　　　　　　　　　576 480

　　　　——乙产品　　　　　　　　　　　　　　　　220 000

贷:库存商品——甲产品　　　　　　　　　　　　　　　　576 480
　　　　　——乙产品　　　　　　　　　　　　　　　　220 000

需要说明的是,在实际工作中,本月销售的产品不仅有当月完工入库的产品,而且还有以前月份结存的产品。由于各个月份的产品单位生产成本不同,按照我国会计准则的规定,可以采用先进先出法或加权平均法等计价方法确定已销产品的单位生产成本,从而计算产品的销售成本。有关计价方法将在财务会计课程中介绍。

思考题

1. 什么是成本计算?成本计算有哪些意义?
2. 成本计算有哪些基本方法?
3. 成本计算的基本程序有哪些?

练习题

【练习一】

(一)目的:练习并掌握材料采购成本的计算。

(二)资料:某企业1月份发生如下经济业务:

(1)3日,从恒大工厂购入A材料600千克,买价30 000元,进项增值税5 100元,B材料400千克,买价8 000元,进项增值税1 360元,共发生运杂费500元,款项已用银行存款支付,材料尚未到达(运杂费按材料重量分配)。

(2)10日,从永新公司购入C材料200千克,买价50 000元,进项增值税8 500元,D材料100立方米,买价30 000元,进项增值税5 100元,运杂费共计4 800元。款项尚未支付,材料已验收入库(运杂费按材料买价进行分配)。

(三)要求:计算材料采购成本:

A、B材料运杂费分配率=　　　　　　　C、D材料运杂费分配率=
A材料应负担的运杂费=　　　　　　　　C材料应负担的运杂费=
B材料应负担的运杂费=　　　　　　　　D材料应负担的运杂费=
A材料的采购成本=　　　　　　　　　　C材料的采购成本=
B材料的采购成本=　　　　　　　　　　D材料的采购成本=
A材料单位成本=　　　　　　　　　　　C材料的单位成本=
B材料单位成本=　　　　　　　　　　　D材料的单位成本=

【练习二】

(一)目的:练习并掌握产品生产成本的计算。

(二)资料:某企业1月初"生产成本——甲产品"账户期初余额48 000元,其中直接材料25 000元,直接人工12 000元,制造费用11 000元。1月份发生如下经济业务:

(1)1日,用现金支付办公用品费650元,其中生产车间300元,管理部门350元。

(2)1日,生产甲产品领用A材料800千克,单价50元;生产乙产品领用B材料300千克,单价20元。

(3)5日,生产甲产品领用A材料200千克,单价50元,C材料300千克,单价10元;车间一般消耗领用C材料100千克。

(4)26日,用银行存款支付本月水费15 000元,其中生产车间9 000元,管理部门6 000元。

(5)26日,生产乙产品领用B材料200千克,单价20元,领用D材料100千克,单价40元;车间一般消耗领用D材料50千克。

(6)29日,用银行存款支付车间修理费1 300元。

(7)31日,用银行存款支付本月电费30 000元,其中生产车间2 200元,管理部门8 000元。

(8)31日,结算本月应付职工工资50 000元,其中生产甲产品工人工资20 000元,生产乙产品工人工资15 000元,车间管理人员工资6 000元,企业管理人员工资9 000元。

(9)31日,按工资总额14%计提职工福利费7 000元,其中生产甲产品工人2 800元,生产乙产品工人2 100元,车间管理人员840元,企业管理人员1 260元。

(10)31日,计提本月固定资产折旧3 800元,其中生产车间2 300元,管理部门1 500元。

(11)31日,本月生产的甲产品800件,其中完工入库500件,月末在产品300件,在产品成本按单位定额成本132元确定,其中直接材料85元,直接人工23元,制造费用24元。生产的乙产品400件全部完工入库。

(三)要求:

1. 根据以上经济业务编制会计分录并登记"制造费用明细账",按甲、乙产品的生产工人工资比例分配并结转制造费用。

制造费用明细账

年		凭证号数	摘要	借方						贷方	余额
月	日			材料费	人工费	水电费	折旧费	其他	合计		

续表

年		凭证号数	摘要	借方						贷方	余额
月	日			材料费	人工费	水电费	折旧费	其他	合计		

制造费用分配率＝
甲产品应负担制造费用＝
乙产品应负担制造费用＝
结转本月应由甲、乙产品负担的制造费用：

2. 根据会计分录登记"生产成本明细账"，并编制"库存商品成本汇总计算表"，结转完工入库产品成本。

生产成本明细账

产品名称： 单位：元

年		凭证号数	摘要	成本项目			
月	日			直接材料	直接人工	制造费用	合计

生产成本明细账

产品名称： 单位：元

年		凭证号数	摘要	成本项目			
月	日			直接材料	直接人工	制造费用	合计

续表

年		凭证号数	摘要	借 方						贷方	余额
月	日			材料费	人工费	水电费	折旧费	其他	合计		

库存商品成本计算表   单位:元

成本项目	甲产品(件)		乙产品(件)	
	总成本	单位成本	总成本	单位成本
直接材料				
直接人工				
制造费用				
产品生产成本				

结转完工入库产品生产成本：

【练习三】

(一)目的：练习并掌握产品销售成本的计算。

(二)资料：接上例,假设本月共销售甲产品300件,乙产品250件,甲、乙产品的销售成本以本月单位生产成本为基础计算。

(三)要求：计算结转本月产品销售成本并编制会计分录。

甲产品销售成本＝

乙产品销售成本＝

编制会计分录：

第八章

财产清查

第一节 财产清查概述

一、财产清查的概念

企业单位各种财产物资的增减变动和结存情况,通过凭证的填制与审核、账簿的登记与核对,已经在账簿体系中得到了正确的反映,但账簿记录的正确并不足以说明各种财产物资实际结存情况的正确。在具体会计工作中,即使是在账证相符、账账相符的情况下,财产物资的账面数与实际结存数仍然可能不一致。根据资产管理制度以及为编制会计报表提供正确可靠的核算资料的要求,必须使账簿中所反映的有关财产物资和债权债务的结存数额与其实际数额保持一致,做到账实相符。为此,必须运用财产清查这一会计核算的专门方法。

财产清查是指通过对各种财产物资、货币资金和往来款项的实地盘点、账项核对或查询,查明某一时期的实际结存数,并与账存数核对,确定账实是否相符的一种会计核算方法。

二、财产清查的意义

(一)造成账实不符的原因

财产清查的关键是要解决账实不符的问题。造成账存数与实存数发生差异,其原因是

多方面的,一般有以下几种情况:

(1)财产物资收发时,由于计量、检验器具不准确而发生品种、数量或质量上的差错。

(2)因规章制度不健全、管理不善或工作人员失职而出现财产物资的腐烂变质、毁损或短缺。

(3)因贪污盗窃、营私舞弊等违法行为造成财产的短缺。

(4)财产物资运输、保管过程中的自然损耗或自然升溢。

(5)结算过程中因未达账项或拒付而引起的银行存款及往来账项的数额不符。

(6)自然灾害造成的财产损失。

(7)会计人员在记账过程中由于个人疏忽造成的漏记、重记、错记等错账现象。

上述种种原因都会影响账实的一致性。因此,运用财产清产手段,对各种财产物资进行定期或不定期的核对和盘点,具有十分重要的意义。

(二)财产清查的意义

财产清查既是一种会计核算方法,又是单位内部实施会计控制和会计监督的一种活动。财产清查的意义主要表现在以下方面:

(1)保证会计核算资料真实可靠。

通过财产清查,可以查明财产物资有无短缺或盈余以及发生盈亏的原因,确定财产物资的实有数,并通过账项的调整达到账实相符,保证会计核算资料的真实性,为正确编制会计报表奠定基础。

(2)充分挖掘财产物资的潜力,提高资金使用效率。

通过财产清查,可以查明财产物资的利用情况,发现其有无超储积压或储备不足以及不配套等现象,以便采取措施,对储备不足的设法补足,对呆滞积压和不配套的及时处理,充分挖掘财产物资潜力,提高财产物资的利用率和使用效果。

(3)保证财经纪律和结算纪律的执行。

通过财产清查,可以查明现金的使用是否符合《现金管理暂行条例》的规定,银行存款的结算是否符合《支付结算办法》的规定,明确企业拥有的债权和承担的债务是否正常,以便及时发现问题、采取措施,从而使工作人员更加自觉地遵纪守法,自觉维护和遵守财经纪律。

(4)强化财产管理的内部控制制度。

通过财产清查,可以发现财产管理工作中存在的各种问题,诸如手续不健全、保管措施不得力、控制手续不严密等,以便采取对策加以改进,健全内部控制制度,保护财产物资的安全与完整。

(5)完善财产管理的岗位责任制,促使保管人员总结经验,吸取教训,不断学习先进的管理技术,增强敬业精神,提高业务素质。

三、财产清查的种类

按照不同标准,财产清查可以有以下几种分类。

(一)按清查的对象和范围分类

1. 全面清查

它是指对一个单位的全部财产物资,包括实物资产、货币资金以及债权债务等进行全面彻底的盘点与核对。其清查对象主要包括:原材料、在产品、自制半成品、库存商品、库存现金、短期存款、有价证券及外币、在途物资、委托加工物资、往来款项、固定资产等。其特点是:清查范围大,耗费时间长。一般只在下述情况下实施全面清查:

(1)年终编制决算会计报表前;
(2)企业撤销、合并或改变隶属关系时;
(3)企业更换主要负责人时;
(4)企业改制等需要进行资产评估时。

2. 局部清查

它是指对一个单位的部分实物资产或债权债务进行的盘点或核对。其特点是:清查范围小、专业性强、人力与时间的耗费较少。其清查对象主要是流动性较强、易发生损耗以及比较贵重的财产。实际工作中,局部清查比较常见,如材料、商品、在产品、库存现金与每日营业终了进行的实地盘点;企业与银行之间进行的账项核对;企业与有关单位进行的债券和债务核对或查询等。

(二)按清查的时间分类

按照清查的时间不同,可分为定期清查和不定期清查。

1. 定期清查

它是指根据事先计划安排的时间,对一个单位的全部或部分财产物资进行的清查,常在月末、季末和年末结账时进行。定期清查可以是全面清查,如年终决算前的清查;也可以是局部清查,如月末结账前对库存现金、银行存款以及一些贵重物资的清查。

2. 不定期清查

它是指事前未规定清查时间而根据某种特殊需要进行的临时清查。如更换财产物资经管人员(出纳员、仓库保管员)时,财产物资遭受自然或其他损失时,单位合并、迁移、改制和改变隶属关系时,财政、审计、税务等部门进行会计检查时,按规定开展临时性清产核算工作时等,都可以根据不同需求进行全面清查或局部清查。

第二节　财产清查的方法

一、财产清查前的准备工作

财产清查是一项复杂细致的工作，涉及面广，政策性强，工作量大。为了加强领导，保质保量完成财产清查工作，一般应在单位负责人的领导下，成立由领导干部、财会人员、专业人员和职工参加的财产清查领导小组，负责财产清查工作。在清查前，必须做好以下几项准备工作：

(1)制定财产清查计划，确定清查对象、范围，配备清查人员，明确清查任务。

(2)会计部门要将总账、明细账等有关资料配备齐全，核对正确，结出余额。保管部门要对所保管的各种财产物资以及账簿、账卡挂上标签，表明品种、规格、数量，以备查对。

(3)对银行存款、银行借款和结算款项，要取得银行对账单等资料，以便查对。

(4)清查小组应组织有关部门准备好计量器具，印制好各种登记表册。

二、实物资产的清查方法

(一)财产物资的盘存制度

会计核算中，在计算各种财产物资期末结存数时，有两种方法，由此形成两种盘存制度，即永续盘存制和实地盘存制。

1. 永续盘存制

它也称账面盘存制，是指对于各种财产物资的增减变化，平时就要根据会计凭证在账簿上予以连续登记，并随时结算出账面结存数额的一种方法。可用公式表示如下：

账面期末余额＝账面期初余额＋账面本期增加额－账面本期减少额

采用这种盘存制度，可以及时反映和掌握各种财产的收、发和结存的数量和金额，随时了解资产变动情况，有利于加强对资产的控制和管理，但登记账簿的工作量较大。

需要注意的是，采用永续盘存制计算的财产的账面期末结存数与实存数并不一定相符，因此，仍需定期对各种财产进行实地盘点，确定账实是否相符以及不符的原因。

2. 实地盘存制

它也称以存计销制或盘存计销制，是指对于各种财产物资的增减变化，平时在账簿上只登记其增加数而不登记其减少数，期末通过实地盘点确定财产物资的结存数后，倒算出本期减少数并据此登记入账的一种方法。可用公式表示如下：

本期减少金额＝账面期初结存数额＋账面本期增加额－期末盘点结存金额

采用实地盘存制，核算工作较简单，但手续不够严密，容易造成工作上的弊端，诸如浪费、被盗、被挪用以及自然损耗而引起的资产短缺，往往等同为正常的减少入账，从而影响资产减少数额计算的正确性，难以通过会计记录对资产实施日常控制，一般不予采用。

（二）实物资产清查的具体方法

实物资产的清查主要是针对有形财产物资的清查，包括固定资产、原材料、在产品、库存商品、低值易耗品等，清查应从品种、规格、型号、数量、质量方面进行。清查的具体方法有实地盘点法和技术推算法两种。

（1）实地盘点法，是指通过点数、过磅、量尺等方式，确定财产物资的实有数量。该方法适用范围较广、计量准确、直观且易于操作，大部分实物资产均可采用。

（2）技术推算法，是指通过技术推算（如量方、计尺等）测定财产物资实有数量的方法。该方法适用于大堆存放、物体笨重、价值低廉、不便逐一盘点的实物资产。从本质上讲，它是实地盘点法的一种补充方法。

对实物资产进行盘点时，实物保管人员必须在场，并与清查人员一起参与盘点。对于盘点结果，应由有关人员如实填制盘存单，并由盘点人和实物保管人共同签字或盖章。盘存单是用来记录实物盘点结果、反映实物资产实存数额的原始凭证。盘存单格式如表8-1所示。

表8-1　　　　　　　　　　　　盘存单

单位名称：　　　　　　　　　　　　　　　　　　　编号：
盘点时间：　　　　　　财产类别：　　　　　　　存放地点：

编 号	名 称	计量单位	数 量	单 位	金 额	备 注

盘点人员：　　　　　　　　　　　　　　　实物保管人：

盘存单是记录实物盘点结果的书面文件，也是反映资产实有数的原始凭证。为了进一步查明盘点结果与账面结存数额是否一致，确定盘盈、盘亏情况，还要根据盘存单和有关账簿的记录编制实存账存对比表。实存账存对比表用来反映实物资产实存数与账存数之间的差异并作为调整账簿记录的原始凭证，是确定有关人员经济责任的依据。其格式如表8-2所示。

表 8—2　　　　　　　　　　　　实存账存对比表
单位名称：　　　　　　　　　　　　　　　　　　　　　　　　　　　　年　月　日

编号	类别及名称	计量单位	单价	实存		账存		差异				备注
				数量	金额	数量	金额	盘盈		盘亏		
								数量	金额	数量	金额	

会计主管(签章)：　　　　　　　复核(签章)：　　　　　　　制表(签章)：

该表是一种非常重要的原始凭证，在这个凭证上所确定的各种实物的实存同账存之间的差异，既是经批准后调整账簿记录的原始依据，又是分析差异原因、明确经济责任的依据。

三、货币资金的清查方法

(一)库存现金的清查

库存现金的清查是通过实地盘点的方法确定库存现金的实存数，再与现金日记账的账面余额进行核对，以查明盈亏情况。在库存现金清查时，为了明确责任，有关人员必须在场，现钞应逐张查点，一切借条、收据不准抵充现金，并查明库存现金是否超过限额，有无坐支现金的问题。在现金盘点后，应根据盘点的结果与现金日记账核对的情况编制库存现金盘点报告表，它既是盘存清单，又是实存账存对比表。其格式如表 8—3 所示。

表 8—3　　　　　　　　　　　　库存现金盘点报告表
单位名称：　　　　　　　　　　　　　　　　　　　　　　　　　　　　年　月　日

实存金额	账存金额	对比结果		备注
		盘盈	盘亏	

盘点人(签章)：　　　　　　　　　　　　　　　　　　出纳人(签章)：

实际工作中，现金的收支业务很频繁且易出错，出纳人员应每日进行库存现金的清查，做到日清日结,这种清查一般由出纳人员在每日工作结束之前,将"现金日记账"当日账面结存数额与库存现金实际盘点数额进行核对,以检查当日工作准确与否,确保每日账实相符。

有价证券主要包括国库券、金融证券、公司债券、股票等。其清查方法与库存现金的清查相同。

（二）银行存款的清查

对银行存款的清查主要采用账项核对的方法,即根据"银行存款日记账"与开户银行转来的"银行对账单"进行核对,它与实物、现金的清查所使用的方法不同。

清查之前将本单位所发生的经济业务过入"银行存款日记账",再对账面记录进行检查复核,确定账面记录是完整、准确的。然后,将银行提供的"对账单"与"银行存款日记账"账面记录进行逐笔核对。

通过核对,往往发现双方账目不一致。其主要原因有两个方面：第一,双方账目可能发生的不正常的错账漏账；第二,双方记账均无错误,而是由于未达账项的原因造成双方账面不平衡。

未达账项主要是指存款单位与开户银行之间因结算凭证传递时间的差别,发生的一方已经记账而另一方尚未接到有关凭证没有记账的款项。未达账项一般有四种情况：

（1）单位已收、银行未收款。本单位送存银行的款项,已作为本单位存款增加计入银行存款日记账收入栏,但银行尚未入账。

（2）单位已付、银行未付款。本单位开出支票或其他支款凭证后,已作为本单位存款减少记入银行存款日记账支出栏。但持票人尚未到银行办理转账,故银行未作为存款单位存款的减少入账。

（3）银行已收、单位未收款。银行存款单位收进的款项已作为存款单位存款增加记账,而存款单位因未接受到收款通知单尚未入账。

（4）银行已付、单位未付款。银行代存款单位支付的款项已作为存款单位的存款减少记账,而存款单位因未接到付款通知单尚未入账。

上述第一、第四种情况下,会使存款单位的银行存款日记账余额大于开户银行的对账单余额。在第二、第三种两种情况下,会使存款单位的银行存款日记账的账面余额小于开户银行的对账单余额。

为了消除未达账项的影响,单位应根据核对后发现的未达账项,编制"银行存款余额调节表",以此调节双方账面余额。对于这项调节工作,一般采用双方余额各自补记已入账而另一方尚未入账的款项（包括增加金额和减少金额）,然后验证经过调解后的余额是否相符。如果相符,表明双方账目一般没有错误,否则说明记账有错误,应进一步查明原因,予以改正。

现举例说明"银行存款余额调节表"的编制方法。

【例 8—1】 某企业 2010 年 12 月 31 日银行存款日记账余额为 83 000 元,开户银行转来的银行对账单余额为 79 000 元,经逐笔核对,发现有以下未达账项:

(1)企业 12 月 29 日送存银行转账支票一张,金额 12 000 元,银行尚未入账;
(2)企业委托银行代收的销货款 9 000 元,银行已于 12 月 29 日收到;
(3)企业 12 月 30 日开出转账支票一张 3 000 元支付广告费用,银行尚未收到该转账支票;
(4)银行于 12 月 31 日代企业支付水电费 4 000 元,已登记入账,企业未接到付款通知单。

根据上述未达账项,编制银行余额调节表,如表 8—4 所示。

表 8—4　　　　　　　　　　　　银行余额调节表
户名:结算户存款　　　　　　　　2010 年 12 月 31 日　　　　　　　　　　　　　　　单位:元

项　目	金　额	项　目	金　额
银行存款日记账	83 000	银行对账单余额	79 000
加:银行已收企业未收的款项 （银行代收销货款）	9 000	加:企业已收银行未收的款项 （企业送存银行转账支票）	12 000
减:银行已付企业未付的款项 （银行代付水电费）	4 000	减:企业已付银行未付的款项 （企业开出支票）	3 000
调整后余额	88 000	调整后余额	88 000

可见,该种调节方法的计算公式是:

单位银行存款日记账余额＋银行已收单位未收数额－银行已付单位未付数额
＝银行对账单余额＋单位已收银行未收数额－单位已付银行未付数额

表 8—4 所列调节后的存款余额,是根据双方账面余额和未达账项调节后的余额,是企业实际可使用的存款数额。对于银行已入账而企业尚未入账的各项经济业务,应在接到银行收付款结算凭证后再入账。因此,银行存款余额调节表并不是更改账簿记录的原始凭证,而是及时查明本单位和银行双方账面记载有无差错的一种清查方法。

四、往来款项的清查方法

往来款项主要包括应收款、应付款、暂收款等款项。各种往来款项的清查也采用同对方单位核对账目的方法,清查单位应按每一个经济往来单位编制往来款项对账单(一式两联,其中一联作为回单),送往各经济往来单位。对方单位若核对相符,应在回单上盖章后退回。若发现数字不符,应将不符情况在回单上注明或另抄对账单退回,作为进一步核对的依据。在收到对方回单后,应根据收到的往来款项对账单编制往来款项清查表,其一般格式如表 8-5 所示。

表 8-5　　　　　　　　　　　　往来款项清查表
总分类账户名称：　　　　　　　　　　　　　　　　　　　　　　　　　　　年　月　日

明细分类账户		清查结果		核对不符原因分析			备注
名　称	账面余额	核对相符金额	核对不符金额	未达账项金额	有争议款项金额	其他	

第三节　财产清查结果的账务处理

一、财产清查结果的处理要求

财产清查的结果不外乎三种情况：一是账存数与实存数相符；二是账存数小于实存数,即盘盈；三是账存数大于实存数,即盘亏。通过财产清查工作,对所发现的财产管理和核算方面存在的问题,应当认真分析研究,切实总结经验,并以有关的法令、制度为依据,做好财产清查结果的处理工作。

1. 查明差异,分析原因

对于财产清查中发现的账存数与实存数之间的差异,应当核准数字,调查分析发生差异的原因,明确经济责任,提出处理意见,按照规定程序报经有关部门核准后,予以认真严肃处理。

2. 认真总结,加强管理

在财产清查以后,针对所发现的问题,应当认真总结经验教训,克服缺点,做好工作。同时,要通过建立健全必要的规章制度,明确财产管理责任,从根本上加以解决,保护财产的安全和完整。

3. 调整账目,账实相符

对于财产清查中所发现的财产盘盈、盘亏和毁损,必须及时进行账簿记录的调整,以保证账实相符。具体应分为两步进行：第一步,在审批前,应将已经查明的财产盘盈、盘亏和毁损等,根据有关原始凭证(如盘存单等)编制记账凭证,以此登记有关账簿,使各项财产的账存数与实存数相一致；第二步,在审批后,应根据盘盈、盘亏的原因或批准处理意见,编制记账凭证,以此登记有关账簿。

二、财产清查结果的处理程序

(一)账务处理的程序

第一步,根据实存账存对比表、现金盘点报告表等反映的各项财产物资的盘盈、盘亏、毁损数额,编制记账凭证并登记入账,使通过调整后的账面结存数与财产物资的实存数趋于一致,并将盈亏数额记入"待处理财产损溢"账户。同时,将盈亏情况、查明的原因及处理建议向单位领导或有关部门办理报批手续。

第二步,接到单位领导及有关部门的批复意见后,根据财产物资盘盈、盘亏的性质及原因,分别编制向责任人索赔、转入管理费用、营业外支出、营业外收入等的记账凭证,并记入有关账簿,同时核销"待处理财产损溢"账户的记录。

(二)"待处理财产损溢"账户的设置

由于财产清查结果的账务处理需分成两步,报批前已经调整了账簿记录,报批后才能针对盈亏原因做出相应的处理,因此,必须有一个过渡性的账户——"待处理财产损溢"账户——解决报批前后的相关记录。

"待处理财产损溢"账户是用来核算企业在财产清查过程中发生的各种财产物资的盘盈、盘亏或毁损及其处理情况的过渡性账户。其借方登记发生的待处理财产盘亏、毁损数和结转已批准处理的财产盘盈数,其贷方登记发生的待处理财产盘盈数和结转已批准处理的财产盘亏和毁损数。该账户借方余额表示尚待批准处理的财产物资的净损失,贷方余额表示尚待批准处理的财产物资的净溢余。

根据资产的定义,按现行会计制度的规定,对财产损溢应及时报批处理,并在期末结账前处理完毕。如果在期末结账前尚未批准的,应在对外提供的财务报告时先行处理。该账户在期末没有余额。

三、财产清查结果的账务处理

(一)实物资产清查结果的账务处理

【例8—2】 财产清查中,发现账外设备一台,重置价值24 000元,估算已提折旧25%。确认该设备为企业拥有,报经批准后作为营业外收入处理。

盘盈时应编制如下会计分录:

借:固定资产　　　　　　　　　　　　　　　　　24 000
　　贷:累计折旧　　　　　　　　　　　　　　　　6 000
　　　　待处理财产损溢　　　　　　　　　　　　18 000

批准处理后编制如下会计分录：
  借：待处理财产损溢   18 000
   贷：营业外收入   18 000

【例8-3】 财产清查中，盘亏小型运输车辆一部，账面原价32 000元，已提折旧16 000元，原因为管理不善丢失，责任不清，报经批准后作为营业外支出处理。

盘亏时应注销车辆原值及已提折旧，编制如下会计分录：
  借：待处理财产损溢   16 000
   累计折旧   16 000
   贷：固定资产   32 000

批准处理后编制如下会计分录：
  借：营业外支出   16 000
   贷：待处理财产损溢   16 000

【例8-4】 财产清查中，发现库存甲材料盈余150千克，单价6元，原因查明为计量器具不准确而少发。报批后按规定冲减管理费用。

盘盈时编制如下会计分录：
  借：原材料   900
   贷：待处理财产损溢   900

批准处理后编制如下会计分录：
  借：待处理财产损溢   900
   贷：管理费用   900

【例8-5】 财产清查中，发现库存乙材料短缺2 300千克，单价4元。分析其原因：一是由于计量器具不准确而造成材料领用时多发700千克，二是定额内自然损耗200千克，三是由保管员王某失职造成100千克丢失，四是火灾造成毁损1 300千克。

按规定，对盘亏的材料进行账簿调整，编制会计分录如下：
  借：待处理财产损溢   9 200
   贷：原材料   9 200

【例8-6】 上述盘亏的材料，报批处理后做如下处理：因计量不准多发和定额内损耗造成的900千克盘亏计入管理费用；因保管员失职造成的100千克盘亏令其赔偿，从下月工资中扣除；因火灾造成的1 300千克损失由保险公司赔偿80%；其余计入营业外支出。

根据上述处理意见，编制如下会计分录：
  借：其他应收款——王某   400
     ——保险公司   4 160
   管理费用   3 600

营业外支出	1 040	
贷:待处理财产损溢		9 200

(二)库存现金清查结果的账务处理

【例8－7】 库存现金清查结束后,发现短款140元,其中50元应由出纳员承担责任,另90元无法查明原因。

按规定调整现金账户记录,编制如下会计分录:

借:待处理财产损溢	140	
贷:库存现金		140

【例8－8】 上述盘亏的现金报经领导审批后,按下列意见处理:由出纳员刘某负责的令其赔偿,从下月工资中扣除;责任无法分清的,列入管理费用。

根据批准后的处理意见编制下列会计分录:

借:其他应收款——刘某	50	
管理费用	90	
贷:待处理财产损溢		140

(三)往来款项清查结果的账务处理

在财产清查中,确认无法收回的应收款项和无法支付的应付款项,按制度规定,应在上报有关部门批准后予以核销。

【例8－9】 A公司所欠本公司的货款2 500元,确认无法收回,按规定做坏账损失处理。

有关坏账损失的处理有两种方法:一是"直接冲销法",即确认应收款项无法收回时直接计入管理费用;二是"坏账备抵法",即平时按规定比率计提坏账准备基金,计入管理费用,形成坏账准备(借:管理费用,贷:坏账准备),待坏账发生时,冲减坏账准备。

采用直接冲销法,应编制如下会计分录:

借:管理费用	2 500	
贷:应收账款——A公司		2 500

采用坏账备抵法,应编制下列会计分录:

借:坏账准备	2 500	
贷:应收账款——A公司		2 500

【例8－10】 本公司所欠某运输公司的运费300元因对方单位撤销而无法清偿,按规定作为营业外收入处理。

应编制的会计分录如下:

借:其他应付款	300	
贷:营业外收入		300

思考题

1. 什么是财产清查？为什么要进行财产清查？
2. 永续盘存制和实地盘存制各有什么特点？
3. 如何进行库存现金和银行存款的清查？
4. 如何进行实物资产的清查？
5. 如何进行往来款项的清查？
6. 财产物资的盘盈、盘亏如何进行账务处理？

练习题

【练习一】

（一）目的：练习并掌握银行存款的清查。

（二）资料：某企业某年4月30日银行存款日记账的账面余额为32 400元，银行对账单同日的余额为31 910元，经逐步核对，发现存在以下未达账项：

(1)28日，企业开出支付购料货款的转账支票8 580元，银行尚未入账。
(2)29日，企业存入购货单位开来的转账支票8 840元，银行尚未入账。
(3)29日，银行为企业代付电费6 500元，企业尚未入账。
(4)30日，银行为企业代收销售产品的货款9 250元，企业尚未入账。
(5)30日，企业开出预付房租的现金支票1 500元，银行尚未入账。
(6)30日，银行为企业代付水电费3 500元，企业尚未入账。

（三）要求：根据以上资料编制银行存款余额调节表。

【练习二】

（一）目的：练习库存现金清查结果的处理。

（二）资料：某企业某年4月30日盘点库存现金，实存现金12 000元，现金日记账余额为18 000元。现金保险柜中有账外单据5张。

(1)职工甲开出的白条借据一张，金额3 500元。
(2)职工乙医药费用报销单据2张，金额2 200元。
(3)职工丙市内交通费报销单据2张，金额300元。

上述各项除白条借据3 500元应由出纳人员自行垫付外，其余各项均责令出纳员补记入账。

（三）要求：根据以上清查结果及处理意见编制会计分录。

【练习三】

（一）目的：练习固定资产清查结果的处理。

（二）资料：某企业在财产清查过程中，在清查固定资产项目时发现以下问题：业务部门盘亏电脑一台，账面原值8 000元，累计已计提折旧3 500元，经查明为电脑保管人员失职造成，应由保管人员张三赔偿2 000元，其余部分作为营业外支出。

（三）要求：根据以上清查结果编制会计分录。

第九章

编制会计报表

第一节 财务会计报告概述

一、财务会计报告的意义

财务会计报告是指企业对外提供的反映企业某一特定日期的财务状况和某一会计期间的经营成果、现金流量等会计信息的文件。财务会计报告是会计核算工作的结果,也是会计核算工作的总结。

在日常的会计核算中,企业通过记账、算账等工作,把各项经济业务分类登记在会计账簿中,通过日常的会计记录反映企业的经营业绩。在账簿中记录的会计信息,虽然比会计凭证反映的信息更加条理化、系统化,但就某一会计期间的经济活动的整体情况而言,其所能提供的信息仍然是分散的、部分的,不能集中地揭示和反映该会计期间经营活动和财务收支的全貌。为了提供给管理者和一些利益相关者对本单位经营管理情况和结果有概括的了解,并及时给予指导;为了分析、检查财务成本计划的完成情况,考核经济效益,加强经济管理,就必须定期地以日常核算资料为依据,进行归类、整理、汇总,按一定的原则和要求编制财务报告,以概括地反映一定时期的经济活动和财务收支情况。编制财务会计报告是会计核算的一种专门方法。

二、财务会计报告的使用者

从根本上说,企业对外披露财务会计报告的主要作用在于向那些与企业相关的外部利益集团提供信息,以帮助它们了解其目标的实现情况,并作出是否继续参与企业经营活动的决策。因此,明确使用者及其信息需要对财务会计报告目标的实现是至关重要的。一般而言,财务会计报告的使用者主要包括投资者、债权人、政府、职工、供应商等协作单位和顾客。

(一)投资者

无论哪一个企业都会有相应的投资者。以股份公司为例,股东和其他投资者享有收益权和剩余资源所有权等权利,是公司对外财务会计报告的主要使用者。这些集团既包括只拥有有限资源、分散的个别投资者,又包括实力雄厚、组织良好的大投资机构,如控股公司、保险公司和控股基金会等,也包括潜在投资者。因为企业存在经营权和所有权的分离,不管从投资者与企业管理当局的委托和代理关系分析,还是股东在股票市场上"买—持—卖"的决策角度,投资者都需要以与公司相关的大量信息为依据。由于投资者不一定亲自参与公司的经营管理,因此需要管理人员定期向他们做书面报告。投资者通过阅读和分析公司所披露的财务状况、经营成果和现金流量变动等信息,可以获悉公司以往及本期的盈利水平和风险状况,从而对未来作出合理预期,并据此对公司股价作出适宜的评价,进而作出理性经济决策。

(二)债权人

债权人是指那些向企业贷款或持有企业债券的组织或个人,以及企业在经营中形成的各种负债的债权人。一般来说,债权人分为短期债权人和长期债权人。短期债权人关注的是企业在短期内的偿债能力。因此,他们需要获得企业资产变现能力的信息,如流动比率、速动比率、应收账款周转率等。而长期债权人需要了解企业长期偿债的能力,即企业在未来支付本金和利息的能力。这种能力反映在企业预期的财务状况上,亦即企业的资本结构、资产流动性、资产的市场价值和长期盈利前景,所以有关企业未来前景的预测信息与长期债权人的需要密切相关。

(三)政府及其有关部门

作为社会和经济的组织者和管理者,政府有必要也有权了解企业的各种情况。然而,政府对企业信息的需要程度与其所采用的管理企业的体制直接相关。在采用以行政手段为主的企业管理体制时,企业的行为受到政府的严格控制,企业必须向政府提供大量详细信息。在采用以市场调节为主的控制手段时,政府往往利用法律来规范企业的行为,政府与企业的关系仅限于执法守法的关系,政府需要企业直接提供的信息相对较少。政府及其

有关部门之所以需要企业提供财务会计报告是因为:

1. 用来实行宏观经济调控

一般来说,各个国家的政府都在不同程度上参与国民经济的调节与控制活动。宏观经济决策需要各种信息,其中许多信息来自企业的财务会计报告。

2. 用于课征企业税收,特别是所得税

许多国家的所得税都是以企业财务报表提供的信息为基本依据,再进行必要的调整计算出来的。在我国,政府课征的所得税、增值税、营业税、房产税都与财务报表数据有关。总之,报表上的信息与政府的税收额、税收政策的制定有着密切的关系。

3. 用于管制某些行业

有些关系到国计民生的行业或骨干企业往往是国家直接管理的对象,如铁路、航空、公用事业、银行、保险公司、石油公司、军工企业等。在大多数情况下,这些行业的产品或服务价格往往由政府根据财务报表上的成本数据加以确定。

(四)职工

由于与企业利益有着密切的联系,职工总是希望在能够长期保持盈利的企业中工作,获得较高的工资报酬和拥有良好的工作环境及福利条件等。财务会计报告能够帮助职工评估企业的经济地位、存在的风险和发展的潜力,并由此推断就业、提薪和升值的可能性。这些决策影响国民经济中人力资源的分配。工会和职工个人还可以利用财务报告数据,作为签订报酬契约的基础,或作为提薪和提高福利待遇的理由。

(五)供应商和顾客

作为供应商,他们关注的是企业的长期经营能力、商业信用和偿债能力等。财务会计报告在帮助供应商评估企业长期生存能力、偿债能力等方面发挥重大的作用。

顾客往往需要了解企业长期供应商品的能力、产品价格、成本和性能以及售后服务等。财务会计报告信息能帮助顾客预测企业生存与发展的可能性,评估产品价格的合理性与售后继续提供维修、调换等服务的能力。

综上所述,财务会计报告的使用者多种多样,他们需要信息的目的也各不相同。

三、财务会计报告的编制原则

财务会计报告作为提供信息的主要手段,其质量如何对于财务会计报告的使用者来说是至关重要的。会计基本原则要求会计信息必须满足可靠性、相关性、可比性、一惯性、及时性、明晰性等质量特征。为了保证财务会计报告的质量和发挥财务会计报告的重要作用,编制财务会计报告时必须遵守以下原则:

(1)应当根据真实的交易、事项以及完整、准确的账簿记录等资料编制,并遵循国家统一的会计制度规定的编制基础、编制依据、编制原则和编制方法。

(2)应当依照《企业财务会计报告条例》和国家统一的会计制度,对会计报表中各项会计要素进行合理的计量,不得随意改变会计要素的确认和计量标准。

(3)编制年度财务会计报告前,应当全面清查资产、核实账务。应当在年度中间根据具体情况,对各项财产物资和结算款项进行重点抽查、轮流清查或定期清查。

(4)应当依照有关法律、行政法规和相关条例规定的结账日进行结账,不得提前或延迟。年度结账日为日历年度12月31日;半年度、季度和月度的结账日分别为日历年度的每半年、每季度和每月的最后一天。

(5)应当符合国家统一的会计制度规定的会计报表格式和内容,做到内容完整、数字真实准确,不得漏报或任意取舍。

(6)应当对会计报表中需要说明的会计事项作出真实、完整、清楚的说明。

四、财务会计报告的构成及列报

财务会计报告是公司正式对外揭示并传递财务信息的手段,它不仅包括财务报表,也包括同会计信息系统有关的其他财务会计报告。

(一)财务会计报告的构成

2006年颁布的《企业会计准则——基本准则》对财务会计报告作出了规范:财务会计报告包括会计报表及其附注和其他应当在财务会计报告中揭露的相关信息和资料。

1. 会计报表

会计报表包括资产负债表、利润表、现金流量表和相关附表。小企业的会计报表可以不包括现金流量表。

资产负债表是反映企业在某一特定日期财务状况的报表。利润表是反映企业在某一会计期间经营成果的报表。现金流量表是反映企业在某一会计期间现金和现金等价物流入和流出的报表。

与上述三张主要报表相关的附表,是主要报表的补充报表。资产负债表的附表包括资产准备减值明细表、所有者权益(或股东权益)变动表、应交增值税明细表。利润表附表包括利润分配表和分部报表(业务分部和地区分部)。最新企业会计准则《企业会计准则第30号——财务报表列报》将所有者权益(或股东权益)变动表列为财务报表最低列报要求之一,与上述三张主表相同。

2. 会计报表附注

会计报表附注是为便于会计报表使用者理解会计报表内容而对会计报表的编制基础、编制依据、编制原则和方法及主要项目等所做的解释,另外还包括未能在这些报表中列示项目的说明等。会计报表附注一般应当按照下列顺序披露：

(1)财务报表的编制基础。

(2)遵循企业会计准则的声明。

(3)重要会计政策的说明,包括财务报表项目的计量基础和会计政策的确定依据等。

(4)重要会计估计的说明,包括下一会计期间内很可能导致资产和负债账面价值重大调整的会计估计的确定依据等。

(5)会计政策和会计估计变更以及差错更正的说明。

(6)对已在资产负债表、利润表、现金流量表、所有者权益变动表中列示的重要项目的进一步说明,包括终止经营税后利润的金额及构成情况等。

(7)或有和承诺事项、资产负债表日后非调整事项、关联方关系及其交易等需要说明的事项。

此外,应包括有助于理解和分析会计报表需要说明的其他事项。

3. 财务情况说明书

企业的财务情况说明书至少应当对下列情况作出说明：企业生产经营的基本状况；利润实现和分配状况；资金增减和周转状况；对企业财务状况、经营成果和现金流量有重大影响的其他事项。

(二)财务报表列报的基本要求

《企业会计准则第30号——财务报表列报》规定了财务报表列报的基本要求,具体如下：

1. 持续经营

企业应当以持续经营为基础,根据实际发生的交易和事项,按照各项会计准则的规定进行确认和计量,在此基础上编制财务报表。不能以附注披露代替确认和计量。以持续经营为基础编制财务报表不再合理的,应当采用其他基础编制财务报表,并在附注中披露这一事实。

2. 可比性

当期财务报表的列报,至少应当提供所有列报项目上一可比会计期间的比较数据,以及与理解当期财务报表相关的说明,其他准则另有规定的除外。

3. 一致性

财务报表项目的列报应当在各个会计期间保持一致,不得随意变更,但下列情况除外：

(1)会计准则要求改变财务报表项目的列报。

(2)企业经营业务的性质发生重大变化后,变更财务报表的列报能够提供更可靠、更相关的会计信息。

4. 重要性

性质或功能不同的项目应当在财务报表中单独列报,不具有重要性的项目除外。性质或功能相似的项目,其所属类别具有重要性的,应当按其类别在财务报表中单独列报。

会计准则及其他会计准则规定在财务报表中单独列报的项目,应当单独列报。

5. 抵消

财务报表中的资产项目和负债项目的金额、收入项目和费用项目的金额不得相互抵消,其他准则另有规定的除外。资产项目按扣除减值准备后的净额列示,不属于抵消。非日常活动产生的损益,以收入扣减费用后的净额列示,不属于抵消。

6. 应当在财务报表的显著位置披露的项目

包括:编报企业的名称,资产负债表或财务报表涵盖的会计期间,人民币金额单位,以及标明财务报表是否是合并财务报表。

7. 编制间隔期间

企业至少应当按年编制财务报表。年度财务报表涵盖的期间短于1年的,应当披露年度财务报表的涵盖期间以及短于1年的原因。

第二节 资产负债表

一、资产负债表的意义

资产负债表是反映企业在某一特定日期财务状况的会计报表。它是最基本的会计报表,任何企业单位都必须定期编制并向有关部门报送资产负债表。编制资产负债表的意义在于:

(1)通过资产负债表,可以了解企业所掌握的经济资源总量和经营实力、各种资产的分布和构成比例。

(2)通过资产负债表,可以了解企业举债经营程度、长短期债务的比例,并与资产相比可以了解企业的偿债能力及财务风险程度。

(3)通过资产负债表,可以反映所有者权益的大小、资本金的构成和分布等。

(4)通过资产负债表,将年初数与年末数对比分析,可以看出企业的财务趋势。

二、资产负债表的结构

资产负债表在形式上分为表头和正表两个部分。表头主要包括资产负债表的名称、编制单位、编制日期和货币单位;正表包括资产、负债和所有者权益各项目金额,是资产负债表的主要部分。

资产负债表的格式有账户式和报告式两种。我国各单位的资产负债表采用账户式（见表9-2）。账户式资产负债表是依据"资产＝负债＋所有者权益"的等式，将资产项目列在表的左方，将负债和所有者权益项目列在表的右方，使资产负债表的左方资产项目的合计等于右方负债和所有者权益项目的合计。

《企业会计准则第30号——财务报表列报》规定，资产负债表资产类至少应当单独列示反映下列信息的项目：

①货币资金；

②应收及预付款项；

③交易性投资；

④存货；

⑤持有至到期投资；

⑥长期股权投资；

⑦投资性房地产；

⑧固定资产；

⑨生物资产；

⑩递延所得税资产；

⑪无形资产。

资产负债表中的负债类至少应单独列示反映下列信息的项目：

①短期借款；

②应付及预收款项；

③应交税费；

④应付职工薪酬；

⑤预计负债；

⑥长期借款；

⑦长期应付款；

⑧应付债券；

⑨递延所得税负债。

资产负债表中的所有者权益类至少应单独列示反映下列信息的项目：

①实收资本（或股本）；

②资本公积；

③盈余公积；

④未分配利润。

资产负债表还提供年初余额和期末余额的比较资料,其格式见表 9-2。

三、资产负债表的编制方法

通常,资产负债表的各项目均需填列"年初余额"和"期末余额"两栏。其中,资产负债表的"年初余额"栏内各项数字,应根据上年末资产负债表的"期末余额"栏内所列数字填列。如果本年度资产负债表规定的各项目的名称和内容与上年不一致,则应对上年年末资产负债表项目的名称和数字按照本年度的规定进行调整,填入本年度资产负债表的"年初余额"栏内。

资产负债表的"期末余额"栏则根据会计报表编报时间,可为月末、季末或年末的数字。"期末余额"主要是依据有关总账账户及明细账户期末余额填列,其填列方法有以下几种:

(1)根据总账科目余额填列

资产负债表中的有些项目,可直接根据有关总账科目的期末余额填列,如"应收票据"项目,根据"应收票据"总账科目的期末余额直接填列;有些项目,则需根据几个总账科目的余额计算填列,如"货币资金"项目,则需根据"库存现金"、"银行存款"、"其他货币资金"三个总账科目的期末余额的合计数填列。

(2)根据明细账科目余额计算填列

资产负债表中的有些项目,不能根据总账科目的期末余额或几个总账科目的期末余额计算填列,则需要根据有关科目所属的相关明细科目的期末余额来计算填列。如"应付账款"项目,需要根据"应付账款"和"预付账款"两个科目分别所属的相关明细科目的期末贷方余额填列。

(3)根据总账科目和明细账科目余额分析计算填列

资产负债表的许多项目,不能根据总账科目的余额直接或间接计算填列,也不能根据有关科目所属相关明细科目的期末余额计算填列,而需要依据总账科目和明细科目两者的余额分析计算填列。如"长期借款"项目,需要根据"长期借款"总账科目余额扣除"长期借款"科目所属的明细科目中将在一年内到期的长期借款部分分析计算填列。

(4)根据总账科目余额减去其备抵项目后的净额填列

如"无形资产"项目,根据"无形资产"账户的期末余额,减去"无形资产减值准备"备抵账户余额后的净额填列。

此外,资产负债表中资产项目的余额大多是根据资产类账户的借方余额填列,如果出现贷方余额,则以"—"号表示;负债项目余额大多是根据负债类账户的贷方余额填列,如果出现借方余额,也以"—"号表示;"未分配利润"项目如果是未弥补亏损,也以"—"号表示。

【例 9-1】 红海公司 2010 年 1 月 1 日和 2010 年 12 月 31 日各账户余额如表 9-1 所

示。根据表9—1的资料编制该企业2010年12月31日的资产负债表,如表9—2所示。

红海公司各账户余额

表9—1　　　　　2010年1月1日和2010年12月31日　　　　　　　　　单位:元

账户名称 (会计科目)	2010年1月1日 借方余额	2010年1月1日 贷方余额	2010年12月31日 借方余额	2010年12月31日 贷方余额
库存现金	200		150	
银行存款	15 300		8 100	
应收票据	5 400		6 600	
应收账款	33 481		41 359	
坏账准备		331		409
原材料	3 600		67 800	
材料成本差异		1 800		3 051
库存商品	12 600		27 551	
待摊费用	4 680		9 750	
长期股权投资	7 800			
固定资产	109 200		127 400	
累计折旧		31 200		40 625
无形资产	13 600		10 900	
短期借款		600		500
应付账款		19 500		21 200
应付票据		15 600		13 400
其他应付款		650		380
预提费用		780		725
应交税费		1 200		13 400
长期借款		3 900		5 850
应付债券		39 000		23 400
实收资本		62 300		107 470
资本公积		11 700		19 500
盈余公积		35 100		55 900
利润分配		14 580		5 860
合　计	238 311	238 311	299 610	299 610

表 9—2   资产负债表
编制单位:红海公司   2010 年 12 月 31 日   单位:元

资产	行次	年初余额	期末余额	负债和所有者权益（或股东权益）	行次	年初余额	期末余额
流动资产：	1			流动负债：	21		
货币资金	2	15 550	8 250	短期借款	22	600	500
应收票据	4	5 400	6 600	应付票据	23	15 600	13 400
应收账款	5	33 150	40 950	应付账款	24	19 500	21 200
存货	6	46 800	92 300	应交税费	25	1200	13 400
其中:消耗性生物资产	7			其他应付款	26	650	380
待摊费用	8	4 680	92 300	预提费用	27	780	725
流动资产合计	9	105 580	157 850	流动负债合计	28	38 330	37 545
非流动资产：	10			非流动负债：	29		
长期股权投资	11	7 800		长期借款	30	3 900	5 850
固定资产	12	78 000	86 775	应付债券	31	39 000	23 400
固定资产清理	13			非流动负债合计	32	42 900	29 250
生产性生物资产	14			所有者权益（或股东权益）：	33		
无形资产	15	13 600	10 900	实收资本	34	62 370	107 470
商誉	16			资本公积	35	11 700	19 500
长摊待摊费用	17			盈余公积	36	35 100	55 900
递延所得税资产	18			未分配利润	37	14 580	5 860
其他非流动资产	19			所有者权益（或股东权益）合计	38	123 750	188 730
资产总计	20	204 980	255 525	负债和所有者（或股东权益）合计	39	204 980	255 525

第三节 利润表

一、利润表的意义

利润表是反映企业一定时期内的经营成果的会计报表,又称损益表。

企业从事生产经营活动的直接目的之一,就是要最大限度地获取合法的经营成果。为了及时了解企业在一定会计期间内经营成果的大小,每个企业都必须按月编制利润表。编制利润表的意义在于:

(1)通过利润表,可以了解企业在一定会计期间内实现利润或发生亏损的情况,据以分析企业的获利能力。

(2)通过利润表,可以了解企业经营的收益情况、成本和费用情况,据以考核企业的经营业绩和管理水平。

(3)通过利润表,可以对企业未来的经营状况、获利能力进行预测,分析企业未来的盈利趋势。

二、利润表的结构及内容

利润表是通过一定的表格来反映企业的经营成果及其分配情况的。在会计实务中,由于损益需要每月计算一次,而利润分配表一般是一年进行一次,所以通常把两者分开编制,将利润分配表作为利润表的附表或单独编制。在这种情况下,利润表只是反映企业一定会计期间的经营成果。

利润表在形式上分为表头、正表两个部分。表头主要反映损益表的名称、编制单位、编制日期和金额单位;正表反映报告期间的各项收支及利润指标,表中分为"本期金额"栏和"上期金额"栏。

《企业会计准则第30号——财务报表列报》规定,利润表至少应当单独列示反映下列信息的项目:

(1)营业收入;

(2)营业成本;

(3)营业税金;

(4)管理费用;

(5)销售费用;

(6)财务费用;
(7)投资收益;
(8)公允价值变动损益;
(9)资产减值损失;
(10)非流动资产处置损益;
(11)所得税费用;
(12)净利润。

利润表的格式有多步式和单步式两种。

单步式是以垂直形式先将各项收益列示于表的上端,然后将各项成本费用损失列于其下,最后按收支差额一次性结出企业的净利润。单步式利润表便于会计报表阅读者理解,但是不能反映利润的形成过程。

多步式通过对当期的收入、费用、支出项目按其性质加以归类,按利润形成的主要环节列示一些中间性的利润指标,分步计算当期净损益。同时,采用多步式列报利润表,将不同性质的收入和费用类别进行对比,从而可以得出一些中间性的利润数据,便于信息使用者理解企业经营成果的不同来源。

我国企业利润表采用多步式,其格式如表9-4所示。

三、利润表的编制方法

利润表是反映企业经营成果的动态报表,所以在编制时应根据有关损益类账户的发生额填列。

多步式利润表通常分为以下几步:

第一步,计算营业利润。

营业利润=营业收入-营业成本-营业税金及附加-销售费用-管理费用-财务费用-资产减值损失+公允价值变动收益+投资净收益

其中:营业收入=主营业务收入+其他业务收入

营业成本=主营业务成本+其他业务成本

第二步,计算利润总额。

利润总额=营业利润+营业外收入-营业外支出

第三步,计算净利润。

净利润=利润总额-所得税费用

第四步,计算每股收益。

普通股已经公开交易的企业,以及正处于公开发行普通股过程中的企业,还应当在利润表中列示每股收益信息,其中"基本每股收益"、"稀释每股收益"项目应根据每股收益的相关规定计算。非上市公司没有此项目。

下面举例说明利润表的编制方法。

【例 9—2】 红海公司 2010 年 12 月损益类账户发生额明细表见表 9—3。

表 9—3　　　　　　　　　12 月份损益类账户发生额明细表　　　　　　　　单位:元

账户名称	借方发生额	贷方发生额
主营业务收入		2 200 000
主营业务成本	1 300 000	
营业税金及附加	17 000	
其他业务收入		200 000
其他业务成本	75 000	
销售费用	180 000	
管理费用	230 000	
财务费用	35 000	
投资收益		120 000
营业外收入		12 000
营业外支出	9 000	
所得税费用	171 500	

根据上述资料编制红海公司 2010 年 12 月份的利润表,如表 9—4 所示。

表 9—4　　　　　　　　　　　　　利润表　　　　　　　　　　　　会企 02 表
编制单位:红海公司　　　　　　　　　2010 年 12 月　　　　　　　　　　　单位:元

项　目	行次	本期金额	上期金额
一、营业收入	1	2 400 000	
减:营业成本	2	1 375 000	
营业税金及附加	3	17 000	
销售费用	4	180 000	
管理费用	5	230 000	
财务费用(收益以"—"号填列)	6	35 000	

续表

项　目	行次	本期金额	上期金额
资产减值损失	7		
加：公允价值变动净收益（净损失以"－"号填列）	8		
投资净收益（净损失以"－"号填列）	9	120 000	
二、营业利润（亏损以"－"号填列）	10	683 000	
加：营业外收入	11	12 000	
减：营业外支出	12	9 000	
其中：非流动资产处置净损失（净收益以"－"号填列）	13		
三、利润总额（亏损总额以"－"号填列）	14	686 000	
减：所得税费用	15	171 500	
四、净利润（净亏损以"－"号填列）	16	514 500	
五、每股收益	17		
（一）基本每股收益	18		
（二）稀释每股收益	19		

本例中相关数据的计算过程如下：

营业收入＝2 200 000＋200 000＝2 400 000（元）

营业成本＝1 300 000＋75 000＝1 375 000（元）

营业利润＝2 400 000－1 375 000－17 000－180 000－230 000－35 000＋120 000
　　　　＝683 000（元）

利润总额＝683 000＋12 000－9 000＝68 6000（元）

净利润＝686 000－171 500＝514 500（元）

第四节　现金流量表

一、现金流量表的概念及作用

现金流量表是反映企业在一定会计期间现金和现金等价物流入和流出的报表。现金流量表为会计报表使用者提供企业一定会计期间内现金和现金等价物流入和流出的信息，便于会计报表使用者了解和评价企业获取现金和现金等价物的能力,并据以预测企业未来的现金流量。另外,现金流量表以收付实现制为基础,能够反映企业创造现金流量的能力,弥补权责发生制为基础的资产负债表和利润表的不足,进而解决企业利润与现金流量之间的关系等问题。现金流量表有助于评价企业支付能力、偿债能力和周转能力,有助于预测企业未来现金流量,有助于分析企业收益质量及影响现金流量的因素。

(一)现金的概念

编制现金流量表时所称的现金包括以下内容:

(1)库存现金,是指企业持有的可随时用于支付的现金限额,即与会计核算中"库存现金"账户所包括的内容一致。

(2)银行存款,是指企业存在银行或其他金融机构随时可以用于支付的存款,即与会计核算中"银行存款"账户所包括的内容基本一致。但对于不能随时支取的定期存款,不作为现金流量表中的现金。

(3)其他货币资金,是指企业存在银行有特定用途的资金,如外埠存款、银行本票存款、银行汇票存款、信用卡存款。

(4)现金等价物,是指企业持有的期限短、流动性强、易于转换为已知金额现金、价值变动风险很小的投资。

(二)现金流量的分类

现金流量是指现金的流入和流出。现金流量应进行适当的分类,以进一步反映各种经济活动引起的现金流入和流出。会计准则中将现金流量分为三类:经营活动产生的现金流量、投资活动产生的现金流量、筹资活动产生的现金流量。

1. 经营活动产生的现金流量

经营活动是指企业投资活动和筹资活动以外的所有交易和事项。经营活动流入的现金主要包括:销售商品、提供劳务收到的现金;收到的税费返还;收到的其他与经营活动有关的现金。经营活动流出的现金主要包括:购买商品、接受劳务支付的现金;支付给职工以及为职工支付的现金;支付的各项税费;支付的其他与经营活动有关的现金。

2. 投资活动产生的现金流量

投资活动是指企业长期资产的购建和不包括在现金等价物范围内的投资及其处置活动。投资活动流入的现金主要包括:收回投资所收到的现金;取得投资收益所收到的现金;处置固定资产、无形资产和其他长期资产所收回的现金净额;收到的其他与投资活动有关的现金。投资活动流出的现金主要包括:购建固定资产、无形资产和其他长期资产所支付的现金;投资所支付的现金;支付的其他与投资活动有关的现金。

3. 筹资活动产生的现金流量

筹资活动是指导致企业资本及债务规模和构成发生变化的活动。筹资活动流入的现金主要包括：吸收投资所收到的现金；取得借款所收到的现金；收到的其他与筹资活动有关的现金。筹资活动流出的现金主要包括：偿还债务所支付的现金；分配股利、利润或偿付利息所支付的现金；支付的其他与筹资活动有关的现金。

(三) 现金流量表的作用

随着市场经济的发展和企业经营机制的转变，现金流量已成为影响企业生存和发展的重要因素。编制现金流量表具有以下重要作用：

(1) 通过现金流量表，可以揭示企业在一定时期内现金从哪里来、用到哪里去，了解企业购销流入和流出的原因，为正确进行财务决策提供依据。

(2) 通过现金流量表，可以揭示企业经营活动、投资活动、筹资活动的现金流量，详细分析企业现金周转及偿付债务的能力。

(3) 通过现金流量表，可以了解企业未来生成现金的能力，为分析和判定企业的财务前景提供依据。

(4) 现金流量表为报表使用者提供了按收付实现制、以现金流动为基础的会计报表，有助于分析企业收益的质量，更真实地反映企业的财务状况。

二、现金流量表的内容及填列方法

现金流量表主要由主表和补充资料组成。主表包括五大要素：一是经营活动产生的现金流量，二是投资活动产生的现金流量，三是筹资活动产生的现金流量，四是汇率变动对现金的影响额，五是现金及现金等价物净增加额。在三类现金流量中，又分别计算现金流入小计和现金流出小计。补充资料包括三大要素：一是将净利润调节为经营活动的现金流量，二是不涉及现金收支的投资和筹资活动，三是现金及现金等价物的增加情况。现金流量表中各项目的具体填列方法如下：

1. "销售商品、提供劳务收到的现金"项目

按权责发生制调整计算时，可参考以下计算式：

销售商品、提供劳务收到的现金＝主营业务收入和其他业务收入和增值税销项税额＋(应收账款期初余额－应收账款期末余额)＋(应收票据期初余额－应收票据期末余额)＋(预收账款期末余额－预收账款期初余额)＋当期收回前期核销的坏账－以非现金资产抵偿债务而减少的应收账款和应收票据－当期核销的坏账－实际发生的现金折扣－票据贴现的利息＋/－特殊调整业务

由于企业经济业务较为复杂，在计算时可按以下原则考虑：

(1) 凡是"应收账款"、"应收票据"账户借方的对应账户不是销售商品、提供劳务的收入类账户和应交增值税销项税额账户，均应作为主营业务收入的加项调整；

(2)凡是"应收账款"、"应收票据"账户贷方的对应账户不是销售商品、提供劳务产生的"现金类"账户,应作为主营业务收入的减项调整。

2."购买商品、接受劳务支付的现金"项目

按权责发生制调整计算时,主要涉及利润表中的"主营业务成本"项目,资产负债表中的"应交税费(进项税额部分)"项目、"应付账款"项目、"应付票据"项目、"预付账款"项目和"存货"项目等,可参考以下算式计算:

购买商品、接受劳务支付的现金＝当期主营业务成本＋本期应交增值税进项税额＋(应付账款项目期初余额－应付账款项目期末余额)＋(应付票据项目期初余额－应付票据项目期末余额)＋(预付账款项目期末余额－预付账款项目期初余额)＋(存货项目期末余额－存货项目期初余额)＋其他用途减少的存货(如在建工程领用材料等)－其他途径增加的存货(如接受捐赠收到的商品等)－当期实际发生的生产成本中的人工费用－当期实际发生的制造费用(不包括消耗的物料费用)－当期以非现金和非存货资产清偿债务减少的应付账款和应付票据

同样道理,在计算时可按以下原则考虑:

(1)凡是应付账款、应付票据、预付账款和"存货类"等账户(不含四个账户内部转账业务),借方对应的账户不是购买商品、接受劳务产生的"现金类"账户,则作为主营业务成本的减项调整,如接受投资收到的存货、分配的工资费用等;

(2)凡是应付账款、应付票据、预付账款和"存货类"等账户(不含四个账户内部转账业务),贷方对应的账户不是主营业务成本和应交增值税进项税额账户,则作为主营业务成本的加项调整,如在建工程项目领用本企业存货、对外捐赠产品等。

3. 经营活动产生的现金流量——间接法各项目的确定

补充资料中"将净利润调节为经营活动的现金流量",是以间接法编制的经营活动的现金流量。间接法是以净利润为出发点,通过对相关项目的调整,计算经营活动产生的现金流量。其调整方式为:

经营活动现金流量净额＝净利润±不涉及现金流量的损益项目±与经营活动无关的损益项目±与经营活动相关的流动资产和流动负债项目的变动额

有关项目内容说明如下:

(1)计提的资产减值准备项目

资产减值准备项目包括坏账准备、存货跌价准备、交易性金融资产跌价准备、长期投资减值准备、固定资产减值准备和无形资产减值准备等。本期计提资产减值准备时,减损损失已计入本期利润表中的相关损益项目,但实际上与经营活动现金流量无关。因此,在净利润的基础上进行调整计算时,应将其加回到净利润中(若是恢复以前年度计提的减值准备,则应将其从净利润中扣除)。

(2)固定资产折旧

企业计提固定资产折旧,分别计入制造费用和管理费用等期间费用。计入期间费用部分已计入本期净利润,计入制造费用的折旧费用构成企业的存货成本,部分已通过存货的销售计入销售成本,并在计算本期净利润中扣除。由于固定资产折旧并不影响经营活动现金流量,则在净利润的基础上调整计算时,应将其全部加回到净利润中。其中固定资产折旧费包含在存货中的部分虽然未影响净利润,但是增加了存货成本,这里也将其加回,然后在"存货的减少(减:增加)"项目中将其扣除,形成自动平衡。

(3)待摊费用的减少(减:增加)

本项目反映由于经营活动影响的待摊费用的增减变化,不包括由于投资和筹资活动业务影响的待摊费用增加或减少额。待摊费用随着摊销而减少,并增加费用,减少净利润,但与经营活动现金流量无关,在以净利润基础计算经营活动现金流量时应加回;而待摊费用的发生会减少现金或存货等,应在净利润中扣除。

(4)预提费用的增加(减:减少)

本项目反映由于经营活动影响的预提费用的增减变化,不包括由于投资和筹资活动业务影响的预提费用增加或减少额。预提费用的计提会增加费用,减少净利润,但与经营活动现金流量无关,在以净利润基础计算经营活动现金流量时应加回;而预提费用的转销会减少现金或存货等,应在净利润中扣除。

(5)处置固定资产、无形资产和其他长期资产的损失(减:收益)

处置固定资产、无形资产和其他长期资产业务,与经营活动及其现金流量无关,因此,在以净利润基础计算经营活动现金流量时应加回或扣除。

(6)财务费用

企业发生的财务费用可以分别归属于经营活动、投资活动和筹资活动。对属于经营活动产生的财务费用,若既影响净利润又影响经营活动现金流量,如到期支付应付票据的利息,则不需进行调整;若影响净利润但不影响经营活动现金流量的业务,应通过调整经营性项目来完成,如应收票据贴现业务,计入"财务费用"的金额应通过调整"经营性应收项目的减少(减:增加)"项目完成。对属于投资活动和筹资活动产生的财务费用,则只影响净利润,不影响经营活动现金流量,应在净利润的基础上进行调整。

(7)投资损失(减:收益)

投资收益是由投资活动引起的,与经营活动无关。因此无论是否有现金流量,该项目应全额调节净利润,但不包括计提的减值准备损益。

(8)递延税款贷项(减:借项)

递延税款是用来调整当期所得税费用的,在计算本期净利润时已予以计入,但并不产生实际的现金流量,在以净利润基础计算经营活动现金流量时应予以调整。在调节净利润时，可将递延税款理解为预付未来所得税款的资产或未来应付所得税税款的负债，比照经营性应收项目或经营性应付项目处理。具体而言，若递延税款（借项）本期净增加额或递延税款（贷项）本期净减少额，应调减净利润；反之，应调增净利润。

递延税款的发生额若与"所得税"科目或"应交税费——应交所得税"科目无关的，则不做调整，如接受实物捐赠的递延税款。

(9)存货的减少(减：增加)

经营活动的存货增加，说明现金减少或经营性应付项目增加；存货减少，说明销售成本增加，净利润减少。所以在调节净利润时，应减去存货的净增加数，或加上存货的净减少数。至于赊购增加的存货，通过同时调整经营性应付项目的增减变动而进行自动抵消。若存货的增减变动不属于经营活动，则不做调整，如接受投资者投入的存货应做扣除。

(10)经营性应收项目的减少(减：增加)

经营性应收项目是指与经营活动有关的应收账款、应收票据和其他应收款等项目。经营性应收项目增加，则收入增加，净利润增加；经营性应收项目减少，则收回现金，现金增加。所以在调节净利润时，应减去经营性应收项目的增加数，或加上经营性应收项目的减少数。若经营性应收项目的增减变动不属于经营活动引起的，则不做调整，如收到客户以非现金资产抵债而减少的应收账款。

(11)经营性应付项目的增加(减：减少)

经营性应付项目是指与经营活动有关的应付账款、应付票据、应付福利费、应交税费等。一般情况下，经营性应付项目增加，则存货增加，导致销售成本增加，净利润减少。经营性应付项目减少，表示现金支付减少。所以在调节净利润时，应加上经营性应付项目的增加数，或减去经营性应付项目的减少数。若经营性应付项目的增减变动不属于经营活动引起的，则不做调整，如在建工程领用本企业产品而计征的应交增值税。

三、现金流量表的基本格式

根据2006年颁布的《企业会计准则第31号——现金流量表》，现金流量表的格式如表9-5所示。

表9-5　　　　　　　　　　　现金流量表　　　　　　　　　　会企03表
编制单位：　　　　　　　　年度：　　　　　　　　　　　　　单位：元

项　目	行次	金　额
一、经营活动产生的现金流量	1	
销售商品、提供劳务收到的现金	2	

续表

项　目	行次	金　额
收到的税费返还	3	
收到其他与经营活动有关的现金	4	
经营活动现金流入小计	5	
购买商品、接受劳务支付的现金	6	
支付给职工以及为职工支付的现金	7	
支付的各项税费	8	
支付其他与经营活动有关的现金	9	
经营活动现金流出小计	10	
经营活动产生的现金流量净额	11	
二、投资活动产生的现金流量	12	
收回投资收到的现金	13	
取得投资收益收到的现金	14	
处置固定资产、无形资产和其他长期资产收回的现金净额	15	
处置子公司及其他营业单位收到的现金净额	16	
收到其他与投资活动有关的现金	17	
投资活动现金流入小计	18	
购建固定资产、无形资产和其他长期资产支付的现金	19	
投资支付的现金	20	
取得子公司及其他营业单位支付的现金净额	21	
支付其他与投资活动有关的现金	22	
投资活动现金流出小计	23	
投资活动产生的现金流量净额	24	
三、筹资活动产生的现金流量	25	
吸收投资收到的现金	26	
取得借款收到的现金	27	
收到其他与筹资活动有关的现金	28	

续表

项目	行次	金额
筹资活动现金流入小计	29	
偿还债务支付的现金	30	
分配股利、利润或偿付利息支付的现金	31	
支付其他与筹资活动有关的现金	32	
筹资活动现金流出小计	33	
筹资活动产生的现金流量净额	34	
四、汇率变动对现金的影响	35	
五、现金及现金等价物净增加额	36	
期初现金及现金等价物余额	37	
期末现金及现金等价物余额	38	
补充资料	行次	上年金额
1.将净利润调节为经营活动现金流量：	39	
净利润	40	
加:资产减值准备	41	
固定资产折旧、油气资产折耗、生产性生物资产折旧	42	
无形资产摊销	43	
长期待摊费用摊销	44	
待摊费用减少(增加以"－"号填列)	45	
预提费用增加(减少以"－"号填列)	46	
处置固定资产、无形资产和其他长期资产的损失(收益以"－"号填列)	47	
固定资产报废损失(收益以"－"号填列)	48	
公允价值变动损失(收益以"－"号填列)	49	
财务费用(收益以"－"号填列)	50	
投资损失(收益以"－"号填列)	51	
递延所得税资产减少(增加以"－"号填列)	52	
递延所得税负债增加(减少以"－"号填列)	53	

续表

项目	行次	金额
存货的减少(增加以"-"号填列)	54	
经营性应收项目的减少(增加以"-"号填列)	55	
经营性应付项目的增加(减少以"-"号填列)	56	
其他	57	
经营活动产生的现金流量净额	58	
2.不涉及现金收支的重大投资和筹资活动：	59	
债务转为资本	60	
一年内到期的可转换公司债券	61	
融资租入固定资产	62	
3.现金及现金等价物净变动情况：	63	
现金的期末余额	64	
减:现金的期初余额	65	
加:现金等价物的期末余额	66	
减:现金等价物的期初余额	67	
现金及现金等价物净增加额	68	

第五节　所有者权益变动表和附注

一、所有者权益变动表

所有者权益变动表是反映构成所有者权益各部分当期增减变动情况的报表。所有者权益变动表应当反映当期损益、直接计入所有者权益的利得和损失，以及与所有者(或股东，下同)的资本交易引起的所有者权益的变动，以上三项应分别列示。

《企业会计准则第30号——财务报表列报》规定，所有者权益变动表至少应当单独列示反映下列信息的项目：

(1)净利润；

(2)直接计入所有者权益的利得和损失项目及其总额；

(3) 会计政策变更和差错更正的累积影响金额；

(4) 所有者投入资本和向所有者分配利润等；

(5) 按照规定提取的盈余公积；

(6) 实收资本(或股本)、资本公积、盈余公积、未分配利润的期初和期末余额及调节情况。

所有者权益变动表的结构如表 9—6 所示。

表 9—6　　　　　　　　　　　　**所有者权益变动表**　　　　　　　　　　　　会企 04 表

编制单位：　　　　　　　　　　　　年度：　　　　　　　　　　　　　　单位：元

项　目	行次	本年金额						上年金额					
		实收资本	资本公积	盈余公积	未分配利润	库存股（减项）	所有者权益合计	实收资本(或股本)	资本公积	盈余公积	未分配利润	库存股（减项）	所有者权益合计
一、上年年末余额													
1. 会计政策变更													
2. 前期差错更正													
二、本年年初余额													
三、本年增减变动金额（减少以"—"号填列）													
(一) 本年净利润													
(二) 直接计入所有者权益的利得和损失													
1. 可供出售金融资产公允价值变动净额													
2. 现金流量套期工具公允价值变动净额													
3. 与计入所有者权益项目相关的所得税影响													
4. 其他													
小计													
(三) 所有者投入资本													

续表

项　目	行次	本年金额						上年金额					
		实收资本	资本公积	盈余公积	未分配利润	库存股(减项)	所有者权益合计	实收资本(或股本)	资本公积	盈余公积	未分配利润	库存股(减项)	所有者权益合计
1. 所有者本期投入资本												
2. 本年购回库存股												
3. 股份支付计入所有者权益的金额												
(四)本年利润分配												
1. 对所有者(或股东)的分配												
2. 提取盈余公积												
(五)所有者权益内部结转												
1. 资本公积转增资本												
2. 盈余公积转增资本												
3. 盈余公积弥补亏损												
四、年末余额												

二、附注

附注是指对在资产负债表、利润表、所有者权益变动表和现金流量表等报表中列示项目的文字描述或详细资料，以及对未能在这些报表中列示项目的说明等。

附注应当披露财务报表的编制基础，相关信息应当与资产负债表、利润表、所有者权益变动表和现金流量表等报表中列示的项目相互参照。附注一般应当按照下列顺序披露：

(1)财务报表的编制基础。

(2)遵循企业会计准则的声明。

(3)重要会计政策的说明，包括财务报表项目的计量基础和会计政策的确定依据等。

(4)重要会计估计的说明，包括下一会计期间内很可能导致资产和负债账面价值重大调整的会计估计的确定依据等。

(5)会计政策和会计估计变更以及差错更正的说明。

(6)对已在资产负债表、利润表、现金流量表、所有者权益变动表中列示的重要项目的进一步说明,包括终止经营税后利润的金额及构成情况等。

(7)或有和承诺事项、资产负债表日后非调整事项、关联方关系及其交易等需要说明的事项。

另外,企业应当在附注中披露资产负债表日后、财务报表批准报出日前提议或宣布发放的股利总额和每股股利金额(或分配给投资者的利润总额)。如果下列各项没有在与财务报表一起公布的其他信息中披露的,企业还应当在附注中披露:

①企业注册地、组织形式和总部地址;

②企业的业务性质和主要经营活动;

③母公司以及集团最终母公司的名称。

第六节 财务报表分析

一、分析会计报表的基本方法

(一)比较分析法

比较分析法以企业当年编制的财务报表信息为依据,与前期、计划及同行业或资本市场平均水平等指标进行对比,提供有关企业当期经营业绩大致变化水平的信息。

1. 公司内部比较分析

企业内部比较分析是指对企业内部有关部门数据进行对比分析,包括趋势分析和结构分析。

趋势分析包括绝对数趋势分析和百分比趋势分析,是将企业现在和过去的历史资料相比较,以评价企业财务业绩和状况的方法。

结构分析又叫纵向分析,是以百分比的形式表述公司在一个特定期间内财务报表项目与某一共同项目之间的关系。

2. 公司间的比较分析

公司间的比较分析是将公司的业绩与竞争对手的业绩相比,与整个行业比较或与相关的企业相比。在比较分析时,可以比较一期,也可以与过去多期相比较。比较的基础可以是比率、发展趋势或结构。

(二)比率分析法

比率分析法是指利用同一时期财务报表中两项相关数值之比来揭示企业财务状况、经营成果及相关项目之间内在联系的分析方法。它是最基本的分析方法,在实践中广泛应用。

二、会计报表的具体比率分析

(一)盈利能力分析

盈利能力比率考核企业的盈利能力,具体指利润与投入资产的关系。用以反映企业盈利能力的比率有资产报酬率、净资产报酬率、销售毛利率等。

1. 资产报酬率

资产报酬率也称全部资产报酬率,指的是息前利润与平均资产总额的比率,以反映运用全部经济资源的获利能力。其计算公式如下:

资产报酬率＝息前利润/平均总资产

其中,息前利润为"净利润＋利息费用×(1－税率)"。资产报酬率越高,表明投资盈利水平越高,企业获利能力也越强;反之则相反。

2. 净资产报酬率

净资产报酬率也称所有者权益报酬率,指的是净利润与净资产的比率。它是反映企业获利能力的一项重要指标。其计算公式如下:

净资产报酬率＝净利润/净资产平均余额

该比率越大,表明企业所有者所享有的净利润就越多,投资盈利水平就越高,企业获利能力相应也越强;反之亦然。

3. 销售毛利率

销售毛利率也称边际利润率,是指销售利润总额和销售收入净额的比率。其计算公式如下:

销售毛利率＝产品销售利润总额/产品销售收入净额

该比率常用于衡量企业产品销售收入的获利能力,包括对销售过程成本和费用的控制能力。企业的销售成本和期间费用越低,企业销售收入的获利能力就越高。

(二)资产运营效率分析

资产运营效率比率也称周转比率,是反映企业资产运转快慢、评价企业资产流动性的方法。

1. 资产周转率

资产周转率是指销售收入净额与资产总额的比率,反映企业对其所拥有的全部资产的有效利用程度。其计算公式如下:

资产周转率＝销售收入净额/资产平均余额

一般而言,在其他条件不变的情况下,销售上升,资产周转率也上升,表明企业各项资产的运用效率提高,企业管理水平上升;反之,则表明企业管理水平下降。

2. 应收账款周转率

应收账款周转率亦称应收账款周转次数,是指企业销售净额与应收账款平均余额的比率,用以反映企业应收账款收回的速度和管理效率。其计算公式如下:

应收账款周转率＝销售收入净额/应收账款平均余额

应收账款平均收账期＝(应收账款平均余额/销售收入净额)×365

＝365/应收账款周转率

式中:销售净额是销售收入(包括赊销收入和现销收入)扣除销售退回、折扣与折让后的净额。应收账款平均余额应按应收票据和应收账款扣除坏账准备后的净额的期初余额和期末余额平均计算。

应收账款周转率越高,表明应收账款的管理效率越高,短期偿债能力越强。因为该比率越高,说明企业收款迅速,可减少坏账损失而且资产的流动性强,偿债能力也强。但过高的应收账款周转率可能说明企业在赊销政策方面存在问题,或为及早收回款项而给予顾客过高的现金折扣,从而降低企业的盈利水平,或奉行严格的信用政策,付款条件过于苛刻,从而虽然降低了应收账款数额,但同时限制了产品销售量,影响企业的销售收入,最终影响企业的盈利水平。

3. 存货周转率

存货周转率亦称存货利用率,指的是企业在某一特定期间的销售成本同存货平均余额的比率,反映企业在特定期间存货周转速度,以衡量企业销售商品的能力、经营绩效及偿债能力。其计算公式如下:

存货周转率＝销售成本/平均存货

存货平均周转天数＝(平均存货/销售成本)×365＝365/存货周转率

一般来说,该比率越高越好。该比率高,表明企业存货管理越有效率,存货变现能力越强。存货周转率越高,存货积压的风险相对降低,资产使用效率也越高。但过高的周转率也可能表明该企业的存货管理水平过低,导致经常缺货从而影响正常生产经营活动进行;或由于采购次数过于频繁,每次订量过小而增加存货采购成本。存货周转率过低,往往表明存货管理不善,造成资金沉淀,销售不畅,存货积压。

4. 应付账款周转率

应付账款周转率是指年内应付账款的周转次数或周转天数。计算公式如下:

应付账款周转率＝购货成本/应付账款平均余额

应付账款平均周转天数＝(应付账款平均余额/购货成本)×365

＝365/应付账款周转天数

其中,购货成本是销货成本加上期末存货成本减去期初存货成本。周转次数越高或平均周转天数越低,表明购买存货和现金支付之间的时间就越短。

(三)短期偿债能力分析

流动性比率是考察短期偿债能力的指标,主要有流动比率、速动比率、现金比率、速动资产够用天数等。

1. 流动比率

流动比率是指企业流动资产总额与流动负债总额的比率,用以衡量企业在某一时点用现有的流动资产去偿还到期流动负债的能力。计算公式如下:

流动比率=流动资产/流动负债

一般来说,该比率越高,表明企业资产的流动性越大,变现能力越强,短期偿债能力相应越高。长期经验证明,流动比率一般维持在2∶1或200%左右,就视为企业具有充裕的短期偿债能力。为此,流动比率习惯上称为2与1比率。

2. 速动比率

尽管流动比率能较好地反映企业资产的流动性和短期偿债能力,但由于流动资产包括了一部分流动性较差的资产(如存货)和部分几乎没有变现能力的资产(如待摊费用或预付费用)。如果这部分资产在流动资产中所占份额较高,流动比率用于衡量企业短期偿债能力的作用将大打折扣。为此,实践中产生了一种新的比率,即将流动资产中变现能力较差的资产(如存货和待摊费用)剔除,形成所谓"速动资产"。以速动资产总额与流动负债总额比较,就是"速动比率",亦称"酸性测验比率"(acidtestratio)。它用于衡量企业在某一时点运用随时可变现流动资产偿付到期流动负债的能力。计算公式如下:

速动资产=流动资产-存货-待摊费用

速动比率=速动资产/流动负债

一般来说,速动比率应维持在1∶1或100%以上,即速动资产应至少与流动负债相等,企业才具有较强的短期偿债能力,短期债权人如期收回债权的安全系数高。

3. 现金比率

如果一个企业处于财务困境,它的存货和应收账款被抵押或者流动不畅,企业的偿债能力降低,则企业资产的流动性只有依靠现金和有价证券。因此评价企业短期偿债能力的最佳指标是现金比率。其计算公式为:

现金比率=(现金+有价证券)/流动负债

4. 速动资产够用天数

速动资产够用天数是指现有速动资产可以支持企业日常现金支出的天数。其计算公式为:

速动资产够用天数=速动资产/每日经营支出

式中:每日经营支出是通过销售成本加上销售和管理费用及其他现金支出,再除以365天后计算求得。

速动资产够用天数为投资者在决定企业满足日常经营支出的能力方面建立了一个安全范围。它反映企业可以用部分速动资产偿还短期负债而不会影响日常支付的能力。如果速动资产够用天数较高，一方面说明企业具有较强的短期偿债能力，另一方面也表明企业具有较高的自我保护能力。

(四)资本结构比率分析

资本结构比率是反映企业长期偿债能力的指标，它向企业的长期债券持有人和股东提供对公司投资安全(风险)程度的信息。

1. 资产负债率

资产负债率也称举债经营比率，是指负债总额与资产总额之比。它通过企业由债权人提供的资本占资产总额的比重，表明企业负债水平高低和长期偿债能力，反映债权人提供贷款的安全程度。计算公式如下：

资产负债率＝负债总额/资产总额

一般来说，负债比率越小，资产对债权人的保障程度就越高。因为它说明在企业资产中，债权人提供的资金越少，所有者投入的资金就越多，这样企业本身的财力就越强；反之，负债比率越高，企业长期偿债能力越差，债权人收回债权的保障就越低，债权人面临的风险就越大。如果负债比率大于100%，则表明企业已资不抵债，面临破产的危险，债权人将蒙受损失。

2. 财务杠杆

财务杠杆是指企业在安排资本结构时合理安排借入资金与股东权益的比例。当借入资金的投资报酬率高于利息率时，借入资金对股东权益的比率越大，股东权益报酬率越高；反之，则表明股东权益报酬率越低。

财务杠杆＝资产总额/所有者权益总额

3. 利息保障倍数

利息保障倍数是用息税前收益除以利息费用得出的，常用于评价公司所赚取收益支付利息费用的能力和债权人在公司投资的安全性。其计算公式为：

利息保障倍数＝(税前利润＋利息费用)/利息费用

一般来说，利息保障倍数越高，公司支付利息的能力就越强。

(五)股东盈利比率分析

股东盈利比率是反映公司股东获利目标的指标。

1. 每股收益

每股收益是财务分析中最重要的指标之一。每股收益的计算相当复杂，如果公司资本结构中没有可能冲减每股收益的证券，每股收益可以简单地通过净利润减去优先股股利再除以发行在外的普通股加权平均数进行计算。

每股收益＝(净利润－优先股股利)/流通在外普通股加权平均数

在分析每股收益时，应注意公司可以利用股票回购的方式减少发行在外的普通股股份数，使每股收益简单增加。另外，如果公司派发股票股利或配售股票，就会使流通在外的股份数增加，这样会稀释每股收益，因此要摊薄每股收益。

与每股收益相对应的是每股经营现金流量，可以反映会计收益是否伴随着相应的经营现金流入，有助于衡量会计收益质量。其计算公式为：

每股经营现金流量＝(经营现金流量－优先股股利)/流通在外普通股加权平均数

2. 市盈率

市盈率也称价格与收益比率，是指普通股每股市价与每股盈利(收益)的比率。其计算公式为：

市盈率＝普通股每股市价/普通股每股收益

该比率常常被投资者作为判断股票价格是否具有吸引力的一种依据。它反映股东每得1元收益所需要付出的代价。从理论上讲，市盈率越低的股票越具有投资价值。与其他类似公司相比，市盈率越高，表明该公司股价中泡沫成分可能越多。运用这一指标时，要考虑公司的成长性。

3. 股利支付率

股利支付率是指现金股利与净收益的比率。该比率不考虑发行在外的优先股，它主要衡量在普通股的每股收益中有多大比例用于支付股利。其计算公式为：

股利支付率＝现金股利/(净利润－优先股股利)

(六)财务比率的综合分析

财务比率之间具有内在的经济关系，例如总资产报酬率就是由净利润和总资产周转率相乘得到的，这两个比率中的任何一个发生变化都会导致总资产报酬率的变化。财务比率之间的这种相互关系对财务分析具有非常重要的意义。杜邦分析就是财务比率综合分析的一个典型例子。

杜邦分析法又称杜邦财务分析体系，简称杜邦体系，是利用各主要财务比率指标间的内在联系，对企业财务状况及经济效益进行综合系统分析评价的方法。该体系是以净资产收益率为龙头，以资产净利率和权益乘数为核心，重点揭示企业获利能力及权益乘数对净资产收益率的影响，以及各相关指标间的关系。

因其最初由美国杜邦公司成功应用，所以得名。杜邦分析法中的几种主要的财务指标关系为：

净资产收益率＝资产净利率×权益乘数

资产净利率＝销售净利率×资产周转率

净资产收益率＝销售净利率×资产周转率×权益乘数

式中:权益乘数等于资产总额除以权益总额,总资产周转率等于销售收入除以资产总额,销售净利率等于净利润除以销售收入。其实也可以直接将净利润除以权益总额得出。但是分解成3块的原因是分别从资产周转速度(资产套现能力)、销售能力和资产结构来分析公司的经营状况。

杜邦分析法有助于企业管理层更加清晰地看到权益资本收益率的决定因素,以及销售净利润率与总资产周转率、债务比率之间的关系,给管理层提供了一张明晰地考察公司资产管理效率和是否最大化股东投资回报的路线图。

杜邦分析模型结构如图9-1所示。

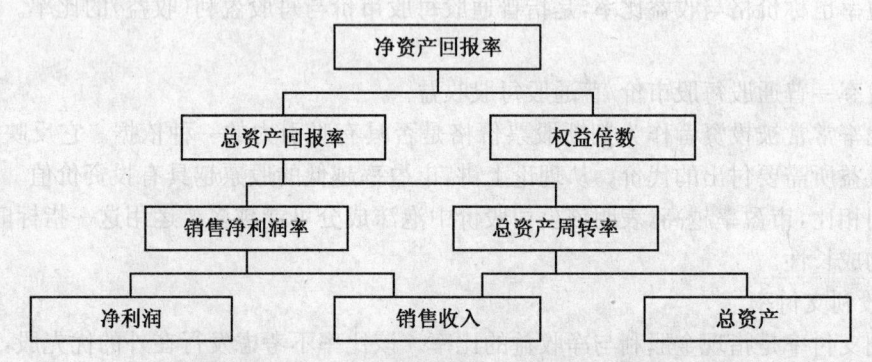

```
                    净资产回报率
                   ┌─────┴─────┐
              总资产回报率      权益倍数
           ┌─────┴─────┐
        销售净利润率   总资产周转率
        ┌──┴──┐         ┌──┴──┐
      净利润  销售收入        总资产
```

净资产回报率=资产回报率×财务杠杆(权益倍数)
资产回报率=销售利润率×资产周转率
财务杠杆=总资产/所有者权益

图9-1 杜邦分析模型结构图

杜邦分析法几个指标的含义是:

销售净利润率:产品的盈利能力,我们在分析的时候可以单独的产品来进行,也可以产品线来确认销售净利润率。

资产周转率:反映资产管理的效率。

财务杠杆:反映公司利用财务融资对所有者投资回报的促进作用。

思考题

1. 简述财务会计报告的信息使用者及其信息需求。
2. 简述财务会计报告的构成内容。
3. 什么是资产负债表?试述其内容和编制方法。
4. 什么是利润表?试述该表的构成。

练习题

【练习一】

(一)目的:练习资产负债表的编制。

(二)资料:华丰公司 2010 年 7 月 31 日有关账户余额资料如下:

华丰公司各账户余额

2010 年 7 月 31 日　　　　　　　　　　　　　　　　　　　　单位:元

账户名称	借方余额	账户名称	贷方余额
库存现金	5 700	累计折旧	38 000
银行存款	124 800	短期借款	65 000
应收账款	150 000	应付账款	89 000
原材料	89 000	应付职工薪酬	560
库存商品	97 000	应交税费	3 400
生产成本	56 000	应付股利	10 000
固定资产	425 700	利润分配	8 600
无形资产	66 320	实收资本	800 000
合　计	1 014 560	合　计	1 014 560

(三)要求:根据以上资料编制华丰公司 2010 年 7 月 31 日的资产负债表。

资产负债表

编制单位:　　　　　　　　　年　月　日　　　　　　　　　　单位:

资　产	年初余额	期末余额	负债和所有者权益(或股东权益)	年初余额	期末余额
流动资产:			流动负债		
货币资金			短期借款		
应收票据			应付账款		
应收账款			应付职工薪酬		
存货			应交税费		
流动资产合计			应付股利		
非流动资产:	(略)		流动负债合计	(略)	
固定资产			非流动负债:		
固定资产清理			长期借款		
无形资产			非流动负债合计		
非流动资产合计			所有者权益:		
			实收资本		
			所有者权益合计		
资产总计			负债和所有者权益合计		

【练习二】

（一）目的：练习利润表的编制。

（二）资料：华丰公司2010年9月份有关账户发生额资料如下：

9月份损益类账户发生额明细表   单位：元

账户名称	借方发生额	贷方发生额
主营业务收入		960 000
主营业务成本	470 000	
营业税金及附加	98 000	
其他业务收入		11 800
其他业务成本	7 900	
销售费用	98 000	
管理费用	110 000	
财务费用	85 800	
营业外收入		34 000
营业外支出	18 000	
所得税	50 525	

（三）要求：根据以上资料编制华丰公司2010年9月的利润表。

利 润 表

编制单位：　　　　　　　　　　年　月　　　　　　　　　　单位：元

项　目	行次	本期金额	上期金额
一、营业收入	1		
减：营业成本	2		
营业税费	3		
销售费用	4		
管理费用	5		
财务费用（收益以"—"号填列）	6		
资产减值损失	7		
加：公允价值变动净收益（净损失以"—"号填列）	8		

续表

项 目	行次	本期金额	上期金额
投资净收益（净损失以"一"号填列）	9		
二、营业利润（亏损以"一"号填列）	10		
加：营业外收入	11		
减：营业外支出	12		
其中：非流动资产处置净损失（净收益以"一"号填列）	13		
三、利润总额（亏损总额以"一"号填列）	14		
减：所得税	15		
四、净利润（净亏损以"一"号填列）	16		

第十章 会计核算形式

第一节 会计核算形式概述

一、会计核算形式的概念及意义

(一)会计核算形式的概念

会计工作是通过对经济活动的核算和监督,为经济管理提供必要的信息。这一工作是运用会计凭证、会计账簿和会计报表对经济业务信息的收集、加工、存储、传递来完成的。会计凭证、会计账簿和会计报表等不是彼此孤立、互不联系的。在实际工作中,要将这些方法和工具紧密结合起来,使之形成一个能够连续、系统、全面、综合地对各单位的经济活动进行会计核算和监督的系统,才能开展各单位的会计核算工作。因此,任何一个单位在开展会计核算之前,必须首先明确各种会计凭证、会计账簿和会计报表之间的关系,把它们有机地结合起来,也就是设计本单位的会计核算形式。

所谓会计核算形式,是指会计凭证、账簿组织、记账程序和记账方法相互组合的步骤和方法,又称会计核算程序或账务处理程序。

账簿组织是指应用账簿的种类、账页格式和各账簿之间的关系。

记账方法是指根据会计凭证登记账簿以及编制会计报表的步骤和方法。

确立各单位的会计核算形式要明确如下内容:

(1)选用哪些账簿?这些账簿如何结合?

(2)应使用哪些凭证？这些凭证和账簿是什么关系？
(3)编制哪些报表？在什么环节编制？
(4)凭证、账簿、报表之间如何有机结合、形成一个整体？

(二)会计核算形式的意义

合理地组织会计核算形式对于加强会计核算、提高核算水平具有重要意义。

第一，可以保证会计核算各环节的工作有条不紊地进行，有利于分工协作、明确责任、加强岗位责任制、提高会计工作效率。

第二，可以正确、及时地提供会计信息，更好地发挥会计在经营管理中的作用。

第三，可以简化会计核算手续，节约人力、物力和财力。

二、会计核算形式的要求

合理组织会计核算形式应符合以下要求：

1. 必须适合本单位的实际情况

会计核算形式应与本单位的经营性质、生产经营规模的大小、业务量的多少、会计事项的繁简程度、会计机构的设置和会计人员的配备、分工等情况相适应，以保证会计核算工作的顺利进行。

2. 必须适合会计信息使用者的要求

提供的会计核算资料做到及时、准确、系统、全面，以利于企业内外的信息使用者及时掌握本单位的财务状况、经营成果和资金运动状况，满足经济决策的要求。

3. 必须适合提高会计核算效率的要求

在保证会计核算资料真实、完整、及时、准确的前提下，力求简化核算手续，节约核算中的人力和物力的消耗，使核算数字从凭证到报表的结转登记次数最少。

三、会计核算形式的种类

会计核算形式主要有以下五种：
(1)记账凭证会计核算形式；
(2)汇总记账凭证会计核算形式；
(3)科目汇总表会计核算形式；
(4)日记总账会计核算形式；
(5)多栏式日记账会计核算形式。

其中，前三种采用的单位比较多，后两种采用的单位比较少，本章重点介绍前三种会计核算形式。

第二节 记账凭证会计核算形式

一、记账凭证会计核算形式的主要特点

记账凭证会计核算形式是根据原始凭证(或原始凭证汇总表)填制记账凭证,根据记账凭证直接登记总分类账的一种会计核算形式。这种会计核算形式的主要特点是:直接根据记账凭证,逐笔登记总分类账。在记账凭证和总分类账之间没有其他汇总形式。这种会计核算形式是会计核算中最基本的一种会计核算形式。

二、记账凭证会计核算形式下凭证、账簿的设置

在记账凭证会计核算形式下,记账凭证的设置有以下两种方法:
(1)采用通用格式的记账凭证,所有业务发生后都编制此种记账凭证。
(2)分别设置收款凭证、付款凭证和转账凭证,根据业务的性质分别编制不同的记账凭证。

采用记账凭证账务处理程序,一般设置下列账簿:
(1)日记账。主要是现金日记账和银行存款日记账,一般采用三栏式。
(2)各种明细分类账。根据管理的需要,按其所从属的总分类账户设置,根据登记业务的性质,其账页格式分别采用三栏式、数量金额式和多栏式。
(3)总分类账。根据总账科目设置,账页格式采用三栏式。

为了减少填制凭证的数量,减轻登记总分类账的工作量,从而简化核算手续,应尽可能地将经济业务相同的原始凭证先编制成原始凭证汇总表,再根据原始凭证汇总表填制记账凭证,据以登记总分类账。

三、记账凭证会计核算形式的账务处理程序

在记账凭证会计核算形式下,按如下步骤进行会计核算:
(1)根据原始凭证、原始凭证汇总表填制收款凭证、付款凭证、转账凭证(或通用记账凭证);
(2)根据收款凭证和付款凭证逐笔登记现金日记账和银行存款日记账;

(3)根据原始凭证、原始凭证汇总表、记账凭证,逐笔登记各种明细分类账;

(4)根据记账凭证逐笔登记总分类账;

(5)期末,将现金日记账、银行存款日记账和各种明细分类账余额的合计数,分别与有关总分类账户的余额核对相符;

(6)期末,根据总分类账和明细分类账资料编制会计报表。

记账凭证会计核算形式的核算步骤如图10-1所示。

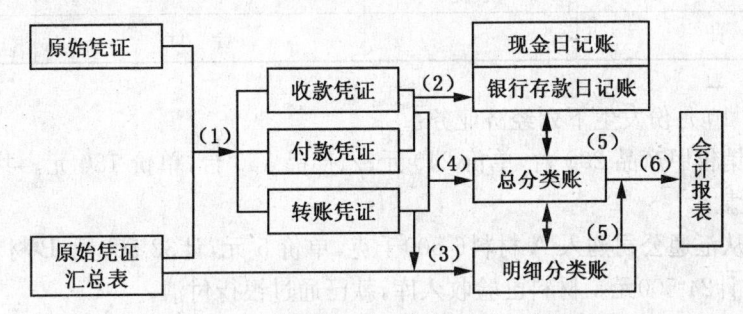

图10-1 记账凭证会计核算形式核算步骤

四、记账凭证会计核算形式举例

红海公司采用记账凭证会计核算形式进行会计核算。2010年10月1日总分类账户及有关明细分类账户余额如表10-1所示。

表10-1　　　　　　　　总分类账户及有关明细分类账户余额

编制单位:红海公司　　　　　　2010年10月1日　　　　　　　　单位:元

账户名称	借方金额	账户名称	贷方金额
库存现金	1 480	短期借款	302 580
银行存款	74 000	应付账款	5 100
应收账款	3 500	——东亚商贸公司	2 800
——金海岸公司	3 500	——华强有限公司	2 300
原材料	256 200	应付福利费	1 950
——A材料(30 740千克)	153 700	预提费用	9 000
——B材料(29 280千克)	102 500	预提利息	9 000
库存商品	128 400	累计折旧	321 600
——甲产品(440台)	77 100	实收资本	300 000

续表

账户名称	借方金额	账户名称	贷方金额
——乙产品(380台)	51 300	盈余公积	32 830
待摊费用	4 800	本年利润	245 000
固定资产	636 000		
利润分配	32 830		
所得税	80 850		
合　计		合　计	

红海公司10月份发生下列经济业务：

(1)1日,销售甲产品200台,单价240元;乙产品150台,单价180元。共计75 000元,已通过银行收款。

(2)2日,从汇通公司购入A材料6 500千克,单价5元,计32 500元;B材料7 000千克,单价3.50元,计24 500元。材料已验收入库,款已通过银行付清。

(3)3日,以转账支票支付从华联商厦购买办公用品250元。

(4)5日,通过银行收到金海岸公司还来欠货款3 500元。

(5)6日,陈广出差借款850元,付以现金。

(6)8日,以转账支票支付前欠东亚商贸公司采购材料款2 800元。

(7)9日,从银行提取现金78 000元,备发工资。

(8)9日,以现金支付职工工资78 000元。

(9)11日,开出转账支票支付车间设备修理费450元。

(10)12日,陈广报销差旅费780元,余款交回现金。

(11)13日,销售甲产品240台,单价240元,乙产品200台,单价180元,共计93 600元。

(12)14日,从银行提取现金2 500元,备零星支出。

(13)15日,通过银行预付明年上半年保险费4 200元。

(14)16日,售给永丰公司甲产品10台,单价240元,计2 400元,货款尚未收到。

(15)18日,从五交公司购买车间用工具850元,已开转账支票付清。

(16)20日,通过银行付前欠华强公司货款2 300元。

(17)21日,永丰公司转来转账支票2 400元,支付前欠货款。

(18)22日,通过银行付电费3 000元。其中,甲产品电费1 200元,乙产品电费800元,行政管理用电费1 000元。

(19)23日,预提本月银行借款利息4 000元。

(20)24日,从汇通公司购入A材料9 000千克,单价5元;B材料9 500千克,单价3.5

元,共计78 250元。材料已验收入库,货款尚未支付。

(21)24日,销售甲产品300台,单价240元;乙产品310台,单价180元,共计货款127 800元。已通过银行收款。

(22)25日,归还银行短期借款2 500元。

(23)26日,支付银行利息13 000元。

(24)27日,通过银行支付前欠汇通公司材料款78 250元。

(25)28日,通过银行付水费460元,其中,甲产品水费180元,乙产品水费160元,行政管理水费120元。

(26)29日,摊销应由本月负担的保险费1 000元。

(27)31日,计提本月折旧费4 770元,其中,车间折旧费2 865元,管理部门折旧费1 905元。

(28)31日,分配本月工资78 000元,其中甲产品生产工人工资37 440元,乙产品生产工人工资24 960元,企业管理人员工资15 600元,同时按工资额的14%计提福利费。

(29)31日,本月耗用材料如表10—2所示。

表10—2　　　　　　　　　　　材料耗用汇总表
2010年10月　　　　　　　　　　　　　　　　　　　单位:千克;元

项目	A材料 数量	A材料 金额	B材料 数量	B材料 金额	合计
甲产品	9 750	49 006.72	9 260	32 670.85	81 677.57
乙产品	6 330	31 816.67	6 010	21 204.30	53 020.97
修理设备	80	402.11	60	211.69	613.80
合计	16 160	81 225.50	15 330	54 086.84	135 312.34

(30)31日,将本月制造费用分配计入产品生产成本(按生产工时比例分配,甲产品生产工时9 600小时,乙产品为6 400小时)。

(31)31日,本月生产完工甲产品800台,乙产品700台,结转本月生产成本。

(32)31日,按销售额的5%(假定税率)计算相应的应交产品销售税。

(33)31日,结转已销售产品的销售成本。

(34)31日,结转销售收入。

(35)31日,结转"营业税金及附加"、"主营业务成本"、"管理费用"和"财务费用"。

(36)31日,企业按总利润的25%上交所得税,其他为企业留利,在企业留利中按10%提取法定盈余公积金,按5%提取公任意盈余公积,其余待分配。

依据上述业务编制记账凭证,如表10-3所示。

表10-3　　　　　　　　　　　记账凭证表

序号	日期	凭证号数	摘要	会计科目 总账科目	会计科目 明细科目	借方余额	贷方余额
1	10月1日	银收1	销售产品、收回货款	银行存款 主营业务收入		75 000	75 000
			合计			75 000	75 000
2	10月2日	银付1	购买材料	原材料 银行存款	甲材料 乙材料	32 500 24 500	57 00
			合计			5 700	5 700
3	10月3日	银付2	购买办公用品	管理费用 银行存款		250	250
			合计			250	250
4	10月5日	银收2	收回前欠货款	银行存款 应收账款	金海岸	3 500	3 500
			合计			3 500	3 500
5	10月6日	现付1	陈广借差旅费	其他应收款 库存现金	陈广	850	850
			合计			850	850
6	10月8日	银付3	偿还前欠货款	应付账款 银行存款	东亚商贸公司	2 800	2 800
			合计			2 800	2 800
7	10月9日	银付4	从银行提现金	库存现金 银行存款		78 000	78 000
			合计			78 000	78 000
8	10月9日	现付2	发放工资	应付职工薪酬 库存现金	应付工资	78 000	78 000
			合计			78 000	78 000
9	10月11日	银付5	支付修理费	制造费用 银行存款		450	450
			合计			450	450

续表

序号	日 期	凭证号数	摘 要	会计科目 总账科目	会计科目 明细科目	借方余额	贷方余额
10	10月12日	转1	报销差旅费	管理费用 其他应收款	陈广	780	780
	10月12日	现收1	陈广交回多余现金	库存现金 其他应收款	陈广	70	70
			合 计			70	70
11	10月13日	银收3	销售产品收回货款	银行存款 主营业务收入		93 600	93 600
			合 计			93 600	93 600
12	10月14日	银付6	提取现金	库存现金 银行存款		2 500	2 500
			合 计			2 500	2 500
13	10月15日	银付7	预付保险费	待摊费用 银行存款		4 200	4 200
			合 计			4 200	4 200
14	10月16日	转2	销售产品款未收	应收账款 主营业务收入	永丰公司	2 400	2 400
			合 计			2 400	2 400
15	10月18日	银付8	购买车间用工具	制造费用 银行存款		850	850
			合 计			850	850
16	10月20日	银付9	偿还前欠货款	应付账款 银行存款	华强公司	2 300	2 300
			合 计			2 300	2 300
17	10月21日	银收4	收到前欠货款	银行存款 应收账款	永丰公司	2 400	2 400
			合 计			2 400	2 400
18	10月22日	银付10	支付电费	生产成本 管理费用 银行存款	甲产品 乙产品	1 200 800 1 00	3 000
			合 计			3 000	3 000

续表

序号	日期	凭证号数	摘要	会计科目 总账科目	会计科目 明细科目	借方余额	贷方余额
19	10月23日	转 3	预提借款利息	财务费用 应付利息		4 000	4 000
			合 计			4 000	4 000
20	10月24日	转 4	购买材料	原材料 应付账款	A材料 B材料	45 000 33 250	78 250
			合 计			78 250	78 250
21	10月24日	银收 5	销售产品	银行存款 主营业务收入		127 800	127 800
			合 计			127 800	127 800
22	10月25日	银付 11	归还借款	短期借款 银行存款		25 000	25 000
			合 计			25 000	25 000
23	10月26日	银付 12	支付利息	应付利息 银行存款		13 000	13 000
			合 计			13 000	13 000
24	10月27日	银付 13	支付前购材料款	应付账款 银行存款	汇通公司	78 250	78 250
			合 计			78 250	78 250
25	10月28日	银付 14	支付水费	生产成本 管理费用 银行存款	甲产品 乙产品	180 160 120	460
			合 计			460	460
26	10月29日	转 5	摊销保险费	管理费用 待摊费用		1 000	1 000
			合 计			1 000	1 000
27	10月31日	转 6	计提折旧费	制造费用 管理费用 累计折旧		2 865 1 905	4 770
			合 计			78 000	78 000

续表

序号	日期	凭证号数	摘要	会计科目 总账科目	会计科目 明细科目	借方余额	贷方余额
28	10月31日	转 7	分配工资	生产成本 管理费用 应付职工薪酬	甲产品 乙产品 应付福利费	37 440 24 960 15 600	78 000
			合计			78 000	78 000
	10月31日	转 8	计提福利费	生产成本 管理费用 应付职工薪酬	甲产品 乙产品 应付福利费	5 241.6 3 494.4 2 184	10 920
			合计			10 920	10 920
29	10月31日	转 9	领用材料	生产成本 制造费用 原材料	甲产品 乙产品 A材料 B材料	381 677.57 53 020.97 613.80	81 225.5 54 086.84
			合计			135 312.34	135 312.34
30	10月31日	转 10	结转制造费用	生产成本 管理费用	甲产品 乙产品	2 867.28 1 911.52	4 778.8
			合计			4 778.8	4 778.8
31	10月31日	转 11	结转完工产品成本	库存商品 生产成本	甲产品 乙产品 甲产品 乙产品	128 606.45 84 346.89	128 606.45 84 346.89
			合计			212 953.34	212 953.34
32	10月31日	转 12	计算主营业务及附加	营业税金及附加 应交税费		14 940	14 940
			合计			14 940	14 940
33	10月31日	转 13	结转售出产品成本	主营业务成本 库存商品	甲产品 乙产品 甲产品 乙产品	124 419.32 82 895.32	124 419.32 82 895.32
			合计			207 314.54	207 314.54

续表

序号	日期	凭证号数	摘要	会计科目 总账科目	会计科目 明细科目	借方余额	贷方余额
34	10月31日	转 14	结转主营业务收入	主营业务收入 本年利润		298 800	298 800
			合 计			298 800	298 800
35	10月31日	转 15	结转费用成本账户	本年利润 主营业务成本 营业税金及附加 管理费用 财务费用		249 093.54	207 314.54 14 940 22 839 4 000
			合 计			249 093.54	249 093.54
36	10月31日	转 16	计算应交所得税	所得税费用 应交税费	应交所得税	16 403.13	16 403.13
			合 计			16 403.13	16 403.13
	10月31日	转 17	提取盈余公积金	利润分配 盈余公积	提取盈余公积	4 995.5	4 995.5
			合 计			4 995.5	4 995.5

然后，根据记账凭证登记各种日记账及总分类账和明细分类账，如表10－4至表10－17所示。

表10－4　　　　　　　　　　　　　　现金日记账

年 月	年 日	凭证编号	摘 要	对方科目	借 方	贷 方	借或贷	余 额
		1	上月结转				借	1 480.00
	6	现付1	陈广出差借款	其他应收款		850.00	借	630.00
	9	银付4	提现备发工资	银行存款	78 000.00		借	78 000.00
10	9	现付2	发工资	应付职工薪酬		78 000.00	借	630.00
	12	现收1	陈广交多余款	其他应收款	70.00		借	700.00
	14	银付6	提现金备用	银行存款	2 500.00		借	3 200.00
	30		本月合计		80 570.00	78 850.00	借	3 200.00

表 10—5　　　　　　　　　　　　　原材料明细账(1)
材料名称:A材料　　　　　　　　　　　计量单位:千克　　　　　　　　　　　　货币单位:元

年		凭证编号	摘要	收入			发出			结余		
月	日			数量	单价	金额	数量	单价	金额	数量	单价	金额
10	1		上月结转	6 500	5.00	32 500				30 740	5.00	153 700
	2	银付 1	购材料	9 000	5.00	45 000				37 240	5.00	186 200
	24	转账 4	购材料							46 240	5.00	231 200
	31	转账 9	领用材料				16 160	5.026	81 225.0	30 080		149 974.50
	31		本月合计	15 500		77 500	16 160		81 225.0	30 080		149 974.50

表 10—6　　　　　　　　　　　　　原材料明细账(2)
材料名称:B材料　　　　　　　　　　　计量单位:千克　　　　　　　　　　　　货币单位:元

年		凭证编号	摘要	收入			发出			结余		
月	日			数量	单价	金额	数量	单价	金额	数量	单价	金额
10	1		上月结转	7 000	3.5	24 500				29 280	3.5	102 500
	2	银付 1	购材料	9 500	3.5	33 250				36 280	3.5	127 000
	24	转账 4	购材料							45 780	3.5	160 250
	31	转账 9	领用材料				15 330	3.528	54 086.84	30 450		106 163.16
	31		本月合计	16 500		57 750	15 330		54 086.84	30 450		106 163.16

表 10—7　　　　　　　　　　　　　生产成本明细账(1)
产品名称:甲产品　　　　　　　　　　　　　　　　　　　　　　　　　　　　　单位:元

年		凭证编号	摘要	直接材料	直接人工	制造费用	借或贷	余额
月	日							
10	22	银付 10	本月耗电	1 200			借	1 200
	28	银付 14	本月耗水	180			借	1 380
	31	转 7	分配工资		37 440		借	38 820
	31	转 8	计提福利费		5 241.60		借	44 061.60
	31	转 9	本月耗料	81 677.57			借	125 739.17
	31	转 10	结转制造费用			2 867.28	借	28 606.45
	31	转 11	结转完工产品成本	−83 057.57	−42 681.60	−2 867.28	平	0
	31		本月合计	0	0	0	平	0

表10-8　　　　　　　　　　　　　生产成本明细账(2)

产品名称：乙产品　　　　　　　　　　　　　　　　　　　　　　　　　　　　　单位：元

年		凭证编号	摘要	直接材料	直接人工	制造费用	借或贷	余额
月	日							
10	22	银付10	本月耗电	800			借	800
	28	银付14	本月耗水	160			借	960
	31	转7	分配工资		24 960		借	25 920
	31	转8	计提福利费		3 494.40		借	29 414.4
	31	转9	本月耗料	53 020.97			借	82 435.37
	31	转10	结转制造费用			1 911.52	借	84 346.89
	31	转11	结转完工产品成本	-53 986.97	-28 454.4	-1 911.52	平	0
	31		本月合计	0	0	0	平	0

表10-9　　　　　　　　　　　　　应收账款明细账(1)

客户：金海岸公司　　　　　　　　　　　　　　　　　　　　　　　　　　　　　单位：元

年		凭证编号	摘要	借方	贷方	借或贷	余额
月	日						
10	1		月初结余			借	3 500
	5	银收2	收前欠款		3 500	平	0
	31		本月合计		3 500	平	0

表10-10　　　　　　　　　　　　应收账款明细账(2)

客户：永丰公司　　　　　　　　　　　　　　　　　　　　　　　　　　　　　　单位：元

年		凭证编号	摘要	借方	贷方	借或贷	余额
月	日						
10	16	转2	销售产品货款未付	2 400		借	2 400
	21	银收4	收前欠款		2 400	平	0
	31		本月合计	2 400	2 400	平	0

表 10-11　　　　　　　　　　　　　　　　总账类账(1)

账户:库存现金　　　　　　　　　　　　　　　　　　　　　　　　　　　　　　单位:元

年		凭证编号	摘要	借方	贷方	借或贷	余额
月	日						
10	1		上月结余			借	1 480
	6	现付1	陈广出差借款		850	借	630
	9	银付4	提现金备发工资	78 000		借	78 630
	9	现付2	发工资		78 000	借	630
	12	现收1	陈广交回多余款	70		借	700
	14	银付6	提现金备用	2 500		借	3 200
	31		本月合计	80 570	78 850	借	3 200

表 10-12　　　　　　　　　　　　　　　　总分类账(2)

账户:应收账款　　　　　　　　　　　　　　　　　　　　　　　　　　　　　　单位:元

年		凭证编号	摘要	借方	贷方	借或贷	余额
月	日						
10	1		上月结余			借	3 500
	5	银收2	金海岸公司还欠款		3 500	平	0
	16	转2	永丰公司欠货款	2 400		借	2 400
	21	银收4	永丰公司还欠款		2 400	平	0
	31		本月合计	2 400	5 900	平	0

表 10-13　　　　　　　　　　　　　　　　总分类账(3)

账户:原材料　　　　　　　　　　　　　　　　　　　　　　　　　　　　　　　单位:元

年		凭证编号	摘要	借方	贷方	借或贷	余额
月	日						
10	1		上月结余			借	256 200
	2	现付1	购料	57 000		借	313 200
	24	银付4	购料	78 250		借	391 450
	31	现付2	耗用材料		135 312.34	借	256 137.66
	31		本月合计	135 312.34	135 312.34	借	256 137.66

表 10-14　　　　　　　　　　　　　总分类账(4)

账户:生产成本　　　　　　　　　　　　　　　　　　　　　　　　　　单位:元

年		凭证编号	摘　要	借　方	贷　方	借或贷	余　额
月	日						
10	22	银付10	本月耗电费	2 000		借	2 000
	28	银付14	本月耗用水费	340	850	借	2 340
	31	转7	分配工资	62 400		借	64 740
	31	转8	计提职工福利费	8 736	78 000	借	73 476
	31	转9	耗用材料	134 698.54		借	208 174.58
	31	转10	结转制造费用	4 778.8		借	212 953.34
	31	转11	结转完工产品成本		78 850	平	0
	31		本月合计	212 953.34		平	0

表 10-15　　　　　　　　　　　　　总分类账(5)

账户:应付账款　　　　　　　　　　　　　　　　　　　　　　　　　　单位:元

年		凭证编号	摘　要	借　方	贷　方	借或贷	余　额
月	日						
10	1		上月结余		2 800	借	5 100
	8	现付1	还东亚公司货款	2 300		借	2 300
	20	银付4	还华强公司货款	78 000		借	0
	24	现付2	欠汇通公司货款			借	78 250
	27	现收1	还汇通公司货款	78 250	78 250	平	0
	31		本月合计	83 350	78 250	平	0

表 10-16　　　　　　　　　　　　　总分类账(6)

账户:主营业务收入　　　　　　　　　　　　　　　　　　　　　　　　　　　单位:元

年		凭证编号	摘　要	借　方	贷　方	借或贷	余　额
月	日						
10	1	银收 1	销售产品		75 000	贷	75 000
	13	银收 3	销售产品		93 600	贷	168 600
	16	转 2	销售产品		2 400	贷	171 000
	24	银收 5	销售产品		127 800	贷	298 800
	31	转 14	转入本年利润	298 800		平	0
	31		本月合计	298 800	298 800	平	0

表 10-17　　　　　　　　　　　　　总分类账(7)

账户:管理费用　　　　　　　　　　　　　　　　　　　　　　　　　　　　　单位:元

年		凭证编号	摘　要	借　方	贷　方	借或贷	余　额
月	日						
10	3	银付 2	购办公用品	250		借	250
	12	现付 1	报销差旅费	780		借	1 030
	22	银付 4	支付电费	1 000		借	2 030
	28	现付 2	支付水费	120		借	2 150
	29	现收 1	摊销保险费	1 000		借	3 150
	31	银付 6	提折旧费	1 905		借	5 055
	31		分配工资	15 600		借	20 655
	31		计提福利费	2 184		借	22 839
	31		转入本年利润		22 839	平	0
	31		本月合计	22 839	22 839	平	0

五、记账凭证会计核算形式的优缺点及适用范围

由于记账凭证会计核算形式是根据记账凭证直接逐笔登记总分类账,因此记账凭证会计核算形式的优点是:

(1)记账层次清楚,操作环节少,易于学习和掌握。
(2)总分类账能够比较具体地反映经济业务的发生情况。

(3)账户之间的对应关系比较清晰,便于账目的核对和审查。

但是,当经济业务较多时,登记总分类账的工作量较大,也不便于对会计核算工作进行分工。

所以,记账凭证会计核算形式一般适用于生产经营规模较小、经济业务量较少、日常编制的记账凭证不多的单位。

第三节 科目汇总表会计核算形式

一、科目汇总表会计核算形式的特点

科目汇总表会计核算形式是根据原始凭证(或原始凭证汇总表)填制记账凭证,根据记账凭证定期编制科目汇总表,据以登记总分类账的一种会计核算形式。这种会计核算形式是在记账凭证会计核算形式的基础上发展起来的。其特点是:登记总分类账的根据是科目汇总表,在记账凭证和总分类账之间增加了科目汇总表这个工具。

二、科目汇总表会计核算形式下凭证、账簿的设置

在科目汇总表会计核算形式下,记账凭证和账簿的设置与记账凭证会计核算形式下的设置基本相同,只是要另行设置科目汇总表。

三、科目汇总表会计核算形式的账务处理程序

科目汇总表会计核算形式下,按下列步骤进行会计核算:
(1)根据原始凭证或原始凭证汇总表填制收款凭证、付款凭证、转账凭证;
(2)根据收款凭证和付款凭证登记现金日记账和银行存款日记账;
(3)根据原始凭证或原始凭证汇总表和记账凭证登记各种明细分类账;
(4)根据各种记账凭证定期汇总,编制科目汇总表;
(5)根据科目汇总表定期登记总分类账;
(6)月终,将现金日记账、银行存款日记账、明细分类账的期末余额分别与相应的总分类账户的期末余额核对相符;
(7)月终,根据总分类账和明细分类账的资料编制会计报表。
科目汇总表会计核算形式的核算步骤如图10—2所示。

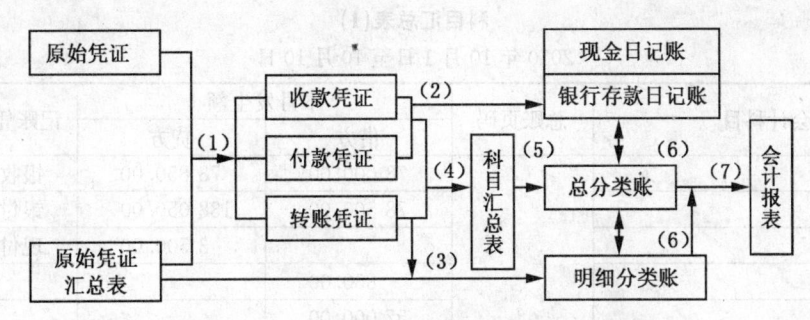

图 10—2 科目汇总表会计核算形式的核算步骤

四、科目汇总表的编制方法

填制科目汇总表的具体方法是:首先,将要汇总的记账凭证所涉及的会计科目填在表内的"会计科目"栏;其次,按各科目分别计算出借方发生额合计和贷方发生额合计,填入表内与各科目相应的"借方"和"贷方"栏;最后,计算出所有科目的借方发生额和贷方发生额合计,并进行试算平衡。平衡无误后,即可作为登记总分类账的依据。常见的科目汇总表的格式如表 10—18 至表 10—22 所示。

为了便于科目汇总表的编制,应将每一张收(付)款凭证只填列一个对应的贷方(或借方)账户,转账凭证的填列一借一贷,并且复写两联:一联作为借方账户的转账凭证,另一联作为贷方账户的转账凭证。转账凭证也可以采用单式记账凭证,即对同一笔经济业务分别借方和贷方填制一个借方账户的转账凭证和一个贷方账户的转账凭证,便于按相同的账户进行归类,分别汇总计算其借方和贷方金额,避免出错。

科目汇总表可以采用不同的格式,既可以用一张科目汇总表定期将所有经济业务进行全部汇总,也可以按现金、银行存款和转账业务分别进行汇总,填制 3 张科目汇总表。

为了便于登记总账,科目汇总表上的科目排列顺序应按总分类账上科目排列的顺序来定。

科目汇总表汇总的时间不宜过长,业务量多的单位可每天汇总一次,一般最长不超过 10 天,以便对发生额进行试算平衡,及时了解资金运动情况。

在采用科目汇总表账务处理程序时,总分类账可以用借、贷、余三栏式的,也可以用按经济业务类别设置多栏式的。前者比较灵活,既可以根据全部汇总的科目汇总表进行登记,也可以根据分类汇总的科目汇总表进行登记,而且可以随时登记;后者根据分类汇总的科目汇总表进行登记,而且全月只能登记一次。表 10—18、表 10—19 是根据科目汇总表登记的现金总账。

表 10-18　　　　　　　　　　　科目汇总表(1)

2010 年 10 月 1 日至 10 月 10 日　　　　　　　　　第 10-1 号

会计科目	总账页码	本月发生额 借方	本月发生额 贷方	记账凭证起讫号
库存现金	(略)	78 000.00	78 850.00	银收 1-2 号
银行存款		78 500.00	138 050.00	银付 1-4 号
应收账款			3 500.00	现付 1-2 号
其他应收款		850.00		
原材料		57 000.00		
应付账款		2 800.00		
应付职工薪酬		78 000.00		
主营业务收入			75 000.00	
管理费用		250.00		
合　　计		295 400.00	295 400.00	

表 10-19　　　　　　　　　　　科目汇总表(2)

2010 年 10 月 11 日至 10 月 20 日　　　　　　　　　第 10-2 号

会计科目	总账页码	本月发生额 借方	本月发生额 贷方	记账凭证起讫号
库存现金	(略)	2 570.00		银收 3 号
银行存款		93 600.00	10 300.00	银付 5-9 号
应收账款		2 400.00		现收 1 号
其他应收款		850.00		转 1-2 号
制造费用		1 300.00		
待摊费用		4 200.00		
应付账款		2 300.00		
主营业务收入			96 000.00	
管理费用		780.00		
合　　计		107 150.00	107 150.00	

表 10—20　　　　　　　　　科目汇总表(3)
2010 年 10 月 21 日至 10 月 31 日　　　　　　　第 10—3 号

会计科目	总账页码	本月发生额 借方	本月发生额 贷方	记账凭证起讫号
银行存款		130 200.00	119 710.00	银收 4—5 号
应收账款			2 400.00	银付 10—14 号
原材料		78 250.00	135 312.34	转 3—17 号
库存商品		212 953.34	207 314.54	
待摊费用			1 000.00	
制造费用		3 478.80	4 778.80	
生产成本		212 953.34	212 953.34	
累计折旧			4 770.00	
短期借款	(略)	25 000.00		
应付账款		78 250.00	78 250.00	
应付职工薪酬			88 920.00	
应交税费			31 343.87	
应付利息		13 000.00	4 000.00	
主营业务收入		127 800.00		
主营业务成本		207 314.54	207 314.54	
营业税金及附加		14 940.00		
管理费用		21 809.00	22 839.00	
财务费用		4 000.00		
所得税费用		16 403.13		
本年利润		249 093.54	298 800.00	
利润分配		4 995.50		
盈余公积			4 995.50	
合　计		1 571 441.19	1 571 441.19	

表 10—21　　　　　　　　　　总账(1)

账户名称:库存现金　　　　　　　　　　　　　　　　　　单位:元

年 月	日	凭证字号	摘　要	借　方	贷　方	借或贷	余　额
10	1		月初结余			借	1 480
	11	科汇 10—1 号	1~10 日发生额	78 000.00	78 850.00	借	630
	21	科汇 10—2 号	11~20 日发生额	2 570.00		借	3 200
	31		本月合计	80 570.00	78 850.00	借	3 200

表 10—22　　　　　　　　　　　　　总账(2)

账户名称：原材料　　　　　　　　　　　　　　　　　　　　　单位：元

年 月	日	凭证字号	摘　要	借　方	贷　方	借或贷	余　额
10	1		月初结余			借	256 200.00
	11	科汇10—1号	1～10日发生额	57 000.00		借	313 200.00
	31	科汇10—3号	21～31日发生额	78 250.00	135 312.34	借	256 137.66
	31		本月合计	135 250.00	135 312.34	借	256 137.66

五、科目汇总表会计核算形式的优缺点和适用范围

(一)优点

由于科目汇总表会计核算形式是根据科目汇总表登记总分类账，因此具有以下优点：
(1)减少了登记总分类账的工作量；
(2)能够起到总分类账入账前的试算平衡作用，便于及时发现问题，采取措施；
(3)账务处理程序清楚，应用方便，汇总的方法简便，易于掌握。

(二)缺点

科目汇总表只能汇总各科目的本期借方发生额和贷方发生额，不按对应科目进行汇总，不能反映各科目之间的对应关系，因此，不能具体地反映各项经济业务的来龙去脉，不便于账目的核对和检查。因此，这种会计核算形式一般适用于经济业务量多且较频繁的单位。

第四节　汇总记账凭证会计核算形式

一、汇总记账凭证会计核算形式的特点

汇总记账凭证会计核算形式是根据记账凭证定期编制汇总记账凭证，据以登记总分类账。这种会计核算形式的特点是登记总分类账的根据是汇总记账凭证。它是在记账凭证会计核算形式的基础上发展起来的，它在记账凭证和总分类账之间增加了汇总记账凭证。

二、汇总记账凭证会计核算形式下凭证、账簿的设置

在汇总记账凭证会计核算形式下，要设置两类记账凭证：一类是与前面账务处理程序

相同的收款凭证、付款凭证和转账凭证,另一类是汇总收款凭证、汇总付款凭证和汇总转账凭证。

设置的账簿与前面记账凭证会计核算形式基本相同,主要有现金日记账、银行存款日记账、各种明细分类账和总分类账。总分类账除采用三栏式外,还可以采用在借、贷两栏内开设"对方账户"专栏的多栏式格式。

三、汇总记账凭证会计核算形式的账务处理程序

在汇总记账凭证会计核算形式下,按如下步骤进行会计核算:
(1)根据原始凭证或原始凭证汇总表填制收款凭证、付款凭证、转账凭证;
(2)根据收款凭证和付款凭证登记现金日记账和银行存款日记账;
(3)根据原始凭证或原始凭证汇总表和记账凭证登记各种明细分类账;
(4)根据收款凭证、付款凭证和转账凭证定期编制汇总收款凭证、汇总付款凭证和汇总转账凭证;
(5)根据各种汇总记账凭证定期登记总分类账;
(6)月末,将现金日记账和银行存款日记账的余额及各种明细分类账的余额合计数与总分类账户有关账户的余额核对相符;
(7)月末,根据总分类账和明细分类账的资料编制会计报表。

汇总记账会计核算形式的核算步骤如图10-3所示。

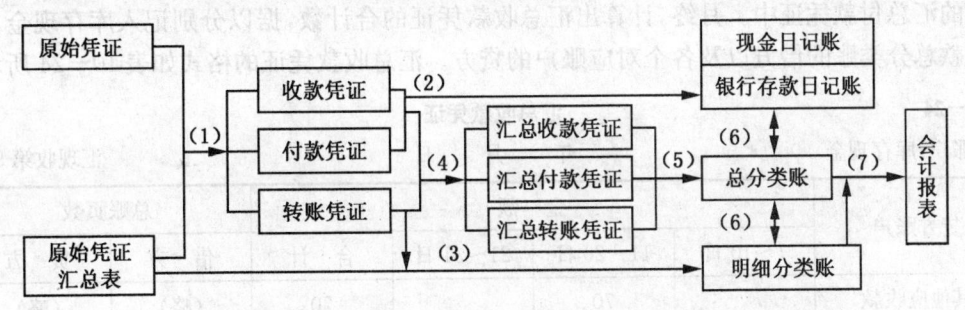

图10-3 汇总记账会计核算形式的核算步骤

利用汇总记账凭证登记总账,如表10-23所示。

表 10-23

总　账

账户：库存现金

年		凭证字号	摘　要	借　方	贷　方	借或贷	余　额
月	日						
10	1		上月结转			借	1 480
	31	汇现收 9	1～31 日发生额	70		借	1 550
	31	汇银收 9	1～31 日发生额	80 500		借	82 050
	31	汇现付 9	1～31 日发生额		78 850	借	3 200
	31		本月合计	80 570	78 850	借	3 200

四、汇总记账凭证的编制方法

(一)汇总收款凭证的编制

汇总收款凭证,是按"库存现金"和"银行存款"科目的借方分别设置,根据汇总期内现金、银行存款的收款凭证,分别按与设证科目借方相对应的贷方科目加以归类汇总,定期(一般为 5 天或 10 天)汇总填列一次,每月编制一张。但对于货币资金的相互划转业务在汇总付款凭证中汇总,汇总收款凭证不汇总,以避免重复汇总。如将现金存入银行,应汇总在现金的汇总付款凭证中。月终,计算出汇总收款凭证的合计数,据以分别记入库存现金、银行存款总分类账的借方以及各个对应账户的贷方。汇总收款凭证的格式如表 10-24 所示。

表 10-24

汇总收款凭证

借方账户：库存现金　　　　　　　　　年　月　日　　　　　　　汇现收第 9 号

贷方账户	金　额				总账页数	
	1～10 日	11～20 日	21～31 日	合　计	借　方	贷　方
其他应收款		70		70	(略)	(略)
合　计		70		70		

(二)汇总付款凭证的编制

汇总付款凭证,是按"库存现金"和"银行存款"科目的贷方分别设置,根据汇总期内现金、银行存款的付款凭证,分别按与设证科目贷方相对应的借方科目以归类汇总,定期(一般为 5 天或 10 天)汇总填列一次,每月编制一张。月终,计算出汇总付款凭证的合计数,据以分别登记总分类账的库存现金、银行存款账户的贷方和各个对应账户的借方。汇总付款凭证的格式如表10-25、表10-26所示。

表 10-25　　　　　　　　　　　汇总付款凭证(1)
贷方账户:库存现金　　　　　　　　年　月　日　　　　　　　　　汇现付第9号

借方账户	金　额			总账页数	
	1~10日	11~20日	21~31日	合　计	借　方	贷　方
其他应收款	850				(略)	(略)
应付职工薪酬	78 000					
合　计	78 850			78 850		

表 10-26　　　　　　　　　　　汇总付款凭证(2)
贷方账户:银行存款　　　　　　　　年　月　日　　　　　　　　　汇现收第9号

借方账户	金　额			总账页数	
	1~10日	11~20日	21~31日	合　计	借　方	贷　方
原材料	57 000			57 000		
应付账款	2 800	2 300	78 250	83 350		
库存现金		2 500		80 500		
制造费用		1 300		1 300		
待摊费用		4 200		4 200	(略)	(略)
生产成本			2 340	2 340		
管理费用	250		1 120	1 370		
短期借款			25 000	25 000		
应付利息			13 000	13 000		
合　计	138 050	10 300	119 710	268 060		

(三)汇总转账凭证的编制

汇总转账凭证,通常是按每个科目的贷方分别设置,根据汇总期内的转账凭证,按与设证科目贷方相对应的借方科目加以归类汇总,定期(一般为5天或10天)汇总填列一次,每月编制一张。月终,计算出汇总转账凭证的合计数,据以分别登记总分类账中有关账户的借方和设证账户的贷方。为了简化会计核算,如在汇总期内某一贷方账户的转账凭证不多时,可以不编制汇总转账凭证,而直接根据转账凭证登记总分类账。汇总转账凭证的格式如表10-27所示。

表10-27　　　　　　　汇总转账凭证
贷方账户：原材料　　　　　年　月　日　　　　　　汇转第×号

借方账户	金额			总账页数	
	1~10日	11~20日	21~31日	合计	借方	贷方
生产成本			134 698.54	134 698.54	（略）	（略）
制造费用			613.80	613.80		
合计			135 312.34	135 312.34		

由于汇总转账凭证的科目对应关系是一个贷方科目与一个或几个借方科目相对应，因此在汇总记账凭证账务处理程序下，为了便于汇总转账凭证的编制，避免汇总时出现重汇和漏汇，平时填制转账凭证时，只能按一个贷方账户与一个或几个借方账户对应编制，而不能以几个贷方账户同一个借方账户对应编制。

五、汇总记账凭证会计核算形式的优缺点和适用范围

（一）优点

由于汇总记账凭证会计核算是根据定期编制的各种汇总记账凭证登记总分类账，因此它具有以下优点：

(1)大大减轻了登记总分类账的工作量。

(2)通过汇总记账凭证能清晰地反映各科目之间的对应关系，从而清晰地反映各项经济业务的来龙去脉，也便于账目的核对和审查。

（二）缺点

(1)由于这种会计核算形式的转账凭证是按每一贷方科目而不是按经济业务的性质归类、汇总，因此不利于日常核算工作的合理分工。

(2)在经济业务比较零星、同一贷方科目的转账凭证数量较少的时候，先汇总，再登记总分类账，起不到减轻登记总分类账工作量的作用。

(3)定期集中编制汇总记账凭证的工作量比较大。

因此，这种账务处理程序一般适用于规模大、经济业务较多的企业和单位。

第五节 其他会计核算形式

一、日记总账会计核算形式

(一)日记总账会计核算形式的特点

日记总账会计核算形式是根据原始凭证(或原始凭证汇总表)填制记账凭证,根据记账凭证直接登记日记总账的一种会计核算形式。日记总账账务处理程序的特点是:一切经济业务都要根据记账凭证直接登记在兼具日记账和总账性质的日记总账中,以日记总账进行序时核算和总分类核算。

(二)凭证和账簿的设置

在日记总账账务处理程序下,记账凭证可采用通用格式,也可采用收款凭证、付款凭证、转账凭证三种格式。但其设置的账簿有自己的特点,除设置现金日记账、银行存款日记账和各类明细分类账外,主要是设置"日记总账"。日记总账把所有的总账科目集中在一张账页上,分科目设置专栏,每栏下设借方、贷方两小栏,登记时按业务发生或完成的时间顺序分栏进行登记。日记总账是把日记账和总分类账结合在一起的联合账簿,具有日记账和总分类账的双重作用。其格式如表10-28所示。

表10-28   日记总账

年		凭证		摘要	发生额	科 目		科 目		…	科 目	
月	日	字	号			借方	贷方	借方	贷方		借方	贷方

(三)日记总账会计核算形式的核算步骤

在日记总账会计核算形式下,按如下步骤进行会计核算:
(1)根据原始凭证与原始凭证汇总表填制收款凭证、付款凭证和转账凭证;
(2)根据收款凭证和付款凭证登记现金日记账和银行存款日记账;

(3)根据记账凭证和原始凭证或原始凭证汇总表,登记各种明细分类账;

(4)根据收款凭证、付款凭证和转账凭证登记日记总账;

(5)月终,将现金日记账和银行存款日记账的余额及各种明细分类账的余额合计数与日记总账有关账户的余额核对相符;

(6)月终,根据日记总账和明细分类账的资料编制会计报表。

日记总账会计核算形式的核算步骤如图10-4所示。

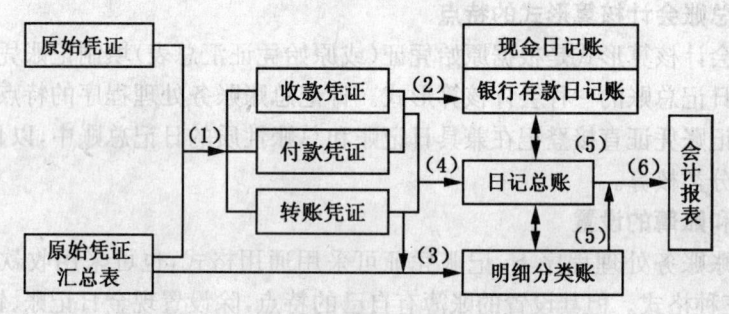

```
原始凭证 ──┐
           ├─(1)─→ 收款凭证 ─(2)─→ 现金日记账
           │                      银行存款日记账 ←─┐
           ├──→ 付款凭证 ─(4)─→ 日记总账 ─(6)─→ 会计报表
           │                         ↕(5)
原始凭证 ──┤    转账凭证
汇总表     └─(3)──────────→ 明细分类账 ─(5)─┘
```

图10-4 日记总账会计核算形式的核算步骤

(四)日记总账会计核算形式的优缺点及适用范围

1. 优点

由于日记总账账务处理程序是将全部经济业务在一本日记总账中登记,因此日记总账账务处理程序的优点是:

(1)账簿组织比较简单,把日记账和总账结合在一起,使记账手续大大简化。

(2)将全部会计科目分专栏列在一张账页上,可以清楚地表示科目之间的对应关系,从而清晰地反映各项经济业务的来龙去脉,有利于进行会计分析和会计检查。

2. 缺点

(1)由于会计科目集中在一张账页上,当业务比较复杂、需要增加会计科目时加长账页,使账页过大,不便于登记,也不便于会计人员分工记账。

(2)记账时容易发生串栏的差错。

因此,日记总账账务处理程序一般适用于规模小、经济业务少、使用会计科目较少的小型企业和单位。

二、多栏式日记账会计核算形式

(一)多栏式日记账会计核算形式的特点

多栏式日记账会计核算形式,是现金日记账和银行存款日记账都采用多栏式日记账

(总分类账也可采用多栏式),期末根据两本日记账各专栏的合计数和转账凭证登记总分类账的一种账务处理程序。这种账务处理程序的特点是:设置多栏式现金日记账和银行存款日记账,并据以登记总分类账。

(二)凭证和账簿的设置

这种账务处理程序下的凭证和账簿设置,除了要设置多栏式日记账及其特殊的过账方法外,其他方面的要求同前面几种账务处理程序相同。多栏式现金日记账和银行存款日记账具有科目汇总表的作用,收款和付款业务平时根据收款凭证和付款凭证记入两本日记账。月终,可根据这两本日记账的本月收、付发生额和各对应科目的发生额直接登记总分类账。转账业务可根据转账凭证登记总分类账,也可以编制转账科目汇总表登记总分类账。运用多栏式日记账账务处理程序时应注意,现金与银行存款之间的相互划转数已经包含在有关日记账各专栏的收、付合计数里,因此根据日记账登记总分类账时要避免重复计算。多栏式日记账的格式如表 10—29 所示。

表 10—29　　　　　　　　　　　现金日记账

年		凭证		摘　要	借方科目			贷方科目			余　额
月	日	字	号				合计			合计	
				本月发生额							

银行存款日记账的格式同上。

(三)多栏式日记账会计核算形式的核算步骤

在多栏式日记账会计核算形式下,按如下步骤进行会计核算:

(1)根据原始凭证与原始凭证汇总表填制收款凭证、付款凭证和转账凭证;

(2)根据收款凭证和付款凭证登记多栏式现金日记账和多栏式银行存款日记账;

(3)根据记账凭证和原始凭证或原始凭证汇总表,登记各种明细分类账;

(4)根据多栏式现金日记账和多栏式银行存款日记账登记总账;

(5)月终,将现金日记账和银行存款日记账的余额及各种明细分类账的余额合计数与日记总账有关账户的余额核对相符;

(6)月终,根据总账和明细分类账的资料编制会计报表。

日记总账会计核算形式的核算步骤如图10-5所示。

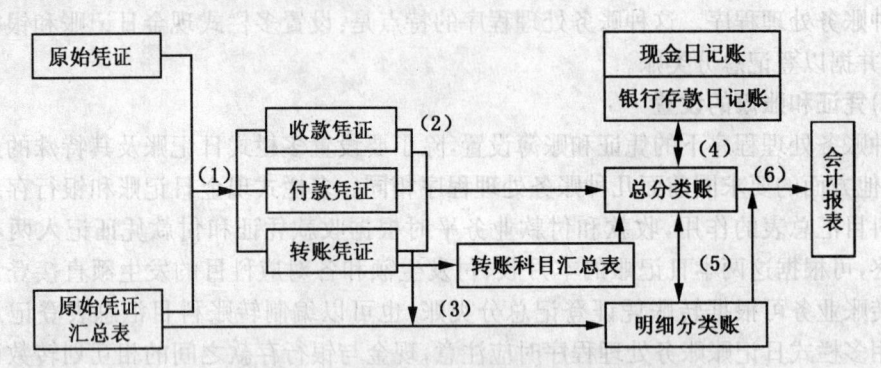

图10-5 日记总账会计核算形式的核算步骤

(四)多栏式日记账会计核算形式的优缺点及适用范围

由于多栏式日记账账务处理程序是日记账内设多个栏次,汇总登记收、付款业务,然后根据日记账和转账凭证登记总分类账,因此,其优点是简化了总分类账的登记工作。但是,它限制了会计科目的数量,只能用于使用会计科目不多的单位。如果业务比较复杂、会计科目很多时,日记账账页就会加长,不便于登记。鉴于多栏式日记账账务处理程序的优缺点,其一般适用于生产规模较小、收付款业务较多但使用会计科目不多的企事业单位。

思考题

1. 什么是会计核算形式?会计核算形式有什么作用?
2. 会计核算形式有哪几种?每一种的特点是什么?
3. 试述记账凭证会计核算形式的特点、一般程序、优缺点及适用范围。
4. 试述科目汇总表会计核算形式的特点、一般程序、优缺点及适用范围。
5. 如何编制科目汇总表?
6. 试述汇总记账凭证会计核算形式的特点、一般程序、优缺点及适用范围。
7. 各种会计核算形式需设置哪些会计凭证和账簿?

练习题

(一)目的:练习账务处理程序。
(二)资料:华丰公司2010年7月初账户余额如下:

7月初账户余额

会计科目	借方余额	会计科目	贷方余额
库存现金	650	短期借款	90 000
银行存款	75 000	应付账款	5 500
应收账款	7 000	应付职工薪酬	1 150
原材料	10 000	实收资本	150 000
库存商品	21 000	累计折旧	17 000
固定资产	150 000		
合　计	263 650	合　计	263 650

该公司2010年7月份发生以下经济业务：

(1)3日，从银行提取现金300元。

(2)4日，购买一台不需安装设备，以银行存款支付40 000元，该设备已验收。

(3)4日，用银行存款归还短期借款20 000元。

(4)5日，购买甲材料100千克，单价100元/千克，增值税税率17%。货款及增值税以银行存款支付，材料已验收入库。

(5)6日，购买甲材料90千克，单价100元/千克，增值税税率17%。货款及增值税均未支付，材料已验收入库。

(6)6日，用现金支付办公费100元。

(7)7日，销售A产品10台，每台4 500元，增值税税率17%，款项尚未收到。

(8)8日，领用甲材料110千克，其中A产品生产车间领用80千克，车间一般消耗20千克，管理部门领用10千克。

(9)9日，何某出差，预借差旅费150元，财务科以现金付讫。

(10)10日，收到前欠货款52 650元。

(11)10日，以银行存款10 530元偿还前欠甲材料购料款。

(12)10日，以银行存款450元支付广告费。

(13)11日，到银行提取现金34 200元，准备支付工资。

(14)11日，以现金发放工资34 200元。

(15)13日，职工何某报销差旅费100元，余款50元退回。

(16)20日，计提本月应付职工工资34 200元。其中，A产品生产工人工资22 800元，车间管理人员工资3 420元，行政管理人员工资7 980元。

(17)23日，计提企业固定资产折旧3 000元。其中，生产车间折旧2 000元，管理部门固定资产折旧1 000元。

(18)25日，以银行存款2 000元支付电费。其中，A产品耗用1 000元，车间一般耗用

600元,管理部门耗用400元。

(19)31日,结转本月制造费用8 020元。

(20)31日,结转本月完工产品成本30 000元。

(21)31日,结转已销售产品成本19 000元。

(22)31日,按销售收入的5%计提应交城市维护建设税2 250元。

(23)31日,结转本月销售收入45 000元。

(24)31日,计提本月应交所得税费用3 180元。

(25)31日,结转本月费用项目。

(三)要求:

1. 根据期初余额表开设总分类账,登记期初余额。
2. 根据本月发生的经济业务资料编制记账凭证,登记总分类账,并结出期末余额。
3. 编制汇总记账凭证。
4. 编制科目汇总表。

第十一章

会计工作组织

第一节 会计工作组织概述

一、会计工作组织的含义及意义

会计工作组织,是指为了适应会计工作的综合性、政策性和严密性的特点,对会计工作所做的统筹安排。一般包括这样几方面的内容:设置会计机构,配备适当的会计人员,制定与执行会计规范,保管会计档案。会计是一项复杂、细致的综合性经济管理活动,科学地组织会计工作具有十分重要的意义。

1. 有利于保证会计工作质量,提高会计工作效率

会计工作是一项系统工程,它负责收集、记录、分类、汇总和分析企业发生的全部经济业务,从凭证到账簿,从账簿到报表,各环节紧密联系,某一个数字的差错、某一个手续的遗漏或某一环节的脱节,都会造成会计信息的不正确、不及时,进而影响整个会计工作的质量。所以,科学地组织会计工作,使其按照预先设定的程序有条不紊地进行,有利于规范会计行为,保证会计工作质量,提高会计工作效率。

2. 有利于完成会计内部控制,强化企业的经营管理制度

会计工作既独立于其他经济管理工作,又同它们保持着密切联系:它一方面能够促进其他经济管理工作的展开,另一方面也需要其他经济管理工作的配合。内部控制制度是指对涉及货币资金的收付、财产物资的增减、往来款项的结合等会计事项,都应有两个或两个

以上不同的部门或人员分工掌管的一种相互牵制、相互制约的管理制度。严密完善的内部控制制度,既有利于保证企业资产的安全完整,又有利于加强会计人员之间的相互牵制、相互监督,防止舞弊行为和工作失误等现象的发生,保证会计工作的质量。通过内部控制制度的建立,还有利于健全和完善企业经营管理制度,发挥会计在企业经营管理中的作用。然而,内部控制制度的建立和完善,必须依靠会计工作组织。

3. 有利于促进单位内部经济责任制的实施

会计工作与内部经济责任制有着密切的联系。科学合理地组织会计工作,可以更好地加强企业内部各部门的经济责任制,促使有关部门和人员各司其职、各负其责,力争少花钱、多办事,提高经济效益。

二、会计工作组织的要求

正确地组织会计工作,应满足以下要求:

1. 政策性要求

国家统一规定的会计法律法规、制度,是各企事业单位组织和进行会计工作的主要依据。只有按照国家对会计工作的统一要求来组织会计工作,才能正确进行会计核算,实施会计监督,使会计信息既能满足国家宏观调控管理的需要,又能满足企业内部管理人员和内外部各利害关系主体的需要。

2. 适用性要求

各单位在组织会计工作时,除符合国家的统一要求外,还必须考虑本单位的业务经营特点、经营规模大小、内部管理机制以及人员素质等具体情况,才能做出切合实际的安排。脱离本单位的实际,很难使会计工作组织地科学有效。

3. 效率性要求

科学地组织会计工作,应保证会计工作质量的前提下,尽量节约人力、财力和物力,讲求工作效率,减少重复劳动和不必要的工作环节。会计工作十分复杂,如果组织不好,就会造成重复劳动,花费较多的人力和物力。因此,对会计凭证、账簿、报表的设计、会计机构的设置和会计人员的配备等,都应避免繁琐、力求精简。为此,必须建立健全会计工作的岗位责任制,实现会计处理手续的规范化和会计工作手段的电算化,力求使每个岗位上的会计人员都以最小的劳动耗费完成本岗位的职责,同时使各岗位之间的相互配合达到最优状态。

第二节 会计机构

一、会计机构的设置

会计机构是直接从事和组织领导会计工作的职能部门。为了保证会计工作的顺利进行,充分发挥会计工作的作用,任何有条件的会计主体均应设置会计机构或在有关机构中设置会计人员并指定会计主管人员;对于规模较小、业务量较少、业务比较简单而不具备设置条件的会计主体,应当委托经批准设立从事会计代理记账业务的中介机构代理记账。

在我国目前的经济管理体制下,会计机构的设置层次与经济管理机构的设置层次基本相同。一般是各级主管部门设置会计(财务)司、处、科,负责领导、组织和管理下属单位的财务会计工作。但由于各类单位性质不同,会计机构设置也不尽相同。下面分述国家会计管理部门、行政事业单位、企业单位会计机构的设置。

(一)国家管理部门设置的会计机构

由于我国 1992 年 11 月颁布的《企业会计准则》要求普遍实行企业会计准则,我国各级管理部门的任务也随之发生了变化。如财政部门所属的会计机构负责统一会计准则的制定,其他各主管部门只是根据会计准则及相应的行业示范性会计制度,对本部门会计工作中出现的一些问题做出解释。同时还负责会计准则的制定、修订与解释等。目前,这一任务主要由财政部下设的会计司完成。

会计人员的专业技术资格考试以及其他有关会计事项,如会计师事务所的管理等,这一工作主要由各级财政部门下设的会计处、科等组织完成。

(二)行政、事业单位设置的会计机构

行政、事业单位在资金的取得与使用上,与企业单位有着根本的区别。它们的经费来源主要由预算拨款形成,所以这些单位在设置会计机构时相对简单,只要能满足对经费的收支及时以及进行核算和报告的要求即可,而不必像企业单位那样考虑很多因素。当然,行政、事业单位的会计机构设置,也要考虑内部控制等基本要素,以保证各单位预算资金的安全完整和合理使用。

随着我国市场经济的迅速发展,过去那种全额预算单位越来越少,除国家行政机关外,绝大多数事业单位都进行了企业化管理和核算,因此它们的会计机构设置可参照企业会计机构的设置。

(三)企业单位设置的会计机构

企业机构的设置要达到如下要求:

(1)有效地进行会计核算;
(2)进行合理的会计监督;
(3)制定本单位的会计制度;
(4)参与本单位的各项计划制定,并考核计划的执行情况等。

由于会计工作和财务工作密切相关,我国通常把处理财务与会计工作的机构合并为一个部门——财务部(处、科等)。对企业单位来说,其主要任务是组织与处理本单位会计工作,真实反映本单位的经济活动情况,及时地向企业管理当局、所有者、职工、主管部门等提供所需会计信息,参与经济管理的预测与决策,严格执行国家财政政策、法律和制度,管理好资金和降低成本,努力提高经济效益。

为了使企业设置的会计机构有效地进行工作,应该在会计机构内部进行适当的分工,按照会计核算的流程设置责任岗位,配置会计人员。同时,会计机构内部的岗位分工应符合内部控制制度的要求,做到职责分明、相互牵制,防止错误和舞弊的发生。

二、企业会计机构的组织形式

会计机构的组织形式是指企业会计机构的设置层次与会计核算资料的整理和提供的方式与分工。在实际工作中,组织形式一般分为集中核算和分散核算两种类型。

所谓集中核算,是指企业一般只设一个会计机构,把整个企业的主要会计核算工作,包括总分类核算、明细分类核算、会计报表的编制和各有关项目的考核分析等,都集中在企业财会部门。其他职能部门、车间、仓库配备专职或兼职核算人员,对本部门发生的经济业务只负责填制或取得原始凭证,并对原始凭证进行适当的汇总,定期将其交送企业会计部门,为企业会计部门进行会计核算提供资料。

分散核算又称非集中核算,是对企业规模较大的二级单位设置专门的会计机构,并对本部门所发生的经济业务,在厂级会计机构的指导下进行较为全面的核算,完成填制原始凭证或原始凭证汇总表、登记有关明细账簿、单独核算本部门的成本费用、计算盈亏、编制会计报表等项工作。企业会计部门只负责登记总账和部分明细账,并汇总编制整个企业的会计报表。

在实际工作中有的企业往往对某些业务采用集中核算,而对另一些业务采用非集中核算。采取何种核算形式,主要取决于企业内部经营管理的需要,取决于企业内部是否实行分级管理、分级核算。也就是说,同企业的内部经济核算制度密切相关。但无论采用哪一种核算形式,企业对外的现金往来、物资购销、债权债务的结算都应由企业会计部门集中办理。

第三节 会计人员

一、会计人员的职责和权限

(一)会计人员的职责

《中华人民共和国会计法》规定,会计人员的职责主要包括以下几个方面:

1. 依法如实进行会计核算

会计人员应按照会计制度的规定,切实做好会计核算工作,具体包括:填制和审核会计凭证,登记记账凭证,登记账簿,正确计算收入、费用、成本,核对账目,进行财产清查,正确计算财务成果,编制会计报表等。

2. 实行会计监督

根据国家有关法律法规,对本单位经济活动和会计手续的合法性、合理性进行监督。如对不真实、不合法的原始凭证不予受理,对违反国家统一的财政政策、财务规定的收支不予办理。此外,各单位必须按照法律和国家有关部门规定,积极配合财政、审计、税务机关的监督等,如实提供会计凭证、账簿、报表等会计资料。

3. 拟定本单位办理会计事务的具体办法

根据国家的会计法规、财政经济方针、政策及本单位的具体情况,制定出本单位会计工作所必须遵守的具体要求和对经济事项的具体规定,如会计人员岗位责任制度、内部稽核制度、财产清查制度和成本计算方法。

4. 参与拟定经济计划、业务计划,考核、分析预算、财务计划的执行情况

会计人员应积极参与本单位经济计划、业务计划的拟定工作,如生产、供销、固定资产更新改造、大修理等计划。因为会计人员掌握了大量的经济活动的资料,本身又具有丰富的专业知识,对这些计划的制定应有自己的见解,能为加强经济核算提供重要依据。另外,要结合统计资料、业务资料,编辑预算和财务计划,并考核、分析其执行情况,这可以充分发挥会计参与管理的职能。

5. 办理其他会计事项,尽职尽责,不断强化会计的管理作用(略)

(二)会计人员的主要权限

(1)会计人员有权要求本单位有关部门、人员认真执行本单位制定的计划和预算;有权督促本单位负责人和内部各有关部门、人员严格遵守国家财经法纪和财务会计制度。如果本单位负责人或有关部门有违反国家法纪的情况,有权拒绝办理付款、报销等业务。如被迫予以办理,有权向有关部门进行检举揭发。

（2）会计人员有权参与本单位编制计划、制定定额、对外签订经济合同，有权参加有关生产、经营管理会议和业务会议，了解企业的生产经营情况和计划、预算及定额的执行情况，并有权提出自己的建议。

（3）会计人员有权对本单位所有会计事项进行会计监督，对本单位各业务部门和业务人员经办的业务进行监督和检查。各业务部门大力支持和协助会计人员履行其监督职能，以确保会计工作的顺利进行和会计信息质量的提高。

为了保障会计人员顺利地履行工作职责和正确地行使权限，《会计法》明确规定：单位负责人为第一会计责任主体，单位负责人授意、指使、强令会计人员及其他人员编造、变造会计凭证、会计账簿、编制虚假财务会计报表，构成犯罪的，依法追究刑事责任；单位负责人对依法履行职责、抵制违反本法规定行为的会计人员以降级、调职、调离工作岗位、解聘或者开除等方式实行打击报复，构成犯罪的，依法追究其刑事责任，尚不构成犯罪的，由其所在单位或有关单位依法给予行政处分。这些规定为会计人员依法履行职责提供了法律保障。

二、会计人员的岗位责任制

会计人员的岗位责任制，是指会计机构内部按照会计工作的内容和会计人员的配备情况，将会计机构的工作划分为若干岗位，并为每个岗位规定职责和要求的一种责任制度。各单位应建立和健全会计机构的岗位责任制，以便加强会计管理，分清职责，提高工作效率，正确考核会计人员的工作业绩。

各个会计工作岗位的职责如下：

1. 会计主管

会计主管是单位会计工作的组织者和领导者。其主要职责包括：领导本单位的财务会计工作；组织制定和贯彻适应本单位经济核算需要的各项财务制度；组织编制和实施本单位财务成本、银行借款等计划；组织实施全面的经济核算，参与生产经营会议、经营决策等；负责编制和审核单位的会计报告；负责会计人员的考核、管理和聘用。

2. 出纳

出纳是单位货币资金的主要管理者。其工作职责包括：按照国家有关现金管理和银行制度规定，办理现金收付和银行结算业务；保管库存现金；编制和审核原始凭证，登记有关现金日记账和银行存款日记账；保管有关印章、空白收据和空白支票，按规定用途使用等。

3. 财产物资核算岗位

财产物资核算岗位主要针对单位的固定资产和库存材料进行核算和管理。主要职责包括：签订有关固定资产管理、使用、核算办法的合同；负责固定资产的明细核算，编制固定资产报表,计算提取固定资产折旧,参与固定资产的清查;分析固定资产使用效果;组织参与库存材料的管理、核算和清查等。

4. 工资核算岗位

工资核算岗位的职责主要包括:监督工资基金的使用情况;审核和发放工资、奖金、津贴等;负责工资的分配和明细核算;负责职工福利费的计提等。

5. 往来结算岗位

往来结算岗位主要核算和管理本单位与其他单位或个人在经济往来中发生的结算款项。主要职责包括:登记应收、应付明细账;及时结算资金,加速资金周转;分析应收账款的账龄,计提坏账准备,核算坏账损失;参与制定资金管理制度等。

6. 总账报表岗位

总账报表岗位的主要职责是:对记账凭证进行汇总,并根据记账凭证登记总分类账;根据总账记录定期与其他各种账簿进行核对;编制和报送会计报表;管理会计档案等。

7. 稽核岗位

会计稽核是对本单位的会计记录、会计报告和其他会计资料进行自我检查或审核的一项工作。其岗位职责主要包括:审查财务成本(费用)计划、经费预算的编制依据是否科学,各项指标计算是否正确;审核各项财务收支是否合法、合理、合规;审核会计凭证、账簿登记和会计报告等会计资料是否准确可靠,会计处理是否符合会计准则和会计制度的规定等。

8. 成本核算岗位

主要职责是:会同有关部门制定成本管理与核算办法;参与编制成本费用的计划,并分析其执行情况;计算产品生产成本、控制生产费用;负责登记生产成本、制造费用和管理费用等明细账,编制成本和费用报表;指导车间和班组的成本核算,参与在产品和半成品的清查盘点等。

不同岗位的会计人员在完成本职工作的同时,应互相配合,共同做好本单位的会计工作。会计人员的工作岗位应有计划地实行轮换,既能使会计人员全面了解和熟悉各项会计工作,又有利于培养多面手,提高会计人员的综合素质,并能够有效防止或杜绝舞弊行为的发生。

三、会计人员的专业技术职称

我国会计人员的专业技术职称分为会计员、助理会计师、会计师和高级会计师四个档次。前三个档次于 20 世纪 90 年代初期开始实行考试与聘任相结合的考聘制,高级会计师目前也正在实行这一制度。各种职称的会计人员应具备的基本条件如下:

1. 会计员的基本条件

中等专业学校毕业,在财务会计岗位上见习1年期满,初步掌握了财务会计知识和技能,掌握了一定的计算技术,熟悉并能执行有关财务会计制度,能够担任一定的财务会计工作,并通过会计人员专业技术职称资格考试。

2. 助理会计师的基本条件

在财务会计工作岗位上见习1年期满的高等院校财经专业本科生,或具有同等学历者,掌握一定的财务会计基础理论和专业知识,熟悉并能够正确执行国家财经政策、法律和财务制度,能担负某一方面的财务会计工作并能较好完成任务;取得硕士学位或取得第二学位或研究生班结业证书,具备履行助理会计师的职责和能力;大学专科毕业并通过助理会计师专业技术职称资格考试。

3. 会计师的基本条件

具备较为系统的财务会计基础理论和专业知识,能正确执行国家财经政策、法律和财务制度,具有一定的财务会计工作经验,能担负一个单位或一个部门某方面的财务会计工作;取得博士学位,并具有履行会计师职责的能力;取得硕士学位并担任助理会计师职务2~3年;大学本科或大学专科毕业并担任助理会计师职务4年以上,并通过会计师专业技术资格考试。

4. 高级会计师的基本条件

系统地掌握财务会计专业理论知识,对财务会计专业某个领域有较深的研究和造诣,并取得较大成果,有较高水平的学术著作或工作报告,具有较高的政策水平和丰富的财务工作经验,能组织和领导一个地区、一个部门或一个大型单位的财务会计工作,解决业务中的重大问题;取得博士学位,并担任会计师职务2~3年;取得硕士学位、第二学位或研究生班结业证书,或大学本科毕业并担任会计师职务5年以上,较熟练地掌握一门外语。

确定和晋升会计的技术职称,应由本人申请。对于会计员、助理会计师和会计师,还应通过会计专业技术资格考试并被确认资格后,才能由所在单位实行聘任。对于高级会计师,应报省、市级财政部门评审,评审通过取得资格后,才能由所在单位实行聘任。

第四节 会计法规

会计法律制度是组织和从事会计工作必须遵循的法律规范。它是经济法律制度的重要组成部分。制定和实行会计法律制度,可以保证会计人员贯彻执行国家财经政策和法律,保证会计工作沿着社会主义市场经济的方向前进。我国的会计核算法规和制度由三个层次构成。

一、《会计法》

《会计法》是第一个层次,它是基本法,是会计核算工作最高层次的规范。该法由第六届全国人民代表大会常务委员会于 1985 年 1 月 21 日通过,并经 1993 年 12 月 29 日第八届人大常务委员会第五次会议和 1999 年 10 月 31 日第九届人大常务委员会第十二次会议进行了两次修订,修订后的《会计法》基本适应了社会主义市场经济的发展。1999 年 10 月《会计法》修订后,在内容和力度上发生了很大变化。主要体现在以下几个方面:

(1) 提出了规范会计行为、保证会计资料质量的立法宗旨,确定了会计工作在社会主义市场经济体制中的地位和职能作用。
(2) 突出强调了单位负责人对本单位会计工作和会计资料真实性、完整性的责任。
(3) 进一步完善了会计记账规则。
(4) 强化了会计监督制度。
(5) 实行会计从业人员资格管理制度。
(6) 加大了对违法会计行为的打击力度。
(7) 增强了与国际会计管理的协调。

在我国,《会计法》处于会计法律体系的最高层次,是制定其他会计法规制度的基本依据,其他会计法律规范都必须遵循和符合《会计法》的要求。

现行《会计法》自 2000 年 7 月 1 日起施行,它对会计立法的目的、适用范围、会计核算和会计监督的基本要求、会计机构和会计人员管理、会计行为的法律责任都做了原则性的规定。作为会计方面的根本大法,《会计法》对一切组织的会计行为具有普遍的强制约束力。

二、会计准则

会计准则由国家财政部制订并颁布,是会计工作的基本规范。会计界负有遵守会计准则的义务。会计准则又分为基本准则和具体准则两个层次。

基本准则是进行会计核算工作必须共同遵守的基本要求,体现了会计核算的基本规律。基本准则一般由会计核算的前提条件、一般原则、会计要素准则和会计报表准则组成,是对会计核算要求所做的原则性规定。它具有覆盖面广、概括性强等特点。

1992 年 11 月 30 日,经国务院批准,财政部以第 5 号部长令的形式,签发了《企业会计准则》,要求在 1993 年 7 月 1 日起全面实施。这里的《企业会计准则》是一个基本的会计准则,是对企业要素确认、计量、报告与揭示的基本原则和一般要求。它主要指导具体会计准则的制定,而不是用来直接规范会计核算工作。1997 年 5 月 28 日颁布了《事业单位会计准则(试行)》，1998年1月1日起执行。此准则适用于各级国有事业单位。

上市公司自2007年起执行，其他企业也可以仿照上市公司执行。

三、会计制度

财政部在会计准则的基础上，又进一步制定了具体的会计制度。目前一般企业(非上市公司)执行的是2001年会计制度，包括企业会计制度、小规模企业会计制度、银行会计制度、政府事业单位会计制度。

第五节 会计档案

一、会计档案

会计档案是指会计凭证、会计账簿和会计报表等会计核算专业材料，它是记录和反映经济业务的重要史料和证据。具体包括：

(1)会计凭证类：原始凭证，记账凭证，汇总凭证，其他会计凭证。

(2)会计账簿类：总账，明细账，日记账，固定资产卡片，辅助账簿，其他会计账簿。

(3)财务报告类：月度、季度、年度财务报告，包括会计报表、附表、附注及文字说明，其他财务报告。

(4)其他类：银行存款余额调节表，银行对账单，其他应当保存的会计核算专业资料，会计档案移交清册，会计档案保管清册，会计档案销毁清册。

二、会计档案的保管要求

国家机关、社会团体、企业、事业单位、按规定应当建账的个体工商户和其他组织(以下简称各单位)，应当依照会计档案管理办法管理会计档案。

各级人民政府财政部门和档案行政管理部门共同负责会计档案工作的指导、监督和检查。

各单位必须加强对会计档案管理工作的领导，建立会计档案的立卷、归档、保管、查阅和销毁等管理制度，保证会计档案妥善保管、有序存放、方便查阅，严防毁损、散失和泄密。

各单位每年形成的会计档案，应当由会计机构按照归档要求，负责整理立卷，装订成册，编制会计档案保管清册。

当年形成的会计档案,在会计年度终了后,可暂由会计机构保管一年,期满之后应当由会计机构编制移交清册,移交本单位档案机构统一保管;未设立档案机构的,应当在会计机构内部指定专人保管。出纳人员不得兼管会计档案。

移交本单位档案机构保管的会计档案,原则上应当保持原卷册的封装。个别需要拆封重新整理的,档案机构应当会同会计机构和经办人员共同拆封整理,以分清责任。

各单位保存的会计档案不得借出。如有特殊需要,经本单位负责人批准,可以提供查阅或者复制,并办理登记手续。查阅或者复制会计档案的人员,严禁在会计档案上涂写、拆封和抽换。

各单位应当建立健全会计档案查阅、复制登记制度。

保管期满但未结清的债权债务原始凭证和涉及其他未了事项的原始凭证,不得销毁,应当单独抽出立卷,保管到未了事项完结时为止。单独抽出立卷的会计档案,应当在会计档案销毁清册和会计档案保管清册中列明。正在项目建设期间的建设单位,其保管期满的会计档案不得销毁。

保管期满的会计档案,可以按照以下程序销毁:

(1)由本单位档案机构会同会计机构提出销毁意见,编制会计档案销毁清册,列明销毁会计档案的名称、卷号、册数、起止年度和档案编号、应保管期限、已保管期限、销毁时间等内容。

(2)单位负责人在会计档案销毁清册上签署意见。

(3)销毁会计档案时,应当由档案机构和会计机构共同派员监销。国家机关销毁会计档案时,应当由同级财政部门、审计部门派员参加监销。财政部门销毁会计档案时,应当由同级审计部门派员参加监销。

(4)监销人在销毁会计档案前,应当按照会计档案销毁清册所列内容清点核对所要销毁的会计档案;销毁后,应当在会计档案销毁清册上签名盖章,并将监销情况报告本单位负责人。

采用电子计算机进行会计核算的单位,应当保存打印出的纸质会计档案。具备采用磁带、磁盘、光盘、微缩胶片等磁性介质保存会计档案条件的,由国务院业务主管部门统一规定,并报财政部、国家档案局备案。

单位因撤销、解散、破产或者其他原因而终止的,在终止和办理注销登记手续之前形成的会计档案,应当由终止单位的业务主管部门或财产所有者代管或移交有关档案馆代管;法律、行政法规另有规定的,从其规定。

单位分立后原单位存续的,其会计档案应当由分立后的存续方统一保管,其他方可查阅、复制与其业务相关的会计档案;单位分立后原单位解散的,其会计档案应当经各方协商后由其中一方代管或移交档案馆代管,各方可查阅、复制与其业务相关的会计档案。单位分立中未结清的会计事项所涉及的原始凭证,应当单独抽出由业务相关方保存,并按规定办理交接手续。

单位因业务移交其他单位办理所涉及的会计档案,应当由原单位保管,承接业务单位可查阅,复制与其业务相关的会计档案,对其中未结清的会计事项所涉及的原始凭证,应当单独抽出由业务承接单位保存,并按规定办理交接手续。

单位合并后原各单位解散或一方存续而其他方解散的,原各单位的会计档案应当由合并后的单位统一保管;单位合并后原各单位仍存续的,其会计档案仍应由原单位保管。

建设单位在项目建设期间形成的会计档案,应当在办理竣工决算后移交给建设项目的接受单位,并按规定办理交接手续。

单位之间交接会计档案的,交接双方应当办理会计档案交接手续。

移交会计档案的单位,应当编制会计档案移交清册,列明应当移交的会计档案名称、卷号,册数、起止年度和档案编号、应保管期限、已保管期限等内容。

交接会计档案时,交接双方应当按照会计档案移交清册所列内容逐项交接,并由交接双方的单位负责人负责监交。交接完毕后,交接双方经办人和监交人应当在会计档案移交清册上签名或者盖章。

三、会计档案的保管期限

会计档案的保管期限从会计年度终了后的第一天算起。会计档案的保管期限分为永久、定期两类。定期保管期限分为3年、5年、10年、15年、25年5类。具体保管时间见表11—1和表11—2。

表 11—1　　　　　　　　企业和其他组织会计档案保管期限表

序号	档案名称	保管期限	备注
一	会计凭证类		
1	原始凭证	15 年	
2	记账凭证	15 年	
3	汇总凭证	15 年	
二	会计账簿类		
4	总账	15 年	包括日记账
5	明细账	15 年	
6	日记账	15 年	现金和银行存款日记账保管 25 年

续表

序号	档案名称	保管期限	备 注
7	固定资产卡片		固定资产报废清理后保管5年
8	辅助账簿	15年	
三	财务报告类		包括各级主管部门汇总财务报告
9	月、季度财务报告	3年	包括文字分析
10	年度财务报告(决算)	永久	包括文字分析
四	其他类		
11	会计移交清册	15年	
12	会计档案保管清册	永久	
13	会计档案销毁清册	永久	
14	银行余额调节表	5年	
15	银行对账单	5年	

表11－2　　财政总预算、行政单位、事业单位和税收会计档案保管期限表

序号	档案名称	财政总预算	行政单位事业单位	税收会计	备 注
一	会计凭证类				
1	国家金库编送的各种报表及缴库退库凭证	10年		10年	
2	各收入机关编送的报表	10年			
3	行政单位和事业单位的各种会计凭证		15年		包括原始凭证、记账凭证和传票汇总表
4	各种完税凭证和缴、退库凭证			15年	缴款书存根联在销号后保管2年
5	财政总预算拨款凭证及其他会计凭证	15年			包括:拨款凭证和其他会计凭证
6	农牧业税结算凭证			15年	
二	会计账簿类				
7	日记账		15年	15年	
8	总账		15年	15年	15年
9	税收日记账(总账)和税收票证分类出纳账	25年			
10	明细分类、分户账或登记簿	15年	15年	15年	

续表

序号	档案名称	保管期限 财政总预算	保管期限 行政单位事业单位	保管期限 税收会计	备注
11	现金出纳账、银行存款账		25年	25年	
12	行政单位和事业单位固定资产明细账(卡片)				行政单位和事业单位固定资产报废清理后保管5年
三	财务报告类				
13	财政总预算	永久			
14	行政单位和事业单位决算	10年	永久		
15	税收年报(决算)	10年		永久	
16	国家金库年报(决算)	10年			
17	基本建设拨、贷款年报(决算)	10年			
18	财政总预算会计旬报	3年			所属单位报送的保管2年
19	财政总预算会计月、季度报表	5年			所属单位报送的保管2年
20	行政单位和事业单位会计月、季度报表	5年			所属单位报送的保管2年
21	税收会计报表(包括票证报表)			10年	电报保管1年,所属税务机关报送的保管3年
四	其他类				
22	会计移交清册	15年	15年	15年	
23	会计档案保管清册	永久	永久	永久	
24	会计档案销毁清册	永久	永久	永久	

第六节 会计工作交接

1996年6月17日财政部财会字19号发布实施的《会计基础工作规范》中第二十五条至第三十五条是会计工作交接的有关规定,其具体内容如下:

第二十五条 会计人员工作调动或者因故离职,必须将本人所经管的会计工作全部移交给接替人员。没有办清交接手续的,不得调动或者离职。

第二十六条 接替人员应当认真接管移交工作,并继续办理移交的未了事项。

第二十七条 会计人员办理移交手续前,必须及时做好以下工作:

(一)已经受理的经济业务尚未填制会计凭证的,应当填制完毕。

(二)尚未登记的账目,应当登记完毕,并在最后一笔余额后加盖经办人员印章。

(三)整理应该移交的各项资料,对未了事项写出书面材料。

(四)编制移交清册,列明应当移交的会计凭证、会计账簿、会计报表、印章、现金、有价证券、支票簿、发票、文件、其他会计资料和物品等内容；实行会计电算化的单位，从事该项工作的移交人员还应当在移交清册中列明会计软件及密码、会计软件数据磁盘（磁带等）及有关资料、实物等内容。

第二十八条 会计人员办理交接手续，必须有监交人负责监交。一般会计人员交接，由单位会计机构负责人、会计主管人员负责监交；会计机构负责人、会计主管人员交接，由单位领导人负责监交，必要时可由上级主管部门派人会同监交。

第二十九条 移交人员在办理移交时，要按移交清册逐项移交；接替人员要逐项核对点收。

（一）现金、有价证券要根据会计账簿有关记录进行点交。库存现金、有价证券必须与会计账簿记录保持一致。不一致时，移交人员必须限期查清。

（二）会计凭证、会计账簿、会计报表和其他会计资料必须完整无缺。如有短缺，必须查清原因，并在移交清册中注明，由移交人员负责。

（三）银行存款账户余额要与银行对账单核对，如不一致，应当编制银行存款余额调节表，各种财产物资和债权债务的明细账户余额要与总账有关账户余额核对相符；必要时，要抽查个别账户的余额，与实物核对相符，或者与往来单位、个人核对清楚。

（四）移交人员经管的票据、印章和其他实物等，必须交接清楚；移交人员从事会计电算化工作的，要对有关电子数据在实际操作状态下进行交接。

第三十条 会计机构负责人、会计主管人员移交时，还必须将全部财务会计工作、重大财务收支和会计人员的情况等，向接替人员详细介绍。对需要移交的遗留问题，应当写出书面材料。

第三十一条 交接完毕后，交接双方和监交人员要在移交注册上签名或者盖章，并应在移交注册上注明：单位名称，交接日期，交接双方和监交人员的职务、姓名，移交清册页数以及需要说明的问题和意见等。

移交清册一般应当填制一式三份，交接双方各执一份，存档一份。

第三十二条 接替人员应当继续使用移交的会计账簿，不得自行另立新账，以保持会计记录的连续性。

第三十三条 会计人员临时离职或者因病不能工作且需要接替或者代理的，会计机构负责人、会计主管人员或单位领导人必须指定有关人员接替或者代理，并办理交接手续。

临时离职或者因病不能工作的会计人员恢复工作的，应当与接替或者代理人员办理交接手续。

移交人员因病或者其他特殊原因不能亲自办理移交的，经单位领导人批准，可由移交人员委托他人代办移交，但委托人应当承担本规范第三十五条规定的责任。

第三十四条 单位撤销时，必须留有必要的会计人员，会同有关人员办理清理工作，编制决算。未移交前,不得离职。接收单位和移交日期由主管部门确定。

单位合并、分立的,其会计工作交接手续比照上述有关规定办理。

第三十五条 移交人员对所移交的会计凭证、会计账簿、会计报表和其他有关资料的合法性、真实性承担法律责任。

思考题

1. 简述会计工作组织的含义及意义。
2. 企业会计机构的组织形式有哪两种？两者有什么区别？
3. 会计人员的职责和权限有哪些？
4. 我国的会计法规和制度由哪三个层次构成？
5. 会计档案具体包括哪些内容？
6. 会计档案的销毁有哪些要求？
7. 会计交接主要有哪些内容？

参考文献

[1] 中国注册会计师协会. 2010 年度注册会计师全国统一考试辅导教材·会计[M]. 北京：中国财政经济出版社, 2010.

[2] 财政部会计资格评价中心、财政部会计资格评价中心. 2011 年中级会计资格全国会计专业技术资格考试·中级会计实务[M]. 北京：经济科学出版社, 2010.

[3] 董力为等. 企业会计准则解析与应用[M]. 北京：企业管理出版社, 2007.

[4] 财政部令第 33 号. 企业会计准则——基本准则(2006), 2006.2.15, http://www.casc.gov.cn/kjfg/200607/t20060703_337130.htm.

[5] 财政部财会[2006]3 号. 企业会计准则——具体准则, 2006.2.15, http://www.casc.gov.cn/kjfg/200607/t20060703_337130.htm.

[6] 财政部财会[2006]18 号. 企业会计准则——应用指南, 2006.10.30, http://www.casc.gov.cn/kjfg/200607/t20060703_337130.htm.

[7] 中华人民共和国财政部. 企业会计制度(2001)[M]. 北京：经济科学出版社, 2010.

[8] 娄尔行. 基础会计(第 2 版)[M]. 上海：上海财经大学出版社, 2009.

[9] 葛家澍等. 会计学(第 2 版)[M]. 3 北京：高等教育出版社, 2008.

[10] 陈国辉等. 基础会计(第二版)[M]. 大连：东北财经大学出版社, 2009.

[11] 李海波. 新编会计学原理：基础会计(第 14 版)[M]. 上海：立信会计出版社, 2008.

[12] 王爱国等. 会计学原理[M]. 济南：山东人民出版社, 2009.

[13] 朱小英. 基础会计[M]. 上海：上海财经大学出版社, 2007.

[14] 朱小平. 初级会计学(第五版)[M]. 北京：中国人民大学出版社, 2009.

后 记

小时候(从儿时到上大学前),我心目中的会计就是电影中拿着算盘、戴着眼镜、穿着长衫大褂的账房先生,是日晒不着、雨打不着的工作。这就是我的理想,我奋斗的目标,我向往的职业。

我记得很清楚:1981年我参加高考的成绩是文科401.5分。按理说实现我的愿望不成问题。当年这个成绩能够上山东大学经济管理专业,但基于其他考虑我没有报一批院校。我的志愿是:第一志愿是上海财经学院会计专业;第二志愿是辽宁财经学院会计专业;第三志愿是山东经济学院计划统计专业(1981年山东经济学院只招收计划统计和物资经济管理两个专业共计80个学生)。但县教育部门为了不让考生扎堆,争取多考上几个学生,把我的志愿改成第一志愿为山东经济学院,结果被第一志愿录取,就这样阴差阳错地学起了计划统计专业。但我还是很喜欢会计,大学期间的会计课(会计学原理、工业会计)我学的特别认真。

1985年毕业后留校成了一名统计专业老师。由于体制的原因,我不能教会计课,但我不惜一切机会向会计靠拢。1985年夏天我被派往江西九江学习《经济预测与决策》一个月;1986年春天我被派往武汉大学进修经济预测与决策相关课程一学期。由于决策部分内容和《管理会计》相联系,于是我自学了《管理会计》。这为我1995年辅导会计师资格考试《管理会计》和山东干部函授大学《管理会计》奠定了基础。

1990年山东经济学院计划统计系又上了一个新专业:房地产经营与管理专科。当时会计系没有讲授《房地产会计》的教师,于是这门课才落到了我的头上。这样我就名正言顺地讲起了会计,先讲了《会计学原理》,后讲了《房地产开发与经营会计》。

1993年山东省委组织部和山东省统计局联合举办了山东省会统核算专业大专证书班,我成了全省该专业《会计学原理》的责任教师,借此机会主编了《企业会计学》,参编了《西方会计》。

1999年山东经济学院计划统计系开始办起了自学助考班,自1999年至今我给自考生讲《基础会计学》和《管理会计》两门课,通过率在全省名列前茅。

正是由于这些经历,我自觉不自觉地将统计与会计结合起来,在教学、科研和指导研究生方面都受益匪浅。

后 记

　　我目前是统计学、技术经济及管理、国民经济学三个专业的硕士生导师,我带研究生的标准之一是他(她)必须喜欢会计。我一直要求学生不仅能讲会计课,而且还能写会计书。我的学生孙涛、王珊珊、郭思亮在2006年初就完成了《基础会计》的第一稿,在此基础上我们于2010年又组织力量以2006年的企业会计准则为标准进行了调整、整合、修改、优化。尽管最终书稿与第一稿相比已面目全非,但如果没有当时的思考和积累,在这么短的时间就能与读者见面是不可想像的。

　　如果没有包括我在内的全体作者多年来对会计学的追求和努力,出版一本会计学也是不可想像的。

　　这正应验了一个哲学规律:由量变才能到质变。

　　亲爱的读者,努力吧,甘从苦来,只要我们向着这个目标努力,就一定能到达幸福的彼岸。

宋廷山与读者共勉
2011年5月于泉城济南